博物馆·特色藏品

迷你博物馆

见证历史的133件物品

创立者 ［美］汉斯-菲利普·J.菲克斯，等
主　编 ［美］詹姆斯·B.格罗夫
译　者 燕子

中国科学技术出版社
·北京·

图书在版编目（CIP）数据

迷你博物馆：见证历史的133件物品 /（美）詹姆斯·B. 格罗夫主编；燕子译. —北京：中国科学技术出版社，2022.11

（博物馆·特色藏品）

书名原文：Relics: A History of the World Told in 133 Objects

ISBN 978-7-5236-0030-6

Ⅰ.①迷… Ⅱ.①詹… ②燕… Ⅲ.①文物—介绍—世界 Ⅳ.① K86

中国国家版本馆 CIP 数据核字（2023）第 036076 号

著作权合同登记号：01-2022-5431

Copyright © Weldon Owen International, LP

本书已由 Weldon Owen International，LP 授权中国科学技术出版社独家出版，未经出版者许可不得以任何方式抄袭、复制或节录任何部分。

版权所有，侵权必究

策划编辑	王轶杰
责任编辑	王轶杰
装帧设计	锋尚设计
正文排版	锋尚设计
责任校对	邓雪梅
责任印制	李晓霖

出　　版	中国科学技术出版社
发　　行	中国科学技术出版社有限公司发行部
地　　址	北京市海淀区中关村南大街 16 号
邮　　编	100081
发行电话	010-62173865
传　　真	010-62173081
网　　址	http: //www.cspbooks.com.cn

开　　本	710mm×1000mm　1/16
字　　数	290 千字
印　　张	19
版　　次	2023 年 4 月第 1 版
印　　次	2023 年 4 月第 1 次印刷
印　　刷	北京瑞禾彩色印刷有限公司
书　　号	ISBN 978–7–5236–0030–6 / K·350
定　　价	128.00 元

（凡购买本社图书，如有缺页、倒页、脱页者，本社发行部负责调换）

博物馆 · 特色藏品

迷你博物馆

40 亿年尽在掌握

mini museum

迷你博物馆创立者：

汉斯－菲利普 · J. 菲克斯（Hans-Filip J. Fex）
威利 · 瓦德纳伊斯（Willie Vadnais）
杰米 · 格罗夫（Jamie Grove）

主编： 詹姆斯 · B. 格罗夫（James B. Grove）
设计、插图： 克里斯汀 · 巴尔多（Christian Baldo）
摄影： 迈克尔 · 柯林斯（Michael Collins）
编辑： 格兰特 · 基布勒（Grant Kibler）
作者： 马科斯 · 格罗夫（Max Grove）
编辑： 奇普 · 菲利普斯（Chip Phillips）

目录

- 6 引言

人类出现之前的地球

- 12 来自地球之外的氨基酸
- 16 太空宝石（陨铁贵橄榄石）
- 18 小行星带碎片
- 20 月球陨石
- 24 最古老的地壳
- 26 火星岩与大气
- 28 最早的生命
- 30 大氧合事件的证据
- 34 海百合纲动物
- 36 世界最古老的河流
- 38 铜晶体
- 42 异齿龙
- 44 侏罗纪的树
- 46 日本星沙（有孔虫生物）
- 48 大毁灭
- 52 古地中海
- 54 泛大陆
- 56 劳亚古陆（菊石彩化石）
- 60 苏铁科植物（恐龙食物）
- 62 琥珀中的昆虫
- 64 恐龙时代
- 72 侏罗纪—下第三纪边界与德干暗色岩区的岩石
- 76 来自南极的史前棕榈树（冈瓦纳南洋杉属植物）
- 78 石化闪电（闪电管石）
- 80 利比亚沙漠熔岩速凝体
- 82 地狱猪下颌（完齿兽的下颌）
- 84 伟齿蛤属鲨鱼的牙齿
- 86 绿玻陨石（熔融石）

远古世界和早期的现代世界

- 90 尼安德特人的手斧
- 92 拉布里沥青坑
- 94 巨型动物的灭绝
- 98 赭石
- 100 埃塞俄比亚画眉草（古代谷物）
- 102 早期的文字载体（埃及纸莎草，楔形文字书写板）
- 106 巨石阵（青石采石场）
- 110 青铜时代短剑
- 112 文明的崛起
- 118 木乃伊串珠
- 122 罗马浴池（火炕式供暖系统烟道）
- 126 美洲绿洲
- 128 伊斯兰地毯
- 130 象鸟蛋
- 132 维京斧
- 136 骑士剑
- 138 武士刀
- 142 富士山熔岩
- 144 宝石
- 148 威尼斯街砖

152	中世纪锁子甲
154	马绍尔群岛杆状海图
156	阿兹特克人的黑曜石工具
160	德拉库拉土壤（弗拉德三世城堡）
164	伍茨钢
166	沉船遗物八里亚尔

我们所了解的世界

170	铁路道钉
172	天然金块
174	美国总统的砖（林肯小道及白宫用砖）
178	飞行的历史
184	莫奈的花
186	第一条横穿大西洋的电缆
190	圣安德烈斯大断层
192	流星
196	索尼随身听
198	"泰坦尼克"号的煤块
200	恶魔岛
204	"卢西塔尼亚"号的甲板躺椅
208	好莱坞标志
212	"兴登堡"号的飞艇外裹层
214	金门大桥
216	英格玛密码编码机
220	丘吉尔的毛皮暖手筒
222	曼哈顿工程（防护窗）
226	三位一体试验（首次原子弹爆炸试验）
228	福特汽车漆（汽车玛瑙）
230	珠穆朗玛峰上的残片
232	苏联间谍纽扣
234	怀基基海滩砂岩
236	伦敦桥
238	SR-71黑鸟的"火鸡羽毛"
242	披头士乐队（卡文俱乐部）
246	贝利的足球
248	阿里的拳击沙袋
250	"协和"超音速飞机（喷气旋翼）
252	太空飞行（"阿波罗"11号和14号、"天空实验室"、"和平"号空间站、"哥伦比亚"号航天飞机）
256	第一台超级计算机（CRAY-1）
260	星球大战中的克雷特龙
262	查尔斯和戴安娜的婚庆蛋糕
266	亚马孙河水
270	柏林墙
272	乔布斯的高圆领套衫
276	奥林匹克火炬
278	第一代苹果手机
280	人体奥秘机（头盖骨、大脑与心脏）
284	创建自己的博物馆
290	关于我们的迷你博物馆
292	参考资料
298	索引
303	致谢
304	译者后记

引言

您手捧此书，数十亿年的历史传奇尽在掌握。这些传奇通过一系列实物被娓娓道来，而这些实物正是在宇宙的一个角落——我们的地球家园收集到的。

这些物品很多都起源于地球，但有些不是。那些地球之外的物品，有些来自太阳系中我们最近的邻居，有些则来自更遥远、更神秘的地方。然而，无论来自哪里，此时此刻它们就在地球上，就像你和我。

探究这些物品时，很难将数百万乃至数十亿年的漫长时间当作一个整体。人们不时会有这种感觉：片刻之前，恍如隔世；逝去的远古，仿佛就在昨天。

请放心，你并不孤独。

长久以来，人们一直想搞清楚各种形态的宇宙、时间和生命。在探险精神的驱使下，有些人已向遥远的陆地进发，去寻找答案。而另一些人则留守一地，选择对宇宙很小的一面进行研究，以期见微知著。

每一段旅程都与踏上这段旅程的人一样，是独一无二的，二者都不可或缺。毕竟搞清楚、研究透从前发生了什么，预测未来将要发生什么，是我们的职责所在。每个方向都充满了挑战，我们只能选择一个并坚定地走下去。很多时候，人们会发现那里有无穷无尽的故事要讲。

例如，银河系的直径是10万光年，而我们太阳系在距离银河系中心2.7万光年的地方沿轨道飞行。假如以82.8万千米/小时的速度飞行，太阳系要用2.3亿年才能走完一整圈。这看起来时间很长，但地球已不停环绕太阳飞行了很长时间，足够绕银河系20圈。

这看起来似乎是不可能完成的壮举。今天，人们还在这里，而明天，他们将沿着银河系的"高速公路"风驰电掣地飞到千万里之外。

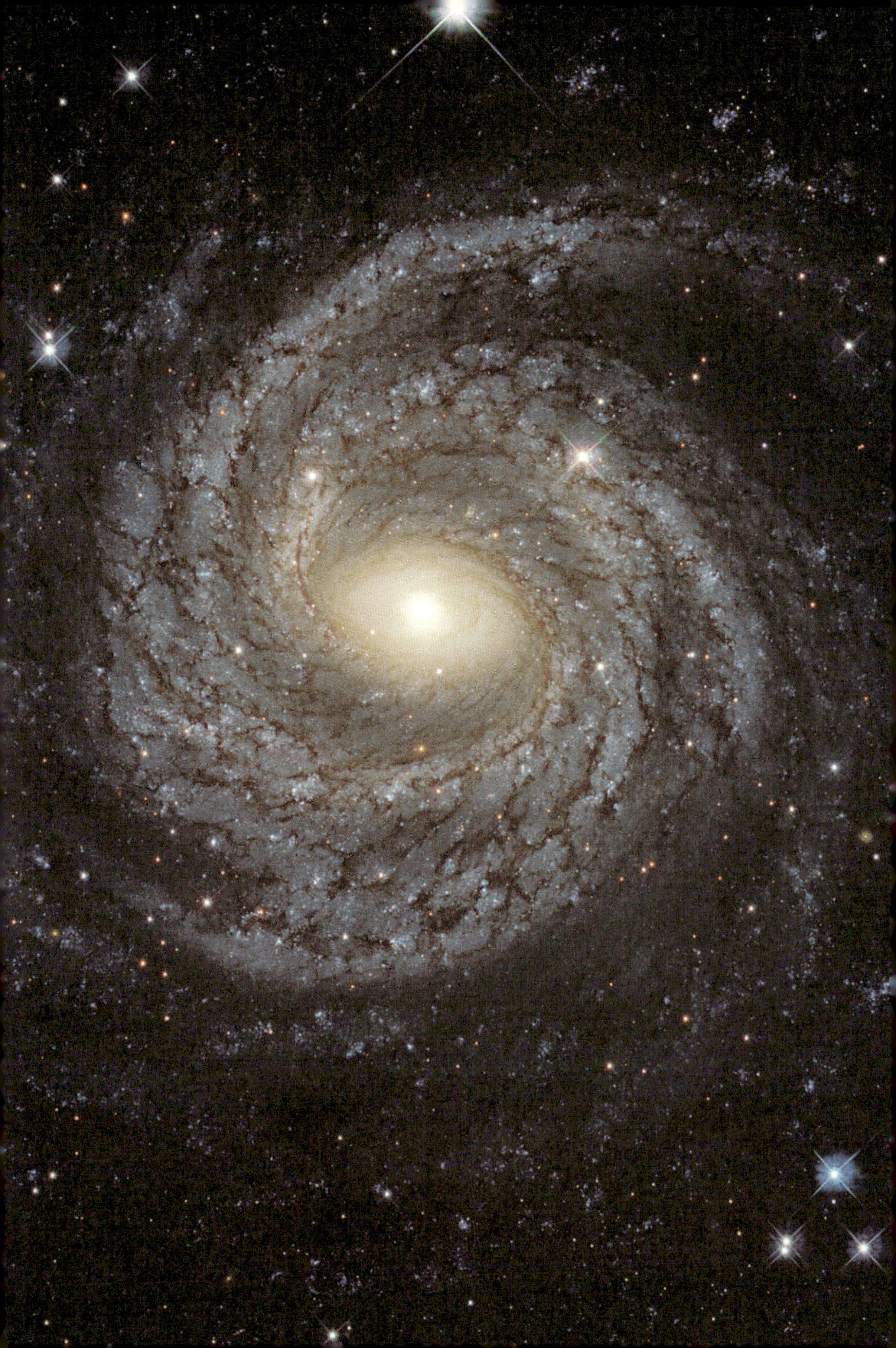

人类大脑或许还没有进化到足以理解
深时（deep time）的程度。
大脑或许只能衡量它。

——选自美国作家约翰·麦克菲（John Mcphee）的《盆地与山脉》
（*Basin and Range*，1980）

迷你博物馆

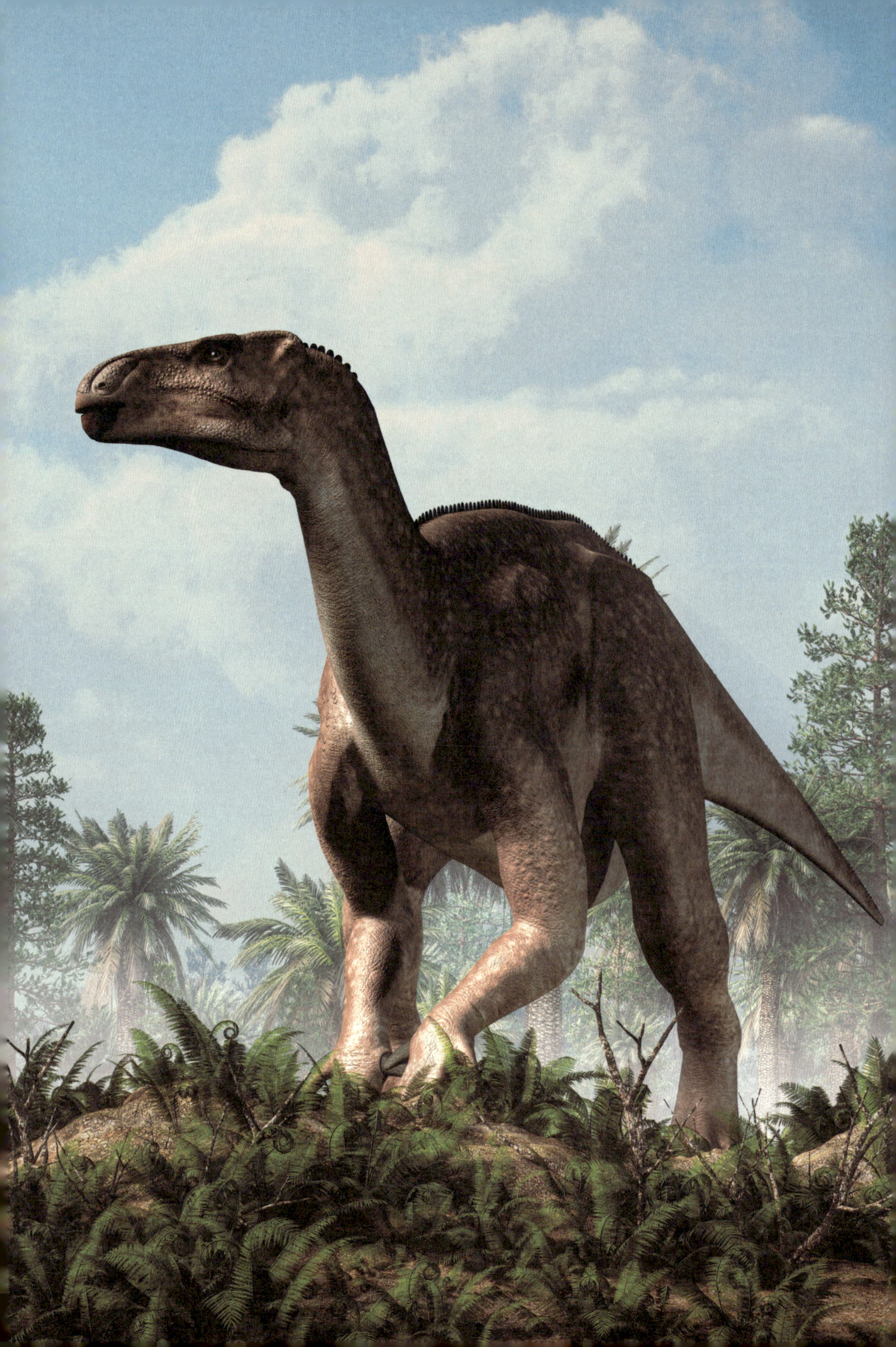

人类出现之前的地球

我们就要踏上一段时光之旅，这段旅程从太阳系的诞生以及某颗小行星中央产生的太空宝石开始，终点是当今最先进的技术。这次旅程讲述的是人类家园——地球的故事，她只是围绕银河系中一颗黄矮星飞行的岩石行星。地球诞生在很久以前，精确一点说，在45.6820亿年以前。有着相对年轻文明史的人类要理解如此巨大的时间跨度，肯定困难重重，但这并不意味着人类不曾尝试对它进行描绘。让我们踏上寻根溯源之旅，回到太阳系还只是尘云的岁月。旅程中，我们将首先经过许多熔岩海，搞清楚月球的诞生，见证第一场与细菌展开的殊死较量。然后，我们还将遇见远古掠食者、各种灭绝事件、许多小行星和五花八门的化石。最后，人类第一批祖先将登场与大家见面。这就是人类存在之前的地球，既陌生神秘，又充满魅力。

太空

来自地球之外的
氨基酸

种　　类	矿物
材　　料	陨石
氨基酸类	超过70种
距今时间	45.68亿年

每年有数百万千克的陨星物质坠落至地球。这些陨星中年代最久远的是碳质球粒陨石，可追溯到太阳系形成时期。最新研究表明，在一些球粒陨石中发现的氨基酸有可能来自太阳系生成之前的尘云。

左图中的标本实际上包含来自两颗CM2级碳质球粒陨石的物质。这两颗球粒陨石是默奇森（Murchison）和朱比莱特·温瑟尔万（Jbilet Winselwan），均以它们的冲击地命名。据悉，此类陨石所带物质的氨基酸含量最高。

空中火球

1969年9月28日上午10时58分，一个明亮的火球出现在澳大利亚维多利亚州的河滨小镇默奇森（Murchison）的上空。在巨大的压力下，这颗陨石分裂为三大块，大量碎片散落在13平方千米范围内，其中一块穿透粮仓屋顶，落在一个干草堆上。

这些异物是什么？简言之，是天体物质。然而故事到此并未结束。

最终的结果是，科学家研究发现，掉落在默奇森的物体是一颗陨石，其类型极为罕见。这既指其年代，从更大程度看，也许还指其构成的成分。

2020年1月，天体化学家们判定，默奇森陨石中的一些颗粒已存在70亿年之久，比我们太阳系年长25亿年，并且陨石内携带构成生命的基础物质。科学家相信，太空中某块

> 人类DNA中所含的氮、牙齿所含的钙、血液中所含的铁以及苹果派中所含的碳，是在坍塌星体内部形成的。人类是由星体物质构成的。
>
> ——选自美国天文学家卡尔·萨根（Carl Sagan）的《宇宙》（*Cosmos*，1980）

巨大的分子云碎片因引力而坍缩，形成了太阳系。这些坍缩碎片中的一块（称为前太阳系星云）形成了后来演化为太阳系的星系。

事实上，无论从年代还是从成分构成的角度看，坠落在默奇森的物体被证明是已发现的所有陨石中最为罕见的一种。

碳质球粒陨石

默奇森陨石最显著的特点是拥有大量富含钙和铝的夹杂物（calcium-aluminum-rich inclusions），通常用简称CAI表达。这些矿物质因是最早的固体而引人注意。科学家相信，此类固体会在年轻的原行星盘的高温气体中凝结。

除CAI外，默奇森陨石还携带一个由70多种氨基酸构成的奇妙序列，包括20种蛋白氨基酸中的8种。根据人类及地球上所有生命的DNA编码信息，各种蛋白质都是由这20种氨基酸构成的。

远古氨基酸

自从在默奇森陨石中发现氨基酸以来，科学家发现其他碳质球粒陨石也含有氨基酸。最近的研究表明，这些氨基酸甚至出现在太阳系形成之前。

对这些标本的进一步研究揭示，一块特定陨石中的氨基酸的多样性可用于研究原始"宿主体"，即"母体"，研究还表明在我们太阳系中生命体出现之前，地质演化就可以使早期有机化学物质更加丰富。

探究散落区域

单块陨石坠落的范围被看作一个散落区域，散落区域在陨石空中解体或撞击地球时形成。专业陨石搜寻者会详细描述已找到的碎片的尺寸，以便为散落区域的确定以及最大碎片的位置提供线索。最大碎片通常在最远端发现。为了搞清楚陨石最初的飞行方向，对在散落区域上空飞行物的尺寸模式进行分析，十分必要。重量为1～5克的碎片以终极速度坠落时可被气象雷达捕捉到。

默奇森陨石的散落区域大约为11千米×3.2千米。大部分标本由当地居民捡拾，小部分由墨尔本大学一支由学生组成的团队收集。

顺时针（自左上起）：

美国加利福尼亚州约书亚树国家公园（Joshua Tree National Park）观测到的英仙座流星雨；一块碳质球粒陨石；太阳系前的星云，蒙美国国家航空航天局及加州理工大学喷气推力实验室惠予。

太空

太空宝石
（陨铁贵橄榄石）

种　　类----------------------宝石矿石
材　　料---------------------- 陨石
直　　径---------------------- 85厘米
距今时间----------------------45.57亿年

太阳系刚刚诞生，陨铁贵橄榄石就在一颗小行星的中央部位形成，是一种最稀少、最古老的宝石。这种无机橄榄石深嵌在坚硬的铁和镍中，其基质使这些物质发生化合作用，其结果在光鲜耀眼的同时，也令科学家感到惊讶。

左图为哲帕拉（Jepara）陨石中的贵橄榄石碎片，于2008年在印度尼西亚爪哇岛发现。原石重499千克，直径只有85厘米。

陨石类宝石

1767年，俄罗斯凯瑟琳大帝（叶卡捷琳娜二世）邀请一位名为彼得·帕拉斯（Peter Pallas，1741—1811）的普鲁士学者到俄罗斯科学院就职。帕拉斯率领多个探险队到俄罗斯各偏远地区采集当地动植物和地质现象标本。其中一个令人惊奇的标本就是重达680千克的克拉斯诺亚尔斯克（Krasnoyarsk）陨石，该陨石在西伯利亚发现。帕拉斯判定这是一种新型石铁陨石。为了向帕拉斯表达敬意，人们将这颗陨石命名为"pallasite"。

科学家通常依据现存物质和当前观测进行反向追溯，通过试验阐明它们的产生过程。研究铁陨石的形成，能够让他们深入了解太阳系早期状况，也在总体上为行星的形成提供了线索。

神秘的起源

铁陨石的产生一直是科学家们争论不休的话题。领先的理论围绕在太阳系形成初期，微小的星子和大一点的小行星的较小万有引力对区分各种物质的作用展开。当然，一些证据显示，小行星之间的撞击也对铁陨石的产生起了重要作用。

太空

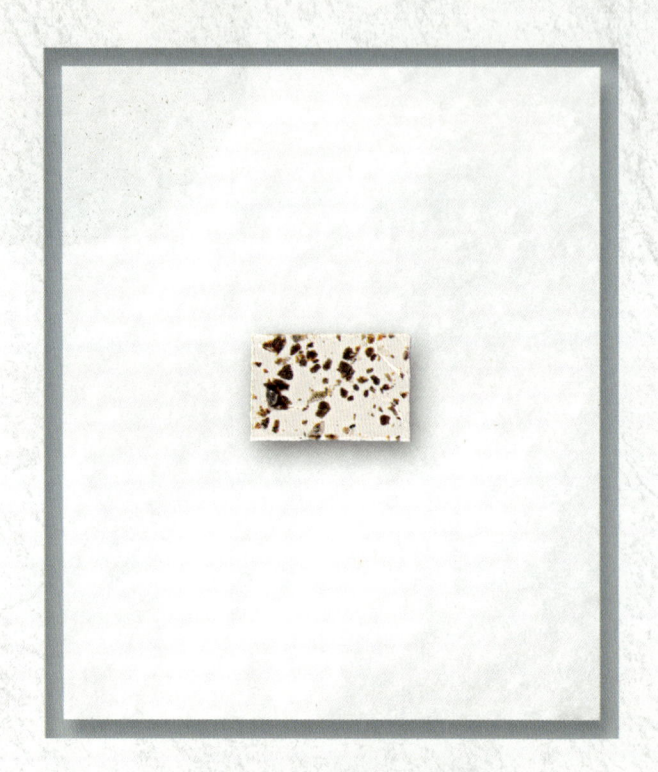

小行星带
碎片

种　　类	矿物
材　　料	陨石
来　　源	灶神星（小行星4号）
距今时间	45亿年

火星轨道和木星轨道之间，有一个岩石环，称为小行星带。早期理论认为，这个小行星带是某个行星遭受剧烈碰撞而损毁后的残存物。然而，最新的计算结果显示，由于木星引力的影响，在这个区域中几乎不可能形成行星。

左图所示标本，包含若干古铜钙长无球粒陨石-钙长辉长陨石-古铜无球陨石（howardite-eucrite-diogenite，HED）陨石碎片，有钙长辉长陨石Millbillillie和NWA5784；塔塔胡因（Tatahouine）古铜无球陨石，NWA7931和NWA5784；约翰斯顿（Johnstown）古铜钙长无球粒陨石，NWA1929及新近分类的NWA10262。

木星的影响

地球等陆地行星通过吸积形成：小天体相互碰撞并不断聚合，形成较大的天体。如果小天体直径达到了1千米，其质量就足以让它们开始相互吸引。

不过天文学家已得出结论：在小行星带中，形成行星所需的大部分质量，在与木星的早期相互作用下被排斥出去，而留下的较大天体则找到了各自稳定的轨道，在万有引力相互摄动（一个天体围绕另一个天体作规律运动时，因受其他天体的吸引或其他因素的影响而在轨道上产生的偏差）下分离开。

2007年，美国国家航空航天局的"黎明"（Dawn）号宇宙飞船访问了小行星带中一颗较大的天体——灶神星。飞船在灶神星南半球探测到两个撞击陨石坑，它们形成了一个很大很深的盆地。其表面矿物质与地球上的陨石（如上述标本中的HED陨石）成分一致。

小行星带中的空隙

1866年，美国天文学家丹尼尔·柯克伍德（Daniel Kirkwood）在小行星带中观察到了许多空隙，其位置与木星绕日轨道的一些特定段相对应。柯克伍德认为，来自木星的引力摄动会将一些小行星慢慢推到不稳定的轨道上，最终将它们彻底推离小行星带。

柯克伍德还注意到，类似的力也存在于太阳系的其他地方。例如，土星环中的空隙，就是由土星和它的一颗卫星因引力共振而形成的。

太空

月球陨石

种　　类	矿物
材　　料	陨石
轨道周期	23.7天
距今时间	32亿年

数千年来，尽管人类一直凝望着这个最近的邻居，但真正开始揭开月球的许多未解之谜，也就是最近几十年的事。月岩——无论是宇航员从月球带回的，还是在地球上当作陨石发现的，都为人类解开月球的奥秘提供了帮助。

迷你博物馆里的标本来自专业陨石搜寻者发现的一对陨石：达尔·阿尔·加尼（Dar Al Gani）400陨石由莫里茨·卡尔（Moritz Karl）发现，而NWA5000陨石由亚当·于普（Adam Hupe）发现。这两颗陨石的发现地均在非洲。

月岩

目前，人们最广泛接受的有关月球产生的科学理论涉及地球早期一次巨大撞击。科学家认为，月球的核心由撞击地球的星体组成，而其外壳主要由地球上的物质构成。我们可以用"阿波罗计划"取回的月岩的同位素特征，作为这种理论的证据，而月岩恰巧与地球上的岩石相同。当然，搭宇航员的便车并不是月岩最终返回地球的唯一途径。当小行星或流星体撞击月球时，少量物质会被抛入太空。这些碎片通常会环绕地球飞行数百万年，最后落在地球上。

数十亿年中，月球表面被陨石撞击得面目全非。由于月球没有像地球一样的大气层，这些撞击物并没有燃烧或分裂，因而对月球表面造成了巨大损害。因撞击而散落四处的大量岩石碎片和尘埃，称为"风化层"。随着

> 我想我们要向月球进发，因为面对挑战是人类的本性。
>
> ——选自美国宇航员尼尔·阿姆斯特朗（Neil Armstrong）于1969年阿波罗登月计划新闻发布会上的发言

事 实 经 纬

月球并不是太阳系中最大的卫星（最大的卫星是木卫三）。但是，在太阳系中它的比例（与环绕的行星相比）是最大的，直径超过了地球的四分之一。

迷你博物馆 21

时间的推移，这些物质形成了一层松散的沉积物，覆盖了整个月球表面。来自月球的大部分陨石由月球风化层构成，在特别强烈的撞击事件中，风化层可以摆脱月球被抛射出来。这些物质受到地球引力的吸引，化作穿越地球大气层的陨石。

在这些月球陨石中发现的矿物质提示有火成岩的存在，证明月球是通过地球上一次撞击事件形成的。如此强烈的撞击会释放足够的热量，从而产生熔岩海。后来熔岩海冷却，变成了在今天的陨石中发现的岩石。

有关地球、月球形成的多个理论由此被推定出来。通常，当小星体遭遇某颗行星的引力场时，就成了该行星的天然卫星。不过，月球相对于地球还是相当大的。这种情形使地球能够吸引月球的理论变得复杂。"阿波罗计划"收集到的月球样本，揭示了火成岩的存在，催生了一种新理论。该理论声称，一个巨大的撞击物早期撞击了地球，从而形成了月球。这个撞击物以希腊神话中月亮之母的名字忒伊亚（Theia）命名，据估算，它的大小与火星几乎相当。这次撞击事件将一个碎片圆盘抛入环绕地球的轨道，在轨道上它逐渐变硬，成为一颗熔态卫星。经过漫长时间，它的熔岩冷却下来，人类今天所称的月球就这样形成了。

中东和非洲的茫茫沙漠是寻找陨石的绝佳场所。陨石搜寻者们使用特制四轮驱动越野车，让他们高高在上，获得广阔视野，可以发现任何比沙子看上去要暗淡的东西。一阵欢喜后，这些东西却往往是骆驼粪或轮胎压过的痕迹，但总有时来运转的时候：是颗陨石！

但月球闻起来是什么味道？

到访月球的宇航员是首批在其表面漫步，近距离观赏其景色，以及闻到它味道的人类。尼尔·阿姆斯特朗和巴兹·奥尔德林首次月球漫步后返回登月舱并脱下太空服时，第一次闻到月球的味道。阿波罗17号宇航员杰克·施密特对月球尘土有过敏反应，症状与花粉过敏症相似。阿波罗16号宇航员查理·杜克说，月球的味道非常刺鼻，而他的伙伴约翰·扬却说味道棒极了。

不过，还是阿波罗17号宇航员吉恩·塞尔南的描述最能说明问题，他说："它的味道闻起来像有人在这里用卡宾枪刚开过火。"

顺时针（自左上起）：

弗朗西斯科·格里马尔迪环形山图（月球），阿尔马格斯特姆·诺夫姆（Almagestum Novum, 1651）；标本配制；从月球轨道看月面雨海（Mare Imbrium）。

地球

最古老的
地壳

种　　类	矿物
材　　料	岩石和晶体
化学分子式	ZrSiO$_4$
距今时间	43.74亿年

西澳大利亚杰克山岩层的这块小碎片是已知最古老的地壳标本，该岩层的粗糙沉积层的年龄为33亿年，其中所含锆石的年代更久远，时间跨度从36亿年到将近44亿年。

左图所示标本从澳大利亚水晶世界的汤姆·卡皮塔尼（Tom Kapitany）那里购得，并依据澳大利亚文化遗产和采矿法律收藏。

混沌期

冥古代（Hadean）以古希腊地狱神的名字命名，其漫长时期的跨度从地球形成后的约40亿年到46亿年。在混沌的早期太阳系中，地球表面受到遍布全球的火山活动和陨石撞击的影响。

那时，地球似乎是一个没有水的地方，更不用说生命了。然而，自从1972年首次对冥古代进行描述后，科学家认识到，地球在早期形成过程中一定存在大量的水。虽然地表热量极大，但二氧化碳构成的大气压力使得地表水免于沸腾蒸发。

众所周知，板块构造运动——地球岩石圈的研磨，始于这个时期。这些运动形成的作用力有助于去除大气中的二氧化碳和其他温室气体，使地球表面冷却下来，并创造出有利于生命的各种补充条件。

古老的水晶

通过分析锆石小晶体的构成，人们了解了杰克山岩层的历史。这些小晶体锆石也含有水和最早的生命迹象——以生命所必需的碳的形式出现。随着对这一课题的科学研究不断深入，它也许会将地球上生命的起始时间向前推数千万年。

从杰克山发现的深色锆石晶体。

太空

火星岩
与大气

种　　类------------------------ 矿物/气体
材　　料------------------------ 陨石
火星引力--------------- 地球引力的0.38倍
距今时间----------------------超过40亿年

由于火星表面的矿物质富含铁，因此人类将它看作"红色行星"。不过，落入地球的火星陨石五颜六色，人们识别它们并不容易。科学家使用大型光谱仪寻找陨石的特定同位素特征，将这些特征与火星探测任务发回的数据进行比较。

左图所示标本由一位不愿透露姓名的陨石搜寻者在撒哈拉沙漠发现。

行星间的撞击

由于被古老的小行星和彗星撞击，火星岩坠落到地球上。为确定某个标本的年龄，科学家要测量陨石上宇宙射线的效应，从而确定陨石的渡越时间。根据测量结果，陨石群被划分为若干组系，对应不同的碰撞事件。

火星陨石主要有3类：辉玻无球粒陨石、透辉橄无球粒陨石和纯橄无球粒陨石（均以坠落地点命名）。每一种都有特殊成分。辉玻无球粒陨石最为常见，占迄今已发现全部火星陨石的75%。

前不久，科学家将辉玻无球粒陨石的来源追溯到了火星上一次撞击事件，即在奥克夏·帕拉斯（Oxia Palus）四边形方坑中的莫哈维（Mojave）陨石坑。这个陨石坑的年龄大约有300万年，2.6千米深，直径为55千米。科学家认为，这次撞击事件所产生的喷出物已有40多亿年。

确认数据

科学家检测陨石，目的是寻找特定元素的存在，尤其是惰性气体氩。氩是惰性化学元素，即不与其他元素发生反应，可供详细研究，用于特殊用途。

2013年，在研究美国国家航空航天局"好奇"号火星车发回的数据后，科学家确定了火星大气层中氩元素的两种形态（同位素氩-36和氩-38）的精确比例。科学家利用这一精确数据，可毫无疑问地确定某些陨石来自火星。

地球

最早的
生命

种　　类	化石
材　　料	细菌簇
高　　度	最高1.5米
距今时间	34.3亿年

叠层石（Stromatolites，有时拼写为Stromatoliths）可追溯至太古代，有些甚至能追溯到30亿年前。它们是自然形成的，在这种自然形成过程中，沉积物和微生物（细菌簇）被叠压成一种分层结构。对叠层石的研究是在所有由微生物引发的现象中，被研究最深入的现象之一。

左图所示标本来源于澳大利亚皮尔巴拉·斯特罗雷池塘（Pilbara Strelley Pool）中的叠层石。新近的研究表明，该标本含有已发现最早细胞生物。作为生活在30多亿年前某种生物的最后残余，这块小小化石带给人无限灵感。

关于叠层石

人们通常将动物骨骼当作远古生命的最佳证据，但即使非常微小的细菌，也以叠压方式（叠层石）留下了无法磨灭的印记。

生活在浅水塘中的蓝藻细菌菌落吸收光和二氧化碳，产成一层又一层碳酸钙。这些微生物簇形成了一种复杂的叠层结构，逐渐发展成令人陶醉、形态各异的石灰岩，这些岩石历经岁月荏苒，成为远古生命的证据。

蓝藻细菌的痕迹是地球生命演变的最佳纪录之一。由于寿命不尽相同，这些细菌形成了大量外表各不相同的叠层石，有些生长到数千米宽。

令人尊敬的卡尔科斯基博士

人们通常认为，德国地质学家厄内斯特·路易斯·卡尔科斯基（Ernst Louis kalkowsky，1851—1938）将叠层石的概念引入了科学领域。在1908年发表的一篇论文中，他使用了这一概念。这篇论文研究的是德国北部的盐湖中的三叠纪早期石块。他假设，这些石块的构造最初是微生物，但这一理论立即受到科学界其他人的质疑。

迷你博物馆 29

地球

大氧合事件的
证据

种　　类	矿物
材　　料	铁矿石
持续时间	约20亿年
距今时间	18亿~38亿年

每个人平均每天呼吸2万次，但我们是否经常思考是什么才使得这个看似简单的动作成为可能？人类呼吸到底始于何时？通过研究世界各地带状铁岩的构造，地质学家已开始逐渐了解一个用时近20亿年的演化过程。

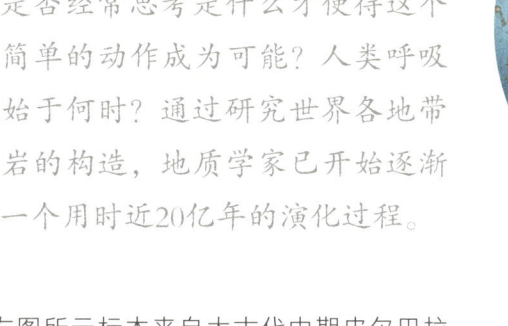

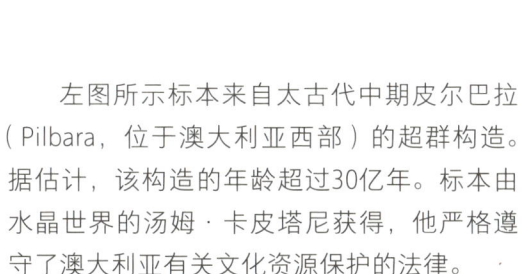

左图所示标本来自太古代中期皮尔巴拉（Pilbara，位于澳大利亚西部）的超群构造。据估计，该构造的年龄超过30亿年。标本由水晶世界的汤姆·卡皮塔尼获得，他严格遵守了澳大利亚有关文化资源保护的法律。

持续数十亿年的过程

大氧合事件（Great Oxygenation Event）标志着地球早期大气层中氧气的形成，在遍布全球的条带状含铁地层中所展现出的典型的红色、黑色和银色中，就能找到大氧合的证据。条带状含铁地层有成千上万层，每层厚度从1毫米到1亚毫米不等，这是能够进行光合作用的蓝细菌（或蓝藻）在早期酸性海洋中释放氧气的结果。这一过程持续进行，超过了10亿年，形成了地球海洋的半永久性氧合状态。

即使用地质学上的"深时"来衡量，大氧合事件也是一个持续很长的过程，时间跨度可能超过20亿年。还有足够的证据显示这个过程在世界上不同地区时断时续，并且受到了小行星撞击和大规模火山爆发的影响。

> 一旦闷闷不乐，我就开始再次呼吸。
>
> ——选自美国作家莱曼·弗兰克·鲍姆（Lyman Frank baum）的《绿野仙踪》（*Wizard of Oz*）

事 实 经 纬

这个意义重大的全球大氧合事件持续时间长达20多亿年。据估计，其高峰活动发生在约23.3亿年前。

迷你博物馆 31

条带状含铁地层（BIF）

这些地质构造包含数千个厚度在1毫米到1亚毫米间的氧化铁层，中间夹杂着硅石层。它们在全世界各地都有发现。最早的条带状含铁地层可追溯至38亿年前，当时地球内部还很热，但富含铁的地表的温度与今天并没有太大区别。那时地球大气层中很少含有甚至没有氧气，但地表有液态水，甚至是海洋，海洋中有生命存在。

海洋之下

蓝细菌生活在早期海洋浅表附近，依靠光合作用产生的能量维持生命。随后，蓝细菌在进行光合作用下，在海洋中产生了自由氧，并与海洋中的铁相结合，这些铁是通过风和冲蚀作用从海面被带入海下的。氧与铁结合形成了氧化铁，沉积到海底，并一层层堆积了起来。

氧化铁的形成，中和了海水中多余的氧，蓝细菌因而能够茁壮成长。然而，蓝细菌的数量有时会超出与铁保持平衡的数量，导致海洋出现了毒性。大灭绝事件让海洋失去了氧气，从而在洋底形成了许多新的贫铁硅石层。

这一进程持续了10多亿年。在接近太古代（一个持续15亿年的地质时期）末期，氧化铁的数量又有过几次激增，这与大气中氧含量快速增加的证据是相吻合的。

一个不断变化的星球

随着地球上的生命与大气中的氧合作用同步发展，地球本身也在改变着外观和形态。巨大的熔岩流从地幔中涌出，形成了许多火山活跃区和新大陆。熔岩流喷发促使海平面上升和新山脉的出现，最终海平面达到了前所未有的高度。地壳构造板块互相缓慢碰撞，陆地发生移位，形成了新的环境。

所有这一切结合在一起，为生命进一步前行提供了机会、创造了条件。有些生物最终冒险越出海洋，来到一个永久氧合的大气环境中繁衍生息，开启了向我们今天所知的世界不断前行的漫长进化过程。

顺时针（自左上起）：

对标本进行分类；易于近距离观察的条带状含铁地层的显微层；从蓝细菌到条带状含铁地层的形成示意图。

条带状含铁地层形成示意图

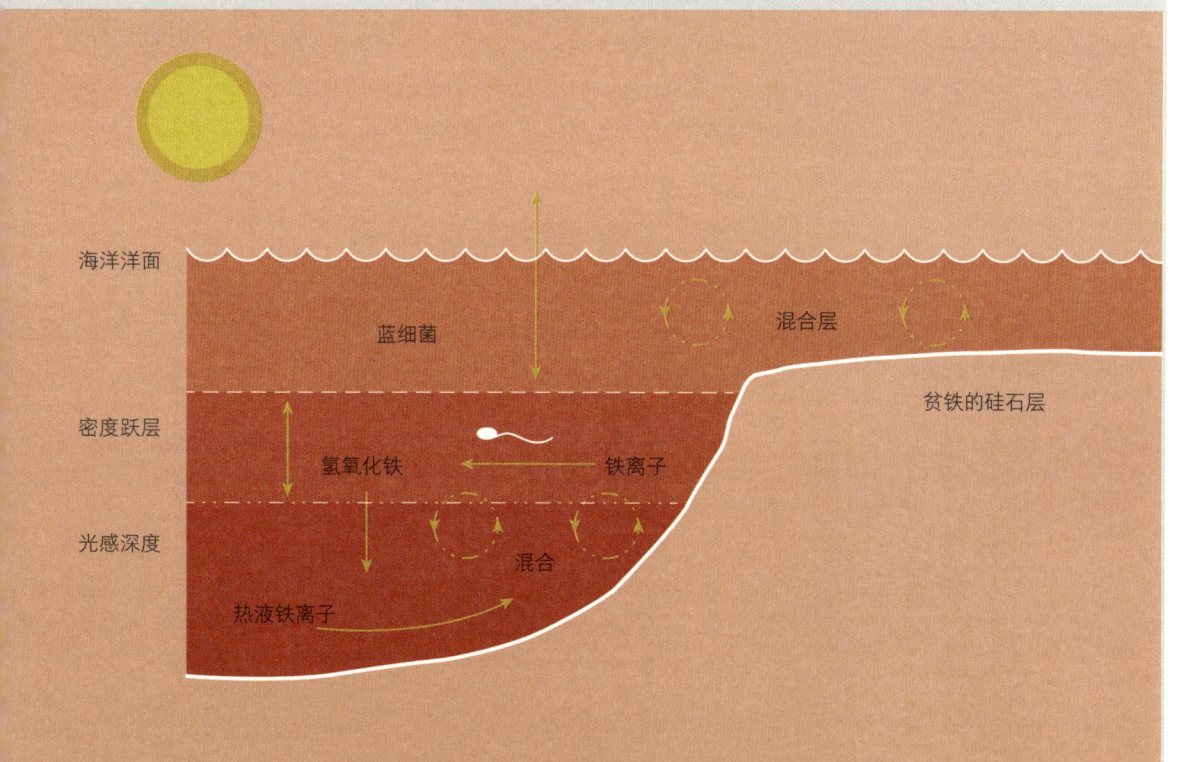

海洋洋面

蓝细菌

混合层

密度跃层

氢氧化铁　　铁离子

贫铁的硅石层

光感深度

混合

热液铁离子

动物群

海百合纲动物

种　　类	化石
材　　料	海洋动物
类　　型	无脊椎动物
年　　龄	4.854亿~5亿年

海百合纲动物是海洋动物——棘皮动物（Echinoderms）——一个延续很长、非常古老的科的成员，有时被称作羽星或海百合。它们是寒武纪时期复杂生命爆发的不可缺少的部分，其身体结构对称，十分漂亮，令人着迷。

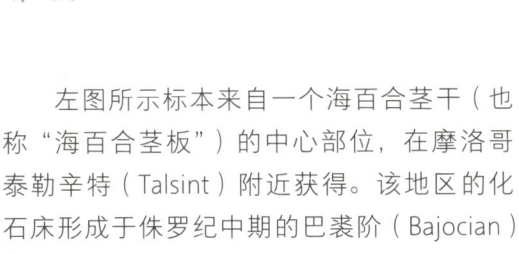

左图所示标本来自一个海百合茎干（也称"海百合茎板"）的中心部位，在摩洛哥泰勒辛特（Talsint）附近获得。该地区的化石床形成于侏罗纪中期的巴裘阶（Bajocian）年代。

科属相似性

海百合纲动物自奥陶纪（Ordovician）时期就已存在，奥陶纪是构成古生代（Paleozoic）的6个时期之一。作为一个种群，棘皮动物（Echinoderms）可以追溯到距今大约5.41亿年的寒武纪时期。棘皮动物包括多种不同种类，如海胆、海参和海星。其演化是地球复杂生命一次较大爆发的一部分，在各种平衡迭代的基础上，形成了我们今天所知晓的绝大部分动物的身体构造。

海百合茎干出现在各种传统故事之中，包括德国和英国的基督教圣徒传记。在这些传记中，它们被当作圣·博尼法斯（St. Boniface）的便士和圣·卡思伯特（St. Cuthbert）的念珠。卡思伯特是7世纪林迪斯法恩（Lindisfarne）岛上的一位修道士，该岛距诺森伯兰郡海岸不远。

反射的多种方式

生物有3种基本的对称结构：左右对称、球形对称和辐射对称。人类表现出的是左右对称，身体各部位沿中线组织起来。球形对称一般仅限于极小的生物，如海藻，它们形成了球形菌落。辐射对称，它有点像一个馅饼，身体各部分布置在一个主轴周围。

棘皮动物是人类已知唯一展现出五辐射对称结构（身体五部分辐射对称）的动物。这种身体结构历经岁月洗礼，遗留下一些有趣的化石形态。

地球

世界最古老的
河流

种　　类———————————————— 矿物
材　　料———————————————— 沙子
河流深度———————————————— 最深达1.8米
距今时间———————————————— 3.5亿~4亿年

蜿蜒的芬克河（Finke River）可以说是世界上最古老的河流，数千年来，令无数人心驰神往。澳大利亚原住民的神话，将芬克河那曼妙的曲线与彩虹蛇（Rainbow Serpent）联系了起来，这些美妙迷人的曲线勾勒出梦幻时代后整个澳大利亚的景致。神话中，那时世界是平的，并且静止不动。

左图所示标本是取自芬克河床的沙粒。需要说明的是，当我们收集一小块泥土标本时，这条河仍在流动，这非常罕见，因为今天的芬克河一年中只有数日才有水流淌。

古代航道

在该地区的当地语言中，这条河称作盐河，因为沿整条航道有许多盐水池。

芬克河的两岸陡峭，好似刀砍斧劈般地深深切入大地，令一代又一代的居民为之倾倒，也让探险家查尔斯·丘宁（Charles Chewing）目瞪口呆。1886年，他撰写了一部里程碑式的专著《芬克河的起源》(Sources of the Finke River)。他在书中若有所思地写道："这条河如何磨穿一条长约1600米、高约300米的玄武岩山脉，始终是个谜。"

河流下降段的角度及河流携带颗粒物的大小，决定了河流的弯曲形状。在相对平坦的地形中，河流往往会形成蜿蜒的曲线，因为水流前行时会绕过较厚的土层。相反，从陡峭山冈流下的河流，通常比较直，因为河道下降角度较大。

注意，前方有急弯

相比人们通常预想的河流路径，芬克河确有几分反常，因为它蜿蜒曲折、野马脱缰似的河道，深深地切入澳大利亚中部的崇山峻岭之中。地质学家告诉我们，这样的河道通常在平原上形成，不应该出现在这样的山区。上述特征表明，芬克河一定比这些山丘更古老。这些山丘大约在4亿年前的"爱丽丝·斯普林斯造山运动"（Alice Springs Orogeny）中形成。基于此进行推测，芬克河应该是地球上最古老的河流。

地球

铜
晶体

种　　类	矿物
材　　料	金属
熔　　点	1085℃
距今时间	3亿年

铜比黄金坚硬，但又足够软，可以做成工具、武器和装饰品，在人类走出石器时代（Stone Age）、迈进金属时代（Metal Age）的关键时期，它在人类文化发展过程中发挥过重要作用。工具、武器和装饰品等遗存物虽然十分古老，与铜相比却相形见绌。

左图所示标本来自哈萨克斯坦热兹卡兹甘（Zhezqazghan）市附近的铜矿。该地区的大型铜矿床形成于大约3亿年前，含有泥盆纪（Devonian）晚期海水和二叠纪（Permian）早期海洋沉积物。该地区最早的铜矿开采活动可追溯至铜器时代（Bronze Age），经历了众多文化时期，四通八达的贸易线路通向了世界各地。

金属的表现形式

大部分金属元素是以化合状态（如矿石和合金）被发现的。即使是铁——地壳中含量最丰富的金属之一，也通常与镍混杂在一起。天然的纯金属元素相对稀少，金、银、铂、铜等反应不太活跃的金属是例外。

天然铜矿床在火成岩和沉积岩构造中都有发现，在两种构造中的形成过程却大不相同。在火成岩中，天然铜在熔岩流中结晶，会含有少量的硅和硫。

> 我不会从你那里接受任何纯度不高的铜。
>
> ——公元前约1750年，巴比伦商人南尼（Nanni）对铜商埃亚-纳瑟尔（Ea-Nasir）如是说

事 实 经 纬

天然铜晶体的复杂晶格揭示了持续数亿年的深层地质演变过程。

天然铜的形成

铁镁质的熔岩中硅的含量不高,使得熔岩流更加黏稠,而没有硫,即使熔岩冷却下来,铜也形不成铜矿石。沉积基质天然铜的形成经历了一个长期的还原过程。铜从浸泡在白垩质或钙质盐水里的晶核(host)岩石中被提炼出来。这些铜矿床在靠近远古赤道浅海盆地中的可渗透沉积物中形成。那时,这个地区的蒸发速度非常快。

成形和熔炼

以铜制成的工具和装饰物可以追溯至1万年前,但数千年来,由于天然铜稀少,铜的使用受到了限制。只是在人类掌握了熔炼技术,可以从矿石中提取金属后,铜器才变得司空见惯。

熔炼是一种工艺,通过加热和使用还原剂以引发某种化学反应,将纯金属从其他元素(如硫和氧)中分离出来。锡和铅可以在简易熔炉中熔炼,是用这种方法提取的第一批金属。铜的提炼紧随其后,很可能是陶窑所产生热量的副产品。

人类将锡和铜混合在一起,终于制造出一种合金——家喻户晓的青铜,这种耐用物质塑造了此后长达数千年的古代世界。

当代世界的铜

历经数千年,铜仍是一种不可或缺的金属。作为一种导电导热性能俱佳的物质,铜在形形色色的电子元器件中大显身手。此外,铜延展性好,可塑性强,能够拉伸、成形而不会被折断,是导线和管材的理想原材料。

这种颇具吸引力的万能金属甚至还在建筑上大展身手,铜质材料表面生出的斑斑铜锈是许多著名建筑一目了然的标志。

然而,尽管铜的历史久远,但在可预见的未来,我们仍无法放弃使用这种不可思议的金属。最近的研究表明,粗铜还是功效极强的抗菌材料。一接触细菌、病毒和真菌,它就能破坏它们的细胞膜,将它们杀死。铜离子也是研究分子运动和建造微型合成分子机器的核心。

顺时针（自左上起）：

溶液中的铜晶体；约公元前2095—前2047年，乌尔（古代美索不达米亚南部苏美尔的重要城市，译者注）的舒尔吉国王（King Shulgi of Ur）的铜像；用喷枪焊接成的铜管。

动物群

异齿龙

种　　类	化石
材　　料	骨骼
体　　长	1.7~4.6米
年　　龄	2.99亿~2.51亿年

在二叠纪时期，为应对全球范围内更加多变的气候，生物发生了剧烈变化：植物更加多样，最早的纯种硬骨鱼出现，一些两栖动物进化为纯粹的陆生动物，包括长有明显帆状脊椎鳍的异齿龙。

左图所示标本是在美国得克萨斯州西部发现的帆状脊椎鳍片段。这个地区称为得克萨斯红床层（Texas Red Beds），是早期二叠纪最完整的化石物证之一。

二叠纪原始哺乳动物

颌部吓人并以爬行的样子出现，异齿龙经常被误认为恐龙。不过，这个二叠纪早期的顶级捕食者却是原始哺乳动物——下孔亚纲（Synapsida）动物一个种群中的一员。异齿龙大小各异、种类繁多，经过2000万年的进化，其标志性帆状脊椎鳍，在形状上也发生了不少变化。长期以来，研究人员对它的功能一直争论不休。19世纪的古生物学家爱德华·德林克·科普（Edward Drinker Cope）于1866年在《美国自然学家》(The American Naturalist)杂志上发表的论文中写道："异齿龙鳍的顶部细长，但显然十分灵活，其功能难以想象。"

早期理论倾向认为它具有温度调节作用，但最新研究表明，异齿龙的脊椎缺少承载血管所必需的凹槽。

鳍的形状和功能

早在19世纪晚期，美国古生物学家爱德华·科普就对异齿龙独特的鳍的特征发表过评论，但对其功能却一头雾水。近几十年来，对这个话题的争论虽已转移到了雌雄二态现象中异齿龙的鳍的作用上，但各种新理论仍然层出不穷。例如，2012年，美国国家航空航天局喷气推进实验室的一项研究表明，异齿龙的鳍的作用或许类似喷泉的储能装置，在异齿龙快速移动时启用。

迷你博物馆 43

植物群

侏罗纪的
树

种 类	化石
材 料	植物
高 度	30~60米
年 龄	2亿年

与左图所示标本类似的南洋杉属植物化石是冈瓦纳（Gondwana）古陆解体时的残留物。这些树种可追溯到侏罗纪时期，它们的直系后代至今仍可被发现。尽管经过2亿年风霜雪雨，它们的"原始"容貌看起来没有多少变化。

左图所示标本是一粒那一时期的时间胶囊，是在澳大利亚昆士兰州发现的石化南洋杉植物的片段。

关于南洋杉属植物

冈瓦纳曾是一个古大陆，通过已存大陆板块合并而成，最初形成于8亿年前。在中生代（Mesozoic）时期，冈瓦纳解体为现今的非洲、南美洲、南极洲、澳大利亚和印度大陆。印度大陆缓慢向北漂移，与劳亚古陆会合，抬高了喜马拉雅山脉，这一过程今天仍在继续。

这些针叶植物平均高度在30～60米，柱状主干挺拔笔直、树枝被鱼鳞状叶子层叠覆盖是其典型特征。科学家相信，这些树叶曾经是蜥脚类动物的挚爱美食。

尽管南洋杉属植物是一种亚热带植物，但它们今日只零星散落在南半球少数几个不大的区域中。但在侏罗纪时期，南洋杉属植物与其他裸子植物和蕨类植物一样，遍布世界。

想象冈瓦纳古陆

"想象一下，一位来自外太空的观察者抵近地球，把笼罩大气层的云带推开。地球在下面不停地转动，而他却目不转睛地凝视地球表面整整一天。"奥地利地质学家艾杜尔德·聚斯（Eduard Suess, 1831—1914）如此写道。他在多卷本著作《地球的面容》(Das Antlitz der Erde, The Face of the Earth）中首次提出了冈瓦纳古陆的概念。他还在该著作中介绍了古地中海以及生物圈和板块构造学说的基本概念。

迷你博物馆 45

动物群

日本星沙
（有孔虫生物）

种　类	化石
材　料	微生物
尺　寸	最大600毫米
年　龄	5亿年

有孔虫生物是科学上的叫法，它有一个富有诗意的名字——星沙。它是一种单细胞生物，会长出各种既漂亮又小巧的壳瓣。这类贝壳早在5.5亿年前就出现，在有些地区，所有沙滩都是由这种所谓有孔虫沙子构成的。

左图所示标本来自个人收藏，多年前从位于日本冲绳西表（Iriomote）岛的星沙海滩（Hoshizuna-no-Hama, Star Sand Beach）获得。这类天然海滩有数十亿个有孔虫生物。

气候变化

人类至少从公元前5世纪就开始研究有孔虫生物，当时，古希腊历史学家希罗多德（Herodotus）在埃及金字塔的石灰岩中发现了它们的踪影。被认为是现代古微生物学之父的阿尔奇德·迪奥比格尼（Alcide d'Orbigny，1802—1857）亲自对法国和美洲的数千种有孔虫生物进行了分类。

今天，科学家经常利用有孔虫生物研究长期气候变化。有孔虫生物通常与微藻类共生，通过产生碳酸盐沙子和控制每日pH值的变化，对珊瑚礁生态系统提供保护。有孔虫生物物种的多样性、外形尺寸，甚至雌雄二态性，与取自深海岩心的花粉标本及同位素分析结合在一起，能够帮助我们确定远古时期气候带的存在。

沙子的传说

冲绳多个岛上的海滩铺满有孔虫沙子。竹富（Taketomi）岛上有一个民间故事，说这些贝壳实际上是北极星的子女，南十字座（Southern Cross）将他们吞进了肚里，然后又把他们吐了出来，化作一条巨蛇，服侍海龙王（Ryujin）。

迷你博物馆 47

地球

大毁灭

种　　类	矿物
材　　料	火山岩
灭绝比例	96%
距今时间	2.5228亿年

在活跃的行星上，例如地球，变化是永恒的。数千年来，气候不断变化，海洋起起伏伏，大陆相互碰撞。尽管这一切都对生物产生了不利影响，但生物依然不断进化。时光荏苒，生物发生变化，有时剧烈。

左图所示标本是一片玄武岩，来自西伯利亚西南部的库兹涅斯克盆地（Kuznetsk Basin）。此地有世界上最大的煤矿床之一，这些煤矿床是地球遭受毁坏的残留物。当时此地受到一系列剧烈火山爆发的影响，形成了我们今天所知的西伯利亚暗色岩（Siberian Traps）区。

大灭绝

虽然生物的生存力极强，但总有变化迅速、广泛或剧烈的时期，令它们难以维系生存。在这些时期内，物种的消失比替代它们的新物种的出现要快。这种周期导致更多的物种灭绝。我们将这些时刻称为灭绝事件，虽然在时间的长河中它们可能只是沧海一粟，但有些事件可以持续数百万年，而恢复原貌的时间会更长。

在过去45亿年中，地球出现过无数生与死的循环，从恐龙诞生到长时间占据统治地位，再到小小蓝藻类细菌延续数十亿年的无休止变异，概莫能外。

> 地球上的生物一直被各种骇人听闻的事件所侵扰。
>
> ——选自法国古生物学者乔治·居维叶（Georges Cuvier）的《关于地球表面演化过程的演讲》（1822）

事　实　经　纬

据估计，这片岩石的年龄超过2.5亿年。也许更令人着迷的是，它是一场持续了100万年的火山爆发的产物。

迷你博物馆 49

大毁灭

尽管这颗化石经历了许多重大事件，但这些事件与人们所知道的"大毁灭"——二叠纪—三叠纪灭绝事件相类比，可谓相形见绌。"大毁灭"是地球历史上规模最大的灭绝事件。各种研究认为西伯利亚暗色岩的形成有多种因素，而这次灭绝事件是主要原因。

在100万年的时间里，泛滥的玄武岩喷发，使700万平方千米面积被多达400万立方千米的熔岩覆盖。因西伯利亚暗色岩而释放出来的二氧化碳和甲烷，导致全球迅速变暖。它所释放的镍还引发海洋细菌产生大量甲烷。加上向大气中注入的二氧化碳和含硫气溶胶，全球变暖如脱缰之马，将海洋温度一路推高，竟然超过了40℃。

这块化石所记录的对陆地和海洋的巨大破坏是空前绝后的。在这次灾难中，地球上近96%的生物彻底消失，大多数研究表明，数百万年后，地球生物才恢复到之前状态。伴随生命复苏，新物种开始称雄。下孔亚纲生物（爬行类哺乳动物，如异齿龙）被祖龙取代，祖龙的后代包括鸟类、鳄目动物、翼手龙，当然还有恐龙。

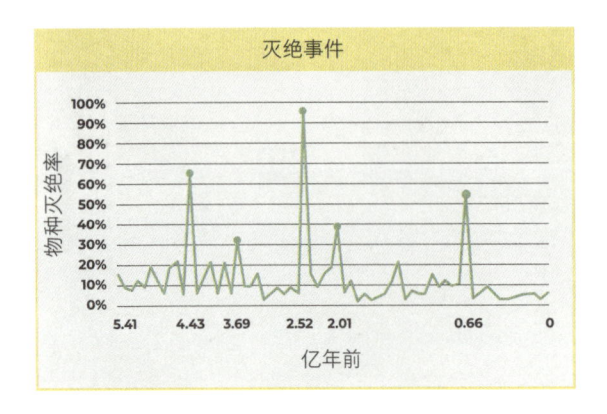

五大灭绝事件

在漫长岁月中，发生过许许多多的大灭绝事件，但左下图表醒目地显示了人们通常所知的"五大灭绝事件"和众多小灭绝事件。这些小事件发生在真正改变世界、塑造地球的若干"大事件"之间的间歇期。

在此仅举一例：俄罗斯西伯利亚泰梅尔半岛（Taymyr Peninsula）上普托拉纳高原（Putorana Plateau）的崎岖地形，就是由西伯利亚暗色岩的残留物形成的。普托拉纳高原距离库兹涅斯克盆地（Kuznetsk Basin）1600千米，而库兹涅斯克盆地也为这种地质构造的巨大规模提供了必要环境。

顺时针（自左上起）：

出自西伯利亚暗色岩的玄武岩岩石薄片；岩石标本近景细部；熔岩景观。

地球

古地中海

种　　类	化石
材　　料	海床矿物
地　　区	热带
距今时间	2.5亿年

中生代（Mesozoic era）早期，单一大洋——泛古洋（Panthalassa）覆盖世界绝大部分面积。这个世界性海洋环绕着泛大陆（Pangaea）。泛大陆从北极延展到南极，其形状看起来大致像一个大写的"C"，它的怀抱中有一片面积较小的水域：古地中海。

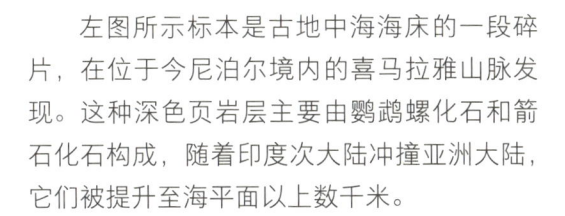

左图所示标本是古地中海海床的一段碎片，在位于今尼泊尔境内的喜马拉雅山脉发现。这种深色页岩层主要由鹦鹉螺化石和箭石化石构成，随着印度次大陆冲撞亚洲大陆，它们被提升至海平面以上数千米。

古代证据

在侏罗纪时期，不断漂移的大陆把古地中海压缩成一个海道，从今天的加勒比群岛一直延伸到现在的喜马拉雅山脉。

随着时间的推移，四处移动的海洋影响了地球上海洋的循环，进而影响了地球的气候。赤道带中的大型陆块阻碍了热带海水的循环，将热量转移到了产生冰川和极地冰盖的两极。中生代的情形正好相反：热带地区海洋的联通使得温热的赤道海水自由循环。

地中海、里海、黑海和咸海中至今仍有古地中海的残留部分。远古海底沉积物对巨大的欧亚山脉的形成起到了推动作用，当然也包括喜马拉雅山脉。

喜马拉雅页岩图

与左图所示标本相同的石头因侵蚀而现身，掉入了河流和小溪中，数千年来，不停翻滚。最终，这些被河水冲刷得滑溜溜的深色鹅卵石被冲进卡利·甘达基（Kali Gandaki）大峡谷。该峡谷是世界上最深的峡谷之一，这些鹅卵石在这里被冲到低海拔处，被当地居民和朝圣者捡拾到。这些石头的对数螺线，被认为是印度教（Hinduism）、佛教（Buddhism）和耆那教（Jainism）某些传统中神的抽象表达。它们的残留物被称为页岩图（shaligrams/saligrams），是地球无休止愤怒的最好写照。

地球

泛大陆

种 类	矿物
材 料	岩石
气 温	45℃
距今时间	3.35亿年

受地核热量推动，对流的洋流对地壳的薄薄板块不断进行推拉，时而将各大陆合并在一起，时而又把它们分开，如此循环，持续了数亿年。这种运动还可将若干大陆合并为高于海平面的单一陆块，称为极大陆（亦称超大陆）。

左图所示标本是一块抛光辉绿岩碎片，源自北美洲东部中大西洋岩浆区（Central Atlantic Magmatic Province，CAMP）的沉积物，是泛大陆这个极大陆被分裂过程中的残留物。

极大陆

地球表面坚硬的岩石圈分裂为若干板块，这些板块在漫长岁月中四处游动。1912年，德国地球物理学家阿尔弗雷德·韦格纳（Alfred Wegener）提出，地球上所有大陆曾合并形成过一个单一的极大陆。他将其命名为泛大陆（亦称为盘古大陆）。20世纪60年代，这些支撑他大陆漂移理论的基本概念最终被人们接受，并纳入了板块构造地质学。

泛大陆只不过是距今最近的极大陆。在泛大陆之前，曾经存在过两个极大陆：北部的劳亚古陆（北美、格陵兰岛、欧洲和北亚）和冈瓦纳古陆（南美、非洲、南极、澳大利亚和印度）。泛大陆大约形成于3.35亿年前，作为单一陆块存续了约1.6亿年。

> 一切地球科学必须提供揭示地球早期状态的证据，对此，科学家们似乎仍然没有充分理解。
>
> ——选自阿尔弗雷德·韦格纳《大陆与海洋的起源》(Die Entstehung der Kontinente und Ozeane；The Origin of Continents and Oceans，1915)

迷你博物馆 55

动物群

劳亚古陆
（菊石彩化石）

种　　类	极大陆/化石
材　　料	宝石
化学分子式	$CaCO_3$
距今时间	7100万年

劳亚古陆由今天北半球的几个大陆构成，曾经是泛大陆的一部分，后被大西洋岩浆区回流冲开。这次事件将欧亚大陆和劳伦古陆（北美）分离，并最终为北大西洋（Northern Atlantic Ocean）的形成创造出空间。

左图所示标本是一种特别的菊石化石，称为"菊石彩化石"。这颗化石宝石由经过矿化过程的菊石贝壳组成，这个过程保留并强化了贝壳中的自然霞石，在这种化石化物质中产生了鲜艳的彩虹般光泽。这种宝石仅在加拿大阿尔伯特省（Alberta）南部白垩纪的熊掌地层构造中（Cretaceous Period Bearpaw Formation）能找到。

大陆的形成

在白垩纪早期，沿劳伦古陆西部边缘的一系列岩浆涌动造成地壳变形。人们通常将此类变形看作山脉形成事件，但它们也创造出了构造性盆地。这个盆地的出现是拉腊米造山运动的结果，最终变成从北极延伸到当今墨西哥湾的南北走向海道。

西部内陆海道（Western Interior Seaway）水域有生物存在迹象，尤其是白垩纪时期的菊石，包括最常见的化石——米克糕菊石（Placenticeras meeki）和交替糕菊石（P. intercalare）。菊石是一种已灭绝海洋头足纲软体动物的化石，该动物在4亿年前灭绝并化石化。它们经历了几次大规模灭绝事件，包括令全部海洋物种的96%

> 菊石类生物在超过3亿年时间内3次统领地球，它的历史是最怪、最令人吃惊的贝壳外形发展史。
>
> ——选自沃尔夫冈·格鲁克（Wolfgang Grulke）的《异象岩：最稀有的菊石化石》（Heteromorph: The Rarest Fossil Ammonites）

迷你博物馆 57

毙命的二叠纪至三叠纪的"大毁灭",但幸存下来。不过,在6600万年前的白垩纪至下第三纪的灭绝事件中,菊石最终难逃一劫。恐龙也是在这起事件中灭绝的。

古海洋生物

鉴于菊石在古海洋食物链中扮演重要角色,科学家对古海洋生物如何生存产生了浓厚兴趣。现存的证据表明,菊石曾经是沧龙(Mosasaurs)和鱼类的一种主要食物源,而另有研究显示,"咬合痕迹"是其死亡后由帽贝,甚至其他头足类生物留下的。

由于没有软组织化石,除菊石的复杂贝壳外,几乎没有涉及菊石外观的直接证据。一种特殊的菊石化石,即为人所知的菊石彩化石只在加拿大阿尔伯塔南部熊掌地层中被发现。夹杂在页岩、泥沙和细沙层之间的是含有这种化石的特殊岩层。

化石宝石

菊石在地球存续期间,其种类繁多,争奇斗艳,在全球所有大洋中都有它们的身影。正因为如此,在确定各种岩石构造的形成年代时,菊石化石是一种令人惊叹的标准。

莫里化石被科学家用来对矿藏依年代进行分组。由于不同种类的菊石在不同地区进化,所以它们还能向人类讲述许多地球构造史的内容。当一块化石出现在人们意料之外的区域时,它就在提示我们,储有此类化石的矿床已移动数千年。菊石化石既可让人大饱眼福,也能在科学研究中"一展身手"。

珍珠母的内衬

数千种截然不同的物种构成了菊石类进化分支。大部分菊石贝壳是经典的对数螺旋,上面的每个弯曲都是上个弯曲的纯几何接续,且比例一致。在近乎无穷的自然现象中——从银河系的形状到葵花盘的图案,到处都能找到对数螺旋线。

像其他软体动物一样,菊石的壳长有一层内衬,称为珍珠质,或即"珍珠母"。珍珠质在霰石中大量存在,霰石是碳酸钙的一种结晶形式,能产生霓虹光泽。菊石彩化石的形成是沉积物在地质沉积后发生改变的结果。沉积是一个名为成岩作用(diagenesis)的过程。在这个7000万年的过程中,霰石并没有像人们预期的那样转变为更加稳定的方解石。在熊掌地层中,这些化石经历了独特的矿化过程,保护并强化了天然霰石,最终形成了这种五彩斑斓的宝石。

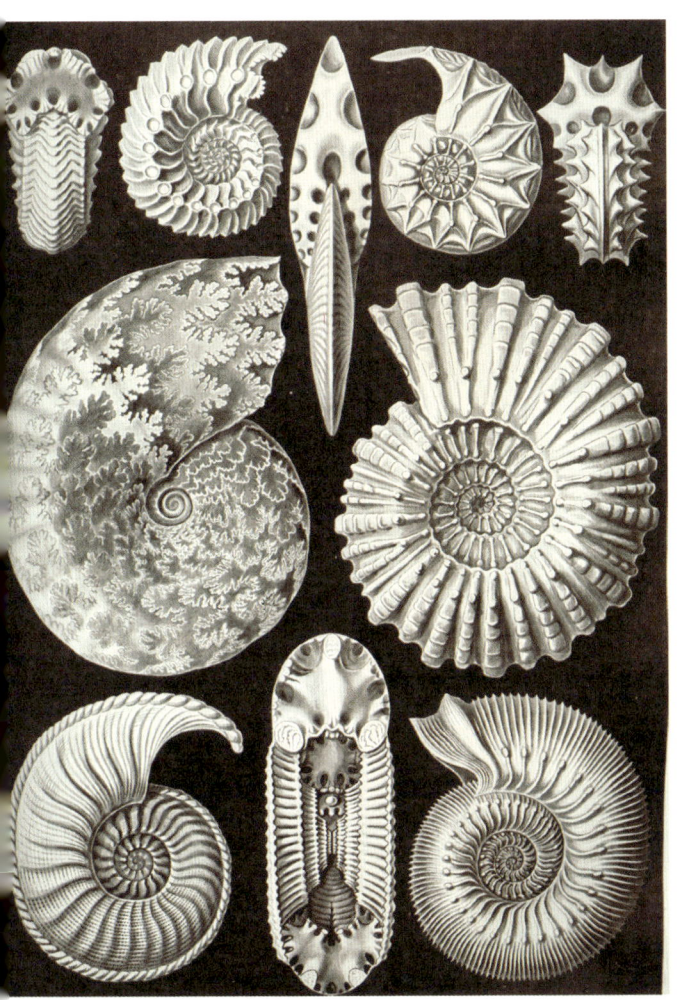

顺时针（自左上起）：

厄内斯特·黑克尔（Ernst Haeckel）在1904年"自然的艺术形式"展中展出的各种菊石化石；菊石化石近景；银河系梅西叶星云星101（Galaxy Messier 101），也称为NGC 5457。

植物群

苏铁科植物
（恐龙食物）

种　类	化石
材　料	植物
类　型	无花型
年　龄	6700万年

苏铁科棕榈似的形状为广大史前艺术绘画爱好者所熟悉。它们在化石记录中广泛存在，使得许多早期研究者将其归类为"恐龙食物"，但当代研究却呈现了一幅这类裸子植物及其与恐龙关系的复杂画面。

左图所示标本来自化石化的苏铁科植物的根部，在美国怀俄明州（Wyoming）的私人土地上被发现。苏铁科植物是披针形植物群系的一部分，化石的年代可追溯至白垩纪晚期，即大约6700万年前。今天，世界上能找到300种苏铁科植物的后代物种。

关于苏铁科植物

蜥脚类动物和食草动物鸟臀龙，它们的庞大身躯都需要海量能量。这些动物都依靠"后肠-发酵"过程：快速啃下并吞食植物，然后这些植物可以滋养肠中的共生菌。这些不同种类的植物群能够处理低营养的食物，将它们转变为动物自身无法用其他方式吸收的"产品"。苏铁科植物的种子长着鲜嫩的外壳，非常适于"后肠-发酵"过程。它们富含糖和淀粉，但其中的天然毒素限制了不具备这种消化优势的动物的消耗。今天，在热带和亚热带地区都长有苏铁科植物，在这些地区的部分此类植物标本，其年龄有可能已达近千年。

> 只要告诉我你所食，我就能确定你所属。
>
> ——法国作家安泰尔姆·布里亚-萨瓦兰（Anthelme Brillat-Savarin）

事 实 经 纬

在中生代时期，苏铁科植物占地球植物种群的20%，覆盖自北极到南极的整个地球。

迷你博物馆 61

植物群

琥珀中的
昆虫

种　类	化石
材　料	植物/动物
熔　点	250℃
年　龄	4400万年

琥珀始成于植物树脂从脉管系统分泌出来之时。一旦与空气接触，树脂就失去了挥发性物质并变得黏稠。长期埋在地下，树脂的分子便聚合而形成一种低密度、非晶形的固体。此时，琥珀被认为已化石化。

左图所示标本是一颗抛光小琥珀珠，来自波罗的海地区，可追溯至4400万年前，包含有小型节肢动物（昆虫纲、蛛形纲动物等）。

历史的载体

随着树液或树脂变成琥珀，这个过程近乎完美地保留下了气候和生命的踪迹，这些生命包括昆虫、孢子、植物、爬行动物、种子、花粉、羽毛，甚至某些大型生物的局部标本。这一切都为科学家提供了线索，帮助他们将地球上早已逝去的不同岁月中的生物环境拼合起来。

对研究昆虫历史及其演化的昆虫学家或古生物学家来说，这类储存在琥珀之中的标本是一种极好的资源。与石头化石不同，保存在琥珀中的昆虫里通常包含微小的细节，例如，可用于物种鉴定的翅脉或外骨骼特征。琥珀化石还捕捉到了困在其中的生物的死亡瞬间，展现了这些生物活着时的真实模样。

琥珀宫

18世纪初，普鲁士国王费迪南一世（King Ferdinand I）委托他人建造了一座琥珀宫，作为送给彼得大帝（Peter the Great）的礼物。1717年，琥珀宫被安置在位于圣彼得堡（St. Petersburg）郊外的凯瑟琳宫（Catherine Palace）。当蜡烛点燃，整间房屋顿时发出琥珀色光泽，来宾们被深深震撼，有人惊呼这是世界上第八大奇迹！第二次世界大战期间，纳粹抢夺了凯瑟琳宫中的大批财宝，拆除了整座琥珀宫。寻宝者们用了数十年的时间寻找这一价值连城的遗迹，但只找到一块镶嵌板。

恐龙时代

"可怕的蜥蜴"这是恐龙一词的含义。恐龙是爬行纲动物一个种类多样的分支,曾经在地球上生活了数亿年。自约2.5亿年前在三叠纪时期出现开始,经过侏罗纪和白垩纪,至约6500万年前的侏罗纪—下第三纪灭绝事件止。恐龙在整个中生代一直占据着统治地位。现在,它们的化石化骨架(还有它们存在的其他证据,如恐龙蛋碎片和足印)在挖掘现场、实验室、学校以及博物馆随处可见,它们长有羽毛的后代——形状各异、大小不同的鸟类,今天代替它们飞翔、行走,甚至在世界各地畅游。

恐龙分类

恐龙属于蜥形纲动物，按目、亚目、科等进行分类。恐龙出现时有两个主要目——蜥臀目（似蜥蜴臀部）和鸟臀目（似鸟的臀部），基于其臀部骨骼形状，恐龙沿这两条路径进一步演进、分化。鸟臀目恐龙分成不同的亚目，包括甲龙亚目（长有甲壳的恐龙，如甲龙）、鸟脚亚目（足似鸟脚的恐龙，如禽龙）、角龙亚目（长着边角状头部的恐龙，如三角龙），以及剑龙亚目（背部及体侧有骨质甲板的恐龙）与肿头龙亚目（头顶肿厚的恐龙）。蜥臀目恐龙分化成蜥脚亚目（如蜥蜴脚的恐龙，如雷龙）和兽脚亚目（长有类野兽足状的恐龙，如雷克斯霸王龙、迅猛龙和当代鸟类及祖先）。其他爬行生物，如翼龙和会游泳的上龙，虽与恐龙同处一个时期并且关系密切，但属于不同分类。

恐龙及爬行动物年表

原始海洋和鸟类爬行动物。 许多最古老的类恐龙动物是水生的，在中生代温暖的浅海中生活、猎食。它们是史前海洋中最危险的捕食者。其他爬行动物则在远古时代的天空中称王称霸：翼龙，也因此得名"长翅膀的蜥蜴"。

鱼龙
（鱼龙目鱼龙科）
化石分类：海洋爬行动物（椎骨）
估计年代：2.5亿—9000万年前

鱼龙是海洋爬行动物，身体为流线型，没有颈部，头部光滑，两个鼻孔位于头顶最远端。很可能以鱼类为食。在三叠纪和侏罗纪时期，鱼龙种类和数量均达到顶峰，它们的化石在世界各地都有发现，且在白垩纪早期就已存在。

恐龙蛋

恐龙蛋的自然结构好似经过精心设计，令人叹为观止。它能保护和支撑不断生长的新生命，直至它完全做好了降临世界的准备。在显微镜下观察其纹理，仿佛山谷纵横的岩石山。蛋壳上这些数不清的缝隙是输送氧气的通道，支撑着蛋内脆弱的生命。

许多关于恐龙的经典著作都将美国人乔治·奥尔森（George Olson）当作发现恐龙蛋的第一人。1923年，他在蒙古的一次探险活动中发现了恐龙蛋。尽管乔治发现的恐龙蛋是首次认定的，但真正的荣誉应属于19世纪法国天主教神父让-雅克·波奇（Jean-Jacques Poech）。1859年，波奇神父与一些蛋壳碎片不期而遇，他认为这些蛋壳碎片来自一只巨型鸟类的蛋。事后证明，这些蛋的确是高桥龙（白垩纪晚期蜥脚亚目恐龙）的蛋。

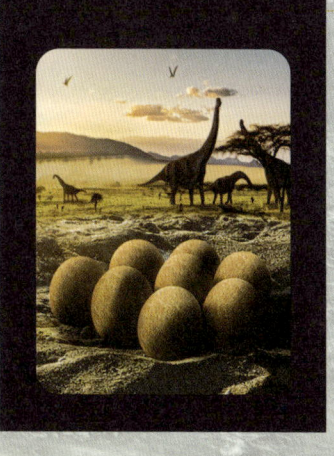

迷你博物馆 65

翼龙
（翼龙目翼龙科）
化石分类：鸟类爬行动物（翅骨）
估计年代：2.28亿~6600万年前

翼龙是一种会飞行的爬行动物，种类繁多，主宰中生代的天空。一些种属的幼年体型与蝙蝠或当代鸟的大小差不多；其他种属，如羽蛇龙的大小与长颈鹿相当，翼幅可达10米。化石证据显示，至少某些翼龙种群长着毛状的"高密度纤维"，即鬃毛，这或许说明它们是温血动物。

传统上，翼龙被大致分为两个亚目：喙嘴翼龙亚目和翼手龙亚目。喙嘴翼龙亚目，其个头小、颈部短、尾巴长；翼手龙亚目是尾巴短、颈部长且前臂也较长，大小不一。

许多翼龙还炫耀它们精致的头冠，在白垩纪晚期，当翼龙的身体尺寸达到最大时，其头冠也很有可能处于最华丽的状态。

沧龙
（有鳞目沧龙科）
化石分类：海洋爬行动物
估计年代：9200万~6600万年前

从三叠纪时期，海豚状鱼龙开始称霸海洋，到侏罗纪时期由于海平面的上升而让位于许多大型捕食者，这些大型捕食者包括蛇颈龙和上龙，以及长有灵活骨架和双咬合下颚的强壮沧龙。

上龙
（蛇颈龙目上龙科）
化石分类：海洋爬行动物（鳍状足）
估计年代：2.08亿~8930万年前

上龙属于蛇颈龙目，但与其近亲——蛇颈龙的不同之处是其颈部更短，头部更大。它们是食肉类动物，长着巨大的牙齿和强壮的下颚。上龙是呼吸空气的浮游动物，用两对鳍状足畅游世界许多大洋。与蛇颈龙一样，它们不需要游回到浅滩就能繁殖。

蛇颈龙
（蛇颈龙目蛇颈龙科）
化石分类：海洋爬行动物（鳍状足）
估计年代：2.063亿~6600万年前

蛇颈龙有蛇一样的长颈和敦实的身体，身体上长有修长的鳍状足，特征明显，是所有古海洋爬行生物中最容易辨认的一种。通过对它们的复原，人们发现它们在水中移动的方式与海龟或企鹅相同，与其说是游泳，不如说是海中"飞行"。

66　迷你博物馆

远古世界的巨兽。 蜥脚亚目是蜥臀目恐龙的一个重要分支：一种巨型的长有"蜥蜴脚"的动物，其颈部和尾巴很长，脑袋小但身体大，四条柱子一般的大腿强健有力。大部分恐龙体型差异悬殊，小如啮齿类动物，大到超过现在的犀牛。而蜥脚亚目恐龙的身体更庞大，其中一些接近甚至大过蓝鲸的个头。

阿特拉斯龙（ATLASAURUS）
（蜥脚亚目泰坦龙科阿特拉斯龙属）
化石分类：陆地恐龙（骨骼）
估计年代：1.677亿~1.647亿年前

阿特拉斯龙是生活在侏罗纪中期的一种特别的蜥脚亚目恐龙，1999年在摩洛哥的阿特拉斯山脉（Atlas Mountains）高海拔地区被发现。身长约15米，重15吨左右。

早期的研究思路将阿特拉斯龙当作体型更大、人们了解更多的腕龙的近亲，但最近的分类将它们划入了庞杂的泰坦巨龙群类，这个群类在白垩纪时期产生了已知最大的蜥脚亚目恐龙，也称多孔椎龙（Somphospondyls）。

阿特拉斯龙看上去颈部较短，肩部高耸，表明蜥脚亚目恐龙为适应在高处觅食而变异了。这一物种从身体比例来看，是已知蜥脚亚目恐龙中四肢最长的一种。这个特点可能弥补了相对较短的颈部，使它们能从高大的树梢上觅食。阿特拉斯龙的头骨相对于其体形来说，也是相当巨大和强壮的。

梁龙
（蜥脚亚目梁龙科）
化石分类：陆地恐龙（踝骨）
估计年代：1.54亿~1.52亿年前

梁龙长有一根长长的鞭状尾巴，是体型最长的恐龙之一，身体展开后从头部到尾巴的长度达33米。这种恐龙属源自侏罗纪晚期的北美西部，至少包括两个种类：长达24米的卡内基梁龙和地震龙。梁龙的颈部在垂直方向上还是水平方向上活动，古生物学家就这个问题争论不休，然而近期的建模显示，它与其他蜥脚亚目恐龙相比，无论在横侧方向上还是背腹方向上，其颈部都可能更加灵活，因为梁龙颈部的生长部位均在侧面和背腹侧。

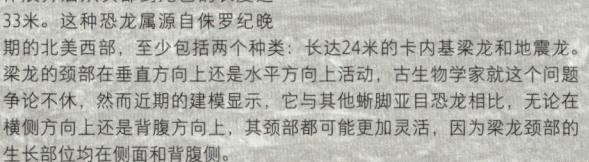

许多蜥脚亚目恐龙拥有共同的栖息地，其齿列及其他身体特征的变化很可能使它们以不同植物为食，最大限度地减少了彼此的竞争。

恐龙皮肤

一提到恐龙化石，我们通常会想到骨骼和牙齿，但恐龙化石化的皮肤和鳞片连同羽毛状物也已被发现。鳞片是坚硬的盘状物，从皮肤中长出，起保护作用。除人类已掌握的其他动物鳞片的功能之外，恐龙鳞片的功能就如同鳞片与羽毛进化的复杂关系一样，仍在研究之中。

恐龙皮肤和其他软组织的保存需要多重因素，包括沉降作用和微生物簇的存在。恐龙皮肤的这种精细结构给古生物学家在挖掘它们时带来了挑战。早期的研究方法完全忽视了这些结构，而新的方法取得了惊人的发现，包括对皮肤的连接组织和完好细胞结构的剥离。

迷你博物馆 67

腕龙
（蜥脚亚目腕龙科）
化石分类：陆地恐龙（股骨）
估计年代：1.54亿～1.53亿年前

腕龙是一种趾行四足动物。成年腕龙的长度在18～21米。腕龙因其长颈（9米）而闻名，颈部向下倾斜，与肩部相连，而肩部也斜倾，高于髋部。这些较长的前肢让腕龙因此得名（希腊语的意思是"前肢蜥蜴"），并可以与其他蜥脚亚目恐龙相区分。大部分蜥脚亚目恐龙的后肢较长。

一头成年腕龙每天消耗200～400千克的植物，一天当中有三分之二的时间在进食。蜥脚亚目恐龙不会咀嚼，所以它们吃得非常快，依赖肠道消化。尽管它们的化石发现得不多，但腕龙很可能在将某地植物一扫而光后，成群结队地迁徙至有新鲜植物的其他地区。

它们头骨上独特的鼻腔孔，位于在眼部上方，令古生物学家最初认为它们的鼻孔位于头部靠上的部位。但这种观点与更为传统的"鼻部之巅"布局产生了争论。无论从哪种观点看，腕龙拥有某种形式的鼻冠，或许是装饰性的。

雷龙
（蜥脚亚目雷龙科） 
化石分类：陆地恐龙（骨骼）
估计年代：1.52亿～1.51亿年前

自1879年首次被描述以来，雷龙是人类了解最全面的蜥脚亚目恐龙之一。雷龙之所以受到热捧，是因为早期人们辨识不清，将其他蜥脚亚目恐龙的头骨当成了雷龙科恐龙的头骨，放置在雷龙身体的骨骼上。雷龙至少包括两个经认定的种类：路氏迷惑龙有可能长23米，重20吨，甚至更多；埃阿斯迷惑龙是重63～80吨的庞然大物。

雷龙表现了典型的梁龙体态：长颈、极长且逐渐变细的鞭尾、低垂的头部和钉状牙齿。它们应该与梁龙共存，根据各自牙齿的磨损程度，以不同蔬果为食。

披甲带喙
鸟臀目恐龙的种类繁多，从长着坚甲的甲龙亚目恐龙和鸟脚亚目恐龙，到角龙亚目、剑龙亚目或肿头龙亚目。研究表明，它们有类似牧群的组织，除其他共同特征外，鸟臀目恐龙通常长有一根喙状前齿骨，以及与鸟类似的臀骨。

剑龙
（剑龙亚目剑龙科）
化石分类：陆地恐龙（骨骼）
估计年代：1.55亿～1.5亿年前

剑龙长有两排骨核鳞甲和细长而锐利的尾部棘刺，是所有恐龙中人类了解最多的种类之一。剑龙的鳞甲和棘刺称作皮骨，不是骨骼向外延展长出皮肤的，而是皮肤中形成的骨质沉淀物。由于剑龙的骨架没有支撑骨，因此一些科学家认为剑龙的鳞甲会提供有限的机械性保护。当前的科学研究倾向于其主要功能是温度调节。

有实质证据（包括异龙化石中的盆骨刺孔）支持剑龙在搏斗中使用其皮质尾部棘刺的理论。然而，剑龙间似乎很少发生直接冲突。这使得一些科学家推测，铠甲可能是该物种雌雄二态的标志，在雌性选择配偶过程中，对于区分不同个体起着非常重要的作用。

禽龙
（鸟脚亚目禽龙科）
化石分类：陆地恐龙（骨骼）
估计年代：1.26亿~1.13亿年前

禽龙是植食性恐龙，身长可达9米，重量超过5吨，生存年代跨越侏罗纪晚期和白垩纪早期。禽龙长有角状的喙，看上去与鬣蜥的口部相似，因此得名"鬣蜥齿"。禽龙用喙获取植物，长有用来切断和咀嚼纤维的牙齿。它们的食物包括长不高的蕨类植物和生长在河中及沼泽里的木贼属植物。

鸭嘴龙
（鸟脚亚目鸭嘴科）
化石分类：陆地恐龙（骨骼）
估计年代：8600万~6600万年前

自白垩纪时期起，鸭嘴龙就是鸟臀目恐龙中的一大家族。它们与禽龙关联紧密，主要因为它们的"鸭嘴"而广为人知。鸭嘴实际上是延长的喙骨结构，看上去像鸟喙，但实际上包含了数百颗小牙齿，这些大型食草恐龙因而能够磨透各类植物，包括腐木。

鸭嘴龙进食嫩枝、浆果和粗糙的植物。由于它们胃部中的化石化成分已被鉴定出来，其食物也基本上被弄清楚了。它们吃长在针叶树、落叶灌木和乔木低处的树叶。

肿头龙
（肿头龙亚目肿头龙科）
化石分类：陆地恐龙
估计年代：8600万~6600万年前

肿头龙长着巨大的额顶骨，非常容易识别，因此被称作"厚头蜥蜴"（thick-headed lizard）。它们是双足鸟臀目恐龙的一个种群，生活在白垩纪晚期。

由于肿头龙周身通常布满隆突和棘刺，因此大部分科学家认为它们的额顶骨用于礼仪表达，也可能用在激烈的冲突中，目的都是获得交配权。通过对骨纤维走向的研究，这一假设得到进一步证实。这些研究表明，额顶骨通过进化来抵消头顶撞击所引发的压力。

这些恐龙长有一字排开的钉状咬合牙齿和容量巨大的胃，也许能够通过细菌发酵来分解坚硬的植物。它们头骨中大脑的方位十分独特，其后半部向下弯曲：额顶骨越高，大脑向下移动得越低，表明其大脑方位与它们如何使用大脑存在某种关系。

恐龙粪便

从科学角度来说，粪化石是化石化的粪便。经过数百万年，像玉髓和石英这样的矿物质取代了原始有机物。这个过程产生了精美细致、五颜六色的脉石，使得人类能够研究早已灭绝的各种生物的饮食和生活方式。

爬行动物、恐龙甚至古哺乳动物的粪便都能形成粪化石。根据来源的不同，粪化石或许含有各种矿物质，如磷和钙。科学家利用这一信息来帮助确定这些粪便应归属的动物种群，并更多地了解动物的饮食结构。

本迷你博物馆的标本来自犹他州的摩里逊岩层（Morrison Formation），是玛瑙化粪便化石的碎片，粪便很可能是蜥脚亚目恐龙的。这个地区曾经是1.5亿年前洪泛平原生态系统的所在地，拥有侏罗纪后期的化石层，是科学家研究最多的化石层之一。

迷你博物馆 69

甲龙
（甲龙亚目甲龙科）
化石分类：陆地恐龙（骨骼）
估计年代：6800万～6600万年前

　　身披一排排骨骼组成的铠甲，挥动着强有力的球棒状尾巴，甲龙是所有恐龙中最具特色、生存能力最强的一类。在跨越数千万年的化石记录中，这种强壮的恐龙在地球的每个大陆上都有发现。
　　甲龙的铠甲并不是其骨骼的一部分，而是长在皮肤里。这类生长结构——骨皮，通常始于软骨小结，而后在其周围形成比较厚密的组织。

三角龙
（角龙亚目角龙科）
化石分类：陆地恐龙
估计年代：6800万～6600万年前

　　三角龙是出现在白垩纪晚期的最后一批恐龙的一种，这些大型四足动物有骨质皱褶以及角和喙状嘴。
　　或许正如人们所期望的那样，有证据表明，这些皱褶和角被用作抵御雷克斯霸王龙（Tyrannosaurus rex）等各类猎食者的武器，证据中包括带有霸王龙牙印、已部分愈合的皱褶和额骨。
　　同时，这些角或许也对三角龙在寻觅配偶时进行炫耀（通过雌雄二态），或在庞大的恐龙群中对于识别物种起过重要作用。
　　另外，皱褶中存在血管也表明，这些特征可以用于识别、求偶、霸权炫耀以及温度调节。

猎食类野兽和鸟类先祖。 兽脚亚目恐龙，即长着野兽足的恐龙，从灵巧、聪明的迅猛龙到长着巨大匕首状牙齿的暴龙，形态各异，种类繁多。除了尖锐的爪子和牙齿外，人们认为这类恐龙还长出了原始羽毛。它们还繁衍出已知唯一在世（并长有羽毛）的"恐龙"，即鸟类。

迅猛龙
（兽脚亚目驰龙科）
化石分类：陆地恐龙（骨骼）
估计年代：1.67亿～6670万年前

　　虽然迅猛龙广为人知，但其所属的驰龙科是一个长有羽毛的兽脚亚目恐龙家族。除了长羽毛外，驰龙科恐龙还有长长的尾巴和长在第二个脚趾上的加长版"镰刀状爪子"。
　　因为迅猛龙体形较小，科学家多年来一直假想驰龙的集体狩猎行为，这是一个再自然不过的想象。2007年发现的兽脚亚目恐龙的足迹化石令世人振奋，通过对它的分析，揭示出6条平行且间隔很小的化石足迹。在其他地方也发现了以小群体形式存在的兽脚亚目恐龙化石，表明这个物种要么集群狩猎，要么抢掠腐肉。

70　迷你博物馆

异特龙
（兽脚亚目异特龙科）
化石分类：陆地恐龙（脊椎）
估计年代：1.55亿~1.45亿年前

异特龙是侏罗纪晚期最具统治力的猎食者之一，长9米，属于兽脚亚目恐龙，因强壮有力的三指前肢、血盆大口和眼睛上方标志性的"小角"而广为人知。许多异特龙化石都有伤痕，这是大型活跃捕猎者的典型特征。除了剑龙颈部鳞甲上的无数咬痕外，还有理论认为，为了撂倒蜥脚亚目恐龙，异特龙可能成群结队地捕捉猎物。

棘龙 SPINOSAURUS
（兽脚亚目棘龙科）
化石分类：陆地恐龙
（脊柱）
估计年代：1.12亿~7200万年前

最长超过18米的棘龙是迄今已发现最大的食肉恐龙之一。它们是已知唯一的半水生恐龙，头骨又窄又长，外表与鳄鱼几乎一样。与大部分兽脚亚目恐龙下颚长有弯曲、小锯齿状牙齿不同，它的下颚整齐排列着锥形牙齿。棘龙长有锥形背侧脊柱，长达2米，就像背着一个巨大的船帆。

暴龙
（兽脚亚目暴龙科雷克斯霸王龙）
化石分类：陆地恐龙（牙齿）
估计年代：6800万~6600万年前

暴龙长达12米，重量超过14吨，是史上最大也是最强壮的陆生猎食恐龙之一。作为暴龙属8000万年进化链中的最高形式，雷克斯霸王龙长有沉重宽厚的头骨，骨缝使其得以强化，空腔令其减轻了重量。

对雷克斯霸王龙力量进行的各种力学研究，都一成不变地将它称为"狂暴的蜥蜴王"并排在榜单之首。除力大无穷外，雷克斯霸王龙还长有所有其他食肉恐龙无法比拟的大牙齿，最长的长达30厘米。

尽管人类对暴龙的了解十分有限，对其描述也有哗众取宠之嫌，但仍有大量研究表明，暴龙科长有宽大的睡后头骨，使得它们的眼睛前视，具备锐利的双目视觉。虽然椎骨大小和强度对这种巨大的捕食者来说十分重要，但暴龙这台"装置"使它在运动中能够做出各种快速变化，并达到十分惊人的速度。

大部分研究表明，为了向如此巨大的身躯提供能量，雷克斯霸王龙和其同族大型暴龙科（惧龙、阿尔伯托龙等）一样，既自己狩猎，也食用腐肉。

远古足迹

化石化的足迹是踪迹化石或遗迹化石的一种类型。有血有肉的动物留下的这些幽灵般痕迹，能够提供丰富的信息，包括运动要素、种群动态和生态信息。

恐龙的足迹通常出现在远古河床、湖床、潮泥滩和沙丘的沉积层中。恐龙的足迹遗留在潮湿、坚实的沉积物中，而沉积物（最好由不同种类或质地的沉积物）被掩埋之前就已干燥、变硬，之后石化（变为石头）。这样，恐龙的足迹就有相当大的概率被保存起来，后来在侵蚀和风化作用下得以重见天日。如果这些足迹留在了非常柔软的底土层，说明恐龙的足很可能陷入了更深更硬的沉积层；踏出的足印可能即刻被沉积层表面的颗粒物填满，形成下层足迹（under track）或下层印迹（under print）。

迷你博物馆 71

地球

侏罗纪—下第三纪边界与德干暗色岩区的
岩石

种　　类	矿物
材　　料	火山岩
陨石尺寸	9.6千米
距今时间	6600万年

白垩纪末日大灭绝（End-Cretaceous Mass Extinction）的地质事件对地球上的生物产生了深远影响。在这期间，从菊石等海洋无脊椎动物到长期占据统治地位的大型爬行动物，地球上四分之三的生物彻底灭绝了。

左图展示的两个标本分别代表恐龙灭绝的两种主要理论的物理证据：在侏罗纪—下第三纪，撞击地球的希克苏鲁伯（Chicxulub）小行星残片和德干暗色岩区（Deccan Traps，位于印度中西部，译者注）的火山玄武岩。前者采自北美和欧洲的侏罗纪—下第三纪边界层标本的混合物。后者是火山主喷发的3个不同阶段喷发物的混合物。

一次远古的神秘事件

在某一地质瞬间，数百种非鸟纲恐龙物种从地球上全部消失，它们曾是长达1.75亿多年的进化产物。关于这次物种大灭绝事件的原因是科学界仍在探讨的话题，并且经常引发激烈的争论。这次灭绝是突然发生的还是长期气候变化的产物？抑或是两种因素共同作用的结果？虽然对许多情形存在各种合理有趣的解释，但当前的科学思路仍没有定论。

> 很难将恐龙视为成功之物，因为它们已彻底消失了。但它们完全灭绝的事实，不应该让我们忽视其在生物史中无与伦比的作用。
>
> ——选自美国古生物学家罗伯特·T.巴克（Robert T.Bakker）的《恐龙异端》（*The Dinosaur Heresies*）

德干暗色岩区

德干暗色岩区是地球上最大的火山地貌之一。猛烈的玄武熔岩流贯穿了整个印度次大陆，其残留物厚达2000米。德干暗色岩喷发刚好以较快的节奏发生在白垩纪和早第三纪交替之前，即6680万年前。这次喷发所释放出的二氧化硫可能将地球的温度降低2℃之多，许多对小型生物（如孔虫类）和大型物种（如恐龙）灭绝速率的研究，都印证了这个数据。其他主要的玄武熔岩喷发似乎与更久远的大规模物种灭绝相关：例如，西伯利亚暗色岩区，作为已知最大的玄武熔岩区域，或许造成了二叠纪末期的大毁灭事件，这是所有大灭绝事件中最严重的一次。

小行星撞击

相反，大约6600万年前的希克苏鲁伯小行星撞击地球事件，为中生代的结束画上了一个惊叹号。希克苏鲁伯的直径至少有9.6千米，撞击力可能超过1亿兆吨。这次事件引发的大火和巨型海啸的证据，在世界许多地区以及铱元素细层中都有发现。铱元素细层就是今天广为人知的侏罗纪—下第三纪的边界层。这个边界层的发现和物种大灭绝的假设，要归功于1968年诺贝尔物理学奖得主路易斯·阿尔瓦雷茨博士（Dr. Luis Alvarez）和他的儿子瓦尔特·阿尔瓦雷茨博士（Dr. Walter Alvarez）。

无论如何，恐龙早已不见踪影。不管哪种理论站得住脚，或假使它们都对或都错，我们能够确认的是，地球历史上曾经最不可一世的动物种群之一，连同许许多多其他物种和科属，都彻底消失了。

六次大灭绝

白垩纪末期大灭绝并不是地球唯一的大规模物种灭绝事件。地球上大规模物种灭绝事件总共有六次。奥陶纪—志留纪（4.5亿年前）的灭绝事件是全球变暖引发的，造成地球上70%的物种消失。下一个灭绝事件是泥盆纪晚期（3.75亿年前）的灭绝事件，可能由一次撞击事件引发。紧接着是二叠纪—三叠纪的灭绝事件（2.52亿年前），在第48页已做介绍。第四次是三叠纪—侏罗纪的灭绝事件（2.01亿年前），最后一次是现代世纪前的白垩纪末期大灭绝。

我们之前不是说有过五次物种灭绝事件吗？第六次灭绝在哪里？我们正生活在其中。物种大规模灭绝的早期迹象在全新世已经显现，人类造成的各种快速变化是主要推手。这些迹象随处可见。我们如何行动？我们应该怎样做才能避免过往类似的命运？我们怎样彼此相待，我们今天的所作所为会将怎样的世界传给子孙后代？

顺时针（自左上起）：

来自德干暗色岩区的岩石；侏罗纪—下第三纪边界的标本；艺术家所描绘的德干暗色岩区大规模火山喷发的情形。

植物群

来自南极的
史前棕榈树
（冈瓦纳南洋杉属植物）

种　　类	化石
材　　料	植物
尺　　寸	30~40米
年　　龄	5500万年

一想到南极，我们的脑海里很可能浮现出冰天雪地的画面，但这并不是地球最南端大陆的一贯情形。今天的南极虽然冰天雪地，但曾几何时，它是一块类似沼泽的陆地。这里森林密布，各种动物生活在地球的"底部"。

左图所示标本于1986年由苏联最后几批科学考察队的其中之一采集，采集地点位于麦克·罗伯森地区（Mac. Robertson Land）的条带状含煤地层。在返回南极大陆的船上，考察队将几块多余和无用的标本扔出了船外。在此显示的是在这次"清除"行动中幸存下来的标本。

史前棕榈树

在始新世早期，南极和澳大利亚之间有一座陆桥。始新世中期，由于大陆板块漂移，澳大利亚和南极之间产生了一个缺口，海水迅速灌入。这个深水海峡在南极周边产生了边界洋流，我们今天称之为南极环极洋流（Antarctic Circumpolar Current）。

在南极环极洋流形成之前，南极属于亚热带气候。地球上二氧化碳的浓度大约是今天的2.5倍，那时不但没有冰雪，由南青冈属树木和松柏科植物构成的森林长满了南极大陆的内陆，而沿海地区则生长着一排排棕榈树。

> 这块大陆就像一个童话世界。
>
> ——挪威极地探险家罗阿尔德·阿蒙森（Roald Amundsen）

事 实 经 纬

南极环极洋流使得南极一直处于永久深冻状态。它也是最重要的海洋环流之一，连接印度洋、太平洋和大西洋，使这些大洋中的海水可进行营养素和能量的交换。

迷你博物馆

地球

石化闪电
（闪电管石）

种　　类	矿物
材　　料	沙子
长　　度	超过12米
电　　压	1亿伏

闪电是"天空中射出的箭"——刺破乌云的电光。它以排山倒海之势闪击大地，而后，伴随隆隆的雷声消失在黑暗之中。这种电击现象或许十分常见，但闪电的原理及其对地球的影响十分复杂。

左图所示标本是在撒哈拉沙漠采集的一块闪电管石（又称闪电熔石，译者注）。对此类闪电管石的分析增加了我们对这一地区的了解，因为有证据表明，通过古今对比，这块陆地对生命要友善得多。

脚下闪电

闪电就像两根相向而行的手指。作为先导过程，一道电离气柱从云端下行，与从地面上行的类似气柱相遇，这两道气柱连在一起时，从地面向云层形成一个回击过程，这样就产生了闪电。流经气柱接触部的电流巨大，闪电周围过热的空气会发生爆炸，这就是隆隆雷声产生的原因。

当地面由干燥的沙子构成时，极高的热度会将硅石熔化并熔合，形成了许多粗糙的玻璃管，称为闪电管石。这个过程在瞬间完成，常常将周围大气中的微小颗粒封存在管壁内。这些复杂结构的长度有时会超过12米。

> 这种闪电管石有时像一根手指甚或拇指那么粗，有时像翎管那么细……如果你了解并且注意观察，将发现它们会从泥土中散发出光芒。
>
> ——选自戴维·赫尔曼（David Hermann）牧师于1706年对闪电管石的首次观测记录

地球

利比亚
沙漠熔岩速凝体

种　　类	撞击熔化物
材　　料	熔岩速凝体
化学分子式	SiO_2
撞击时间	2850万年前

在北非大沙海西南的尖角处，有几片由光亮的黄绿色熔岩速凝体构成的区域，即广为人知的利比亚沙漠熔岩速凝体。由于没有任何可见的撞击坑，利比亚沙漠熔岩速凝体产生的原因，最有可能是一颗低密度小行星或彗星所引发的空爆，引发富含硅的沙子熔化。

左图所示标本是一块较大的利比亚沙漠熔岩速凝体的一部分。研究确定，熔岩速凝体产生的时间与沙丘早期形成的时间相同，都在2850万年前的渐新世。

沙中宝石

由于利比亚沙漠熔岩速凝体分布在几个地方，一些科学家推测，历史上曾发生过多起空爆，但最近对其周边分水岭的全面调查，却提供了有关风化的有力证据。

大沙海的一座座沙丘似乎亘古未变，但旧石器时代早期至中期，这个地区气候湿润，完全可以维持干盐湖湿地。再往南，是当今地球上最不适宜生物生存的地区之一，但在旧石器时代那里的常年湖泊和热带草原甚至维持了种类丰富、数量众多的生物物种的繁衍生息。

这个地区有大量早期人类在不同时期定居的证据。随着气候不断变化，我们的祖先将熔岩速凝体制成了各种工具和装饰品。

探秘"图坦卡蒙国王"陵墓

1922年，当英国考古学家霍华德·卡特（Howard Carter）对图坦卡蒙国王陵墓进行详细记录时，他认定这件胸饰上的圣甲虫雕饰物是玉髓——一种在自然界生成的矿物。然而75年后，一位意大利矿物学家发现它是利比亚沙漠熔岩速凝体。

迷你博物馆

动物群

地狱猪下颌
（完齿兽的下颌）

种　　类	化石
材　　料	骨骼
开颌角度	近90°
距今时间	2400万～3300万年

在始新世，一种顶级猎食者出现在欧亚大陆和北美的平原上。完齿兽（Entelodon）通常被人称作"地狱猪"，其颌部巨大，能张开近90°。"完齿"的意思是"完美的牙齿"，指的是其功能的多样性，而不是恐怖的外表。

左图所示标本是一只古巨猪下颚上的牙齿。古巨猪是完齿兽科中的一种，个头与奶牛相仿，曾雄霸北美平原。

地狱猪

尽管不是真正的猪，但完齿兽很有可能与猪、西猯（类似于猪的偶蹄目动物，编者注）有共同的祖先。这类物种站起时肩部离地近2米，因此，高大而外表丑陋的完齿兽，被冠以"地狱猪"的称呼，也就不足为奇了。

完齿兽令人恐怖的颌部长有4种不同类型的牙齿，包括用来磨碎植物的臼齿。这表明它们是杂食动物。洪泛平原是它们喜爱的栖息地。

不过，完齿兽消失的原因尚不清楚，很有可能与第三纪中新世气候最佳期（Miocene Climatic Optimum）的结束有关。第三纪中新世气候最佳期是地球上非常温暖的一个时期，比今天的气温平均高4～5℃。随着一段剧烈而持久的降温过程，这个时期一去不复返了。

意外的"亲戚"

2009年，重新研究鲸鱼分类的科学家，揭示完齿兽与鲸目哺乳动物之间有着清晰的关系，并获得一项意外发现。实际上，在进化谱系中，"地狱猪"是鲸、河马的近缘动物，比现代任何猪都更近。

迷你博物馆

动物群

伟齿蛤属鲨鱼的
牙齿

种　　类	化石
材　　料	牙齿
长　　度	17.8厘米
距今时间	2300万~2600万年

在2000多万年的时间里，伟齿蛤属鲨鱼雄霸世界各大洋。它们体形巨大，身长达到18米，颌部宽3.3米，长2.7米。如今，在世界若干区域发现了它们的牙齿，这些区域曾经拥有温暖的海洋，海洋中到处都是它们喜爱的猎物。

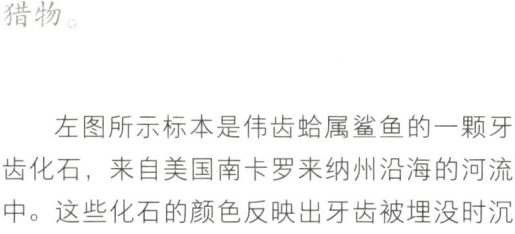

左图所示标本是伟齿蛤属鲨鱼的一颗牙齿化石，来自美国南卡罗来纳州沿海的河流中。这些化石的颜色反映出牙齿被埋没时沉积物中存在不同的矿物质。

恐怖的下颌

伟齿蛤属鲨鱼个头庞大，牙齿更是令人生畏。根据计算机推算，成年伟齿蛤属鲨鱼的咬合力在11～18吨，在化石记录里所有已知动物中是最大的。其颌部排列着巨大的牙齿——前排有46颗，后面还长有5排。

化石记录显示，伟齿蛤属鲨鱼以各种各样的猎物为食。海豚、海豹、海牛等体形较小的海洋哺乳动物无疑是它们的目标，即便是早期最大的鲸类，在这个巨无霸似的终极捕食者面前也并不安全。伟齿蛤属鲨鱼很可能是一个聪慧的猎手，先咬断大型鲸类的鳍状肢或咬穿其内脏，让它们动弹不得。

史上的化石齿

罗马自然学家老普林尼（Pliny the Elder）曾经写到，"舌头石"在月食期间从天而降。早期基督徒相信这些石头是巨蛇的舌头，圣徒保罗到访马耳他诸岛时将它们变成了石头，这些石头可抵挡毒蛇液的袭击。17世纪，经意大利自然学家法比奥·科隆纳（Fabio Colonna）鉴定，这些石头是鲨鱼的牙齿。后来，地层学和现代地质学的创始人尼古劳斯·斯泰诺（the great Nicolaus Steno），以图示方式描述了一颗伟齿蛤属鲨鱼的牙齿，这颗牙齿曾一度被误认为珍贵的舌头石。

迷你博物馆

太空

绿玻陨石
（熔融石）

种　　类------------------------撞击熔化物
材　　料------------------------ 宝石
化学分子式---------------------$SiO_2+Al_2O_3$
距今时间------------------------ 1440万年

多年来，对于德国南部的一个牧区——讷德林根里斯盆地（Nördlingen Ries Basin），人们一直认为它是一座远古火山喷发口的遗址。当发现它实际上是大约1440万年前一颗小行星的撞击地时，震惊了整个科学界。

左图所示标本来自在捷克共和国西部波希米亚地区发现的绿玻陨石，全球99%的绿玻陨石都来自这一地区。

撞击形成的宝石

宽度有1.5千米的小行星在撞击地球的瞬间所释放出的能量达到2.4×10^{21}焦耳，这能量所产生的电力足以供现代人类世界使用6年多。巨大的爆炸产生了数百立方千米的大坑，并产生大量复杂物质，包括嵌有钻石的新变质岩，以及精美绝伦的绿色宝石（绿玻陨石）等。

当前研究表明，在撞击的一瞬间，地表岩层汽化并与撞击体的残留物质混合在一起，此时就形成了绿玻陨石。它本质上是熔化的熔岩速凝体，这种玻璃质物质飞溅时在空中冷却，散落在距撞击地450千米外的一个东至东北走向的弧形地带内。最终，陨石坑内形成了一个很深的碱性湖泊。数百万年后的今天，这个湖泊早已不见踪影，但巨大的陨石坑（宽24千米，深100～150米）依然存在。

讷德林根的教堂

中世纪的小镇讷德林根，坐落在距讷德林根里斯陨石坑中心不远的地方。小镇上的大部分建筑是由冲击凝灰角砾岩及"彩色角砾岩"（均为撞击形成的物质）建造的，包括下图所示这座15世纪的乔治教堂。

迷你博物馆 87

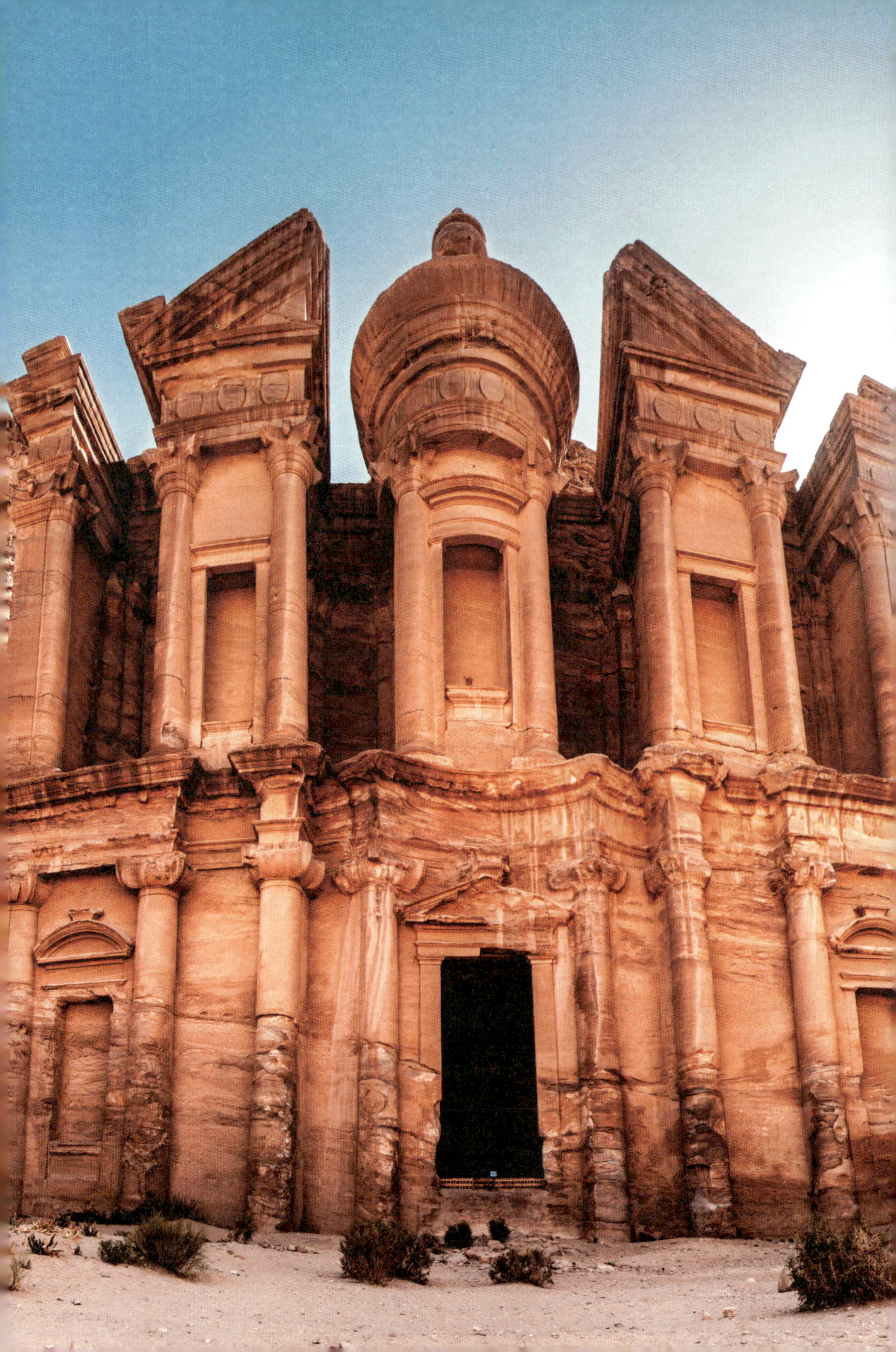

远古世界和早期的现代世界

此前，我们已经探究地球的深时（地质学的时间概念，指极其漫长的历史，编者注），现在可以开始探寻人类自身的起源。数十万年前，智人首先出现在非洲大陆。人类的历史从此开启，从狩猎者聚集的小片群落发展到庞大的帝国。人类建设城市，发展技术，探索更广阔的世界。我们的探索之旅，将从发现人类的最早石器工具开始，而后了解文字的发明以及巨石阵（Stonehenge）的建造。我们还将探访古埃及人、古希腊人和古罗马人、美洲原住民、古挪威维京人、日本武士和欧洲中世纪的骑士。尽管这段旅程将跨越全世界许多人类文明的各个时期，但唯有人和思想是始终不变的。现代社会是这些人类及其思想的产物，那就让我们弄清楚它是如何在古代世界产生的吧。

人类

尼安德特人的
手斧

种　　类	人工制品
材　　料	矿物
长　　度	约15厘米
距今时间	7万～14万年

人们曾一度认为尼安德特人不过是浑身长毛的野蛮人，但在最近150年中，人类对他们的认识发生了很大变化。在古代遗迹中发现的工具，使我们有充足的理由相信尼安德特人拥有手工文化，这改变了我们对人类历史发展轨迹的认知。

左图所示标本是一位法国退休邮递员的收藏品。为收集并详细记录莫斯特（Mousterian）石器，他用数十年时间走遍了法国的乡郊野外。经权威机构确认，这些石器的制作时间在14万~7万年前。

古代工具

第一具被认定的尼安德特人遗骨是于1856年发现的，但在当时"发现了一种古代人种"的说法被立刻打入冷宫。几年后，查尔斯·达尔文的《物种起源》出版，而且人们认识到早先发现的类似遗骨也出现在其他国家，说明人类的历史并不像我们长期以来认为的那样。

在法国的勒穆斯捷（Le Moustier）村庄附近发现的石器，让我们见识了一种高级工具制作文化。另一些发现将这种文化延伸至整个欧洲和中亚，将其存在的时间至少向前推进了10万年。再往后，更进一步的考古研究揭示了复杂的社会关系，包括对伤者的照顾和葬礼仪式。

> 如果从尼安德特人的头骨形状来判断，他们在听故事。
>
> ——英国作家E. M. 福斯特（E. M. Forster）

事实经纬

当今世界上许多人都拥有尼安德特人的DNA，这种DNA嵌入在现代人的基因中。这项发现使人类对自己历史的理解有了重大进展。

迷你博物馆 91

地球

拉布里
沥青坑

种　　类	化石
材　　料	沥青/动物器官
已发现数量	350多万件
距今时间	4万年

拉布里沥青坑是世界上最著名的原油渗出口之一。经过数千年变化，这类渗出口会变得像湖泊一样，将粗心大意的野生动物困在沥青般的池塘中。在拉布里口挖掘出的动物遗骨属于近700个不同物种，有些可以追溯到更新世晚期。

左图所示标本来自拉布里沥青坑开采物中的精选品。开采物中含有若干郊狼、蟑螂、兔子，甚至一只秃鹰的遗骨。

关于拉布里沥青坑

石油渗出口是储存在石油和天然气田中的碳氢化合物，从沉积岩交叠层渗出并冒泡涌出地面的地方。经过数千年，这些渗出口可以发展成大型湖泊。

污物、树叶，甚至水都能封盖住渗出口，将地面变成黏稠的陷阱。动物一旦陷入黏稠的沥青之中，必死无疑。然而故事还没结束，其他肉食性动物看到"地面"上的动物尸体，纷纷围拢过来想饱餐一顿，但常常也陷入其中而动弹不得。

拉布里沥青坑的遗骨证明了生与死亘古未变的循环周期。然而，总是有科学奇迹出现。2007年，科学家在坚硬的沥青层深处发现了活体微生物菌落。这次意外发现打开了人类思考地球上和宇宙其他地方生命的新视角。

可怕的邂逅

剑齿虎与其猎物，或与其旗鼓相当的对手（如恐狼）之间凶残搏斗的画面，是艺术家想象的一个场景。但实际上，在拉布里沥青坑中挖掘出的更新世肉食性动物的牙齿的破损率不断增加，这表明大型肉食性动物会寻找动物尸体作为食物，将骨头从尸体上咬下嚼烂，而后才食用腐肉。

动物群

巨型动物的
灭绝

种　　类	化石
材　　料	动物器官
重　　量	68～5450千克
距今时间	1万～300万年

更新世时期的所有巨型动物物种在1万年前的第四季灭绝（第五次灭绝，译者注）事件中开始逐渐衰落，该事件成了更新世与全新世的分水岭。关于这次事件的成因，现在有许多理论，其中就包括气候变化以及人类的出现。人类作为地球上占主导地位的掠食者开始确立了自己的地位。

左图展示的是一批在私人土地上发掘的几种化石，包括一头剑齿虎的股骨、一头恐狼的颌骨、一只硕大海狸的一块门齿碎骨，以及一种巨型树懒的一个爪子。此外，还有在欧洲与英格兰之间海域发现的一头猛犸象的象牙，以及在俄罗斯西伯利亚因迪吉尔卡（Indigirka）河发现的猛犸象身体的其他部分。

剑齿虎（股骨）
估计时间：160万～1万年前

剑齿虎是更新世时期最具代表性的动物之一，它长有一对长达20厘米的锯齿状牙齿，虽然叫剑齿虎，但与今天的大型猫科动物相差甚远。生物力学模型表明，剑齿虎在捕猎时会凭借强有力的颈部肌肉将长齿深深插进猎物体内，而今天的大型猫科动物则不同，它们通过咬断猎物的气管杀死猎物。

大河狸属动物（牙齿）
估计时间：300万～1万年前

大河狸属动物就是我们所说的大海狸，大小与现代黑熊相近，体重约100千克，体长

> 通过对化石的研究，我开始一步步走进史前生物的神秘世界。
>
> ——法国海军军官、小说家
> 皮埃尔·绿蒂（Pierre Loti）

事 实 经 纬

在北美洲，更新世的灭绝事件的诸多证据最引人注目，有32种大型哺乳动物在大约2000年的时间里先后灭绝了。

迷你博物馆 95

2.5米，但没有又长又扁的尾巴。大河狸栖息在北美中部和东部，它们似乎偏爱大型湿地。这些湿地往往随更新世时期剧烈的冰川变化而消长。

巨型树懒（爪）
估计时间：480万~1.1万年前

这种树懒在地面上活动，是史前哺乳动物中非常成功的一个动物家族。成年树懒的标本约有4米高，重达3000千克。这种体形最大的树懒是上新世动物在南美与北美之间大规模迁徙过程中逐渐进化而来的。在岛屿不断抬升并逐渐达到高点的过程中，动物得以自由穿越新形成的巴拿马地峡，这一过程就是所谓的"美洲大迁徙"，前后达数百万年之久。

恐狼（颌骨）
估计时间：25万~1万年前

恐狼是更新世晚期最出色的食肉动物之一。这种肌肉强健的掠食动物活动在今美国阿拉斯加与玻利维亚之间的广阔地域，它们主要以一些大型动物为食，包括北美野牛、骆驼、马、乳齿象、猛犸象，甚至还有在地面上活动的巨型树懒。尽管恐狼有体形和数量上的优势，但在更新世末期还是和其他大型物种一样，未能逃脱灭绝的命运。

猛犸象（毛发、牙齿、肉）
估计时间：25万~1万年前

猛犸象发育成熟后全身会长满又粗又密的毛发，站立时肩部距地面3~3.5米。猛犸象的高齿冠臼上有一层釉质褶皱，与现代亚洲象的牙齿类似，但与非洲象的牙齿相去甚远。从猛犸

巨型动物的肉

早期人类主要分布在欧洲、亚洲以及后来的北美地区，数千年来，这些长着毛发的猛犸象曾是他们的重要食物来源。近几十年来，人们在曾经覆盖着厚厚冰层的北半球发掘出保存完好的猛犸象遗骸。猛犸象的骨骼和牙齿被人们用作建造房屋的材料。猛犸象在人类早期文化中发挥了重要作用，猎人和食腐动物从它们身上受益良多。不过，随着气候的变化、栖息地的减少以及人类的过度捕猎，猛犸象在大约1万年前走向了灭绝。对猛犸象的血液和软组织进行的DNA测序已经取得了成功，这意味着人类会在将来的某一天成功克隆猛犸象。尽管让猛犸象重回世间仍有很长的路要走，也许有一天我们能在餐桌上再次享用猛犸象肉。

象的牙齿及遗骸的分布可以看出，该物种显然是一种食草动物，主要以青草和莎草为食。

顺时针（自左上起）：
巨型树懒的爪子、大海狸头骨骨架、浑身长毛的猛犸象示意图。

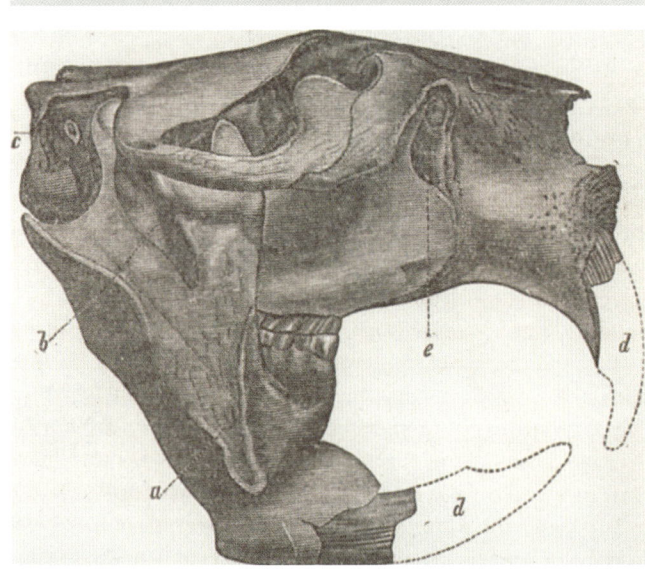

地球

赭石

种　　类	矿物
材　　料	天然颜料
化学分子式	Fe_2O_3
距今时间	7万年

我们对过去的了解都来自祖先留下的遗迹。要了解史前文化，我们就得研究前人留下来的艺术品。对于史前人类来说，就艺术品而言，没有哪种材料比赭石更重要的了。作为一种简单的红色颜料，赭石为我们探究旧石器时期的人类发挥着重要作用。

赭石在全世界广泛分布，所以数千年年来，在分布于各地的人类文中都能发现它的踪迹。

一种随处可见的颜料

赭石的主要成分是一种称作赤铁的铁氧化物，通常里面还掺杂着一些泥土和沙子。根据分布区域的不同，赤铁的成分有所差异。如果将这些物质混合在一起，就会产生一种介于黄色和红褐色的粉末。早期人类发现赭石后，会将它们开采出来，然后用油和赭石粉末掺和在一起，制成一种既简单又效果好的涂料。

人类利用赭石的历史可以追溯到7.5万年前，在澳大利亚、非洲、西班牙、法国、北美洲、南美洲和不列颠群岛等世界各地的旧石器遗址中均能找到其踪迹。很明显，赭石当时主要用作洞穴壁画的着色剂，尽管如此，这种颜料还有很多其他用途，比如用于阳光灼晒的防护；驱除昆虫；处理兽皮；在身体上涂抹，甚至还能当药膏使用。

黏合剂

有证据显示，人类在制作工具的过程中使用了一种黏合剂，这种黏合剂可以追溯到7万年前，而赭石就是其中的一种成分。赭石自身并没有黏性，所以该配方的研制不仅需要进行试验而且还要有丰富的想象力。此外，黏合剂的制作有很多步骤，需要深思熟虑、提前预判，同时还要不断解决问题。人类学家认为，掌握这种技能的人要想教会他人使用，就得以某种语言进行交流，因此赭石就成了我们了解人类历史上不同文化年代的重要依据。

迷你博物馆 99

植物群

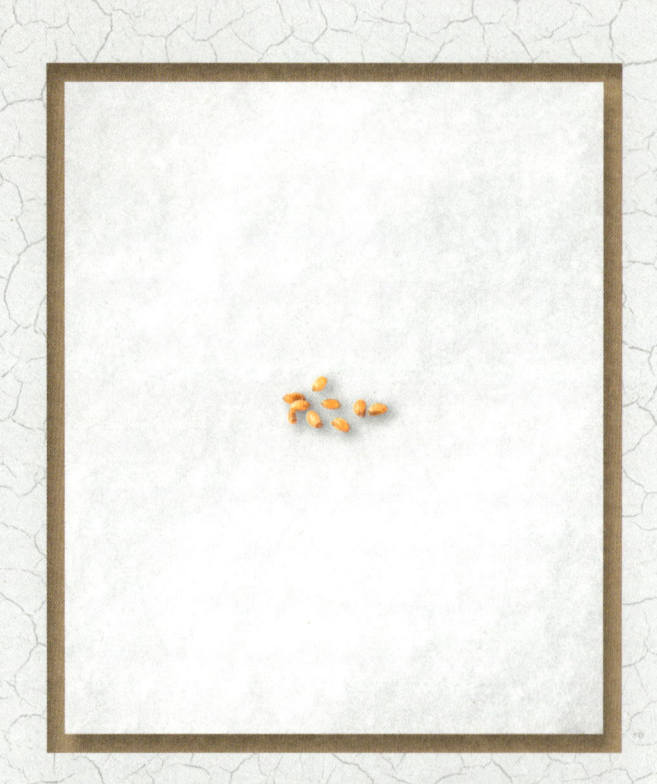

埃塞俄比亚画眉草
（古代谷物）

种　　类	植物
材　　料	种子
粒　　径	1毫米
驯化时间	约公元前4000年

大约1.2万年前，人类首次开始驯养动植物，从而进入了"新石器革命"时期。这一变化出现在更新世与全新世的交汇时期，这时人类开始从以采集和狩猎为主的游猎群落向农业社会转化。

左图所示标本是原产于非洲的一种谷物，在美国、加拿大和澳大利亚也有栽培。

种子的变迁

在世界范围内的很长一段时间里，各地"新石器革命"的发展进程不尽相同。在盛产谷物的地区，人们收获的食物已经超过了自己即时食用或者能携带的数量。多余的谷物需要储藏起来，因此人们开始建造更多的长期居所。久而久之，更大的聚居区就形成了，于是人们不再满足于收获野生谷物，而将注意力转到培育作物上来，选择最好的品种加以驯化。

随着粮食种植技术的持续发展，劳动分工出现了。这时，专业工作就变得十分必要；随着粮食种植业的发展，人类文明的萌芽开始出现。大约公元前4000年前后，画眉草已经出现在非洲之角一带。这种草的名称源自埃塞俄比亚阿姆哈拉语（Amharic）的"teffa"一词，意为"消失"，指的是画眉草的小小种粒在收割时很容易四处散落。画眉草根部较浅，但散布的范围很大，因而对干燥土地和炎热气候而言是一个理想的物种。

> 在人类共有的特性中，最基本的是吃饭与喝水。
> ——选自德国社会学家格奥尔格·西梅尔（Georg Simmel）的《食物社会学》（1910）

事实经纬

画眉草的小种子十分易于烹饪，直到今天，这种谷物仍是埃塞俄比亚人制作面饼、肉类制品甚至酒精饮品的主要原料。

人类

早期的文字载体
（埃及纸莎草，楔形文字书写板）

种　　类------------------------人工制品
材　　料------------------植物芦秆、黏土
长　　度---------------------- 1.8～3米
距今时间---------------------- 超过5000年

古埃及人认为，随着远古洪水渐渐退去，干燥土地出现了，从此便有了世界。随着黑暗的世界被阳光照亮，纸莎草在沼泽遍布的土地上生长起来。这个创世神话告诉我们，纸莎草作为埃及大地上的生命象征，备受人们的推崇。

在左图的两个标本中，一个是一位德国古董商收藏多年的纸莎草碎片；另一个是楔形文字标本，是美国华盛顿特区的古代与民族志艺术交易商和收藏家协会某位会员的收藏品。

纸莎草的力量

在古埃及，神庙的天花板是用若干根柱子支撑起来的，这些柱子的形状与纸莎草的根茎很相似。对埃及人来说，纸莎草远不止一种宗教象征。古代埃及人的商业能力曾给人留下了深刻印象，而纸莎草则是这种商业能力的重要源泉。

纸莎草的用途十分广泛：富含蛋白质的根部可以经过蒸煮后食用，捆扎起来的草秆很坚实，可用于造船、编成凉鞋和筐篮，同时还可用来制成许多产品，如纸莎草纸等。纸莎草纸堪与亚麻布媲美，是古埃及的主要出口产品；有证据表明这种书写材料已经有5000多年的历史。

> 离开埃及前，我们还要谈谈纸莎草的特质，因为人类文明或相关记录在很大程度上有赖于纸张。
>
> ——古罗马历史学家老普林尼

在那个时代，纸莎草纸对文明发展极为重要，因此，其制作方法被视为国家机密也就没什么大惊小怪的了。尽管纸莎草纸的应用有很长的历史，但统治者对该产业一直严格控制，直到公元1世纪的罗马帝国鼎盛时期，有关纸莎草纸制作方法才见诸相关记录当中。

老普林尼在他的《自然历史》中描述了一种耗费大量人力的造纸工艺：先将纸莎草秆去芯，切成薄片后一排排摆好；第二层与第一层垂直摆放，然后将尼罗河的泥浆水作为黏合剂泼洒到纸莎草上，接着再反复捶打，经过加压、干燥之后，纸莎草就会黏合在一起形成一卷卷纸张。

人们运用现代化学方法对纸莎草的黏合特性进行了研究，结果显示，纸莎草纸里面并没有黏合剂。纸莎草的淀粉或粗糖含量并不高，但研究表明，被称为果聚糖的果糖分子长链确实存在其中。对纸莎草的草秆进行蒸煮，很可能让里面的果聚糖具备了黏合剂的功能。实验表明，纸莎草纸比那些使用黏合剂或天然黏合材料制成的纸张更柔软，也更耐用。

对一段往事的回顾

今天，我们可以在网上发表评论，然而如果在3768年前，要表达想法，你只能用一根芦苇在黏土上刻画出一些小小的楔形符号，然后等着那些黏土干燥。这种特殊的楔形书写板起源于古代海滨城市乌尔。下面是商人南尼写给铜货商人埃亚-纳瑟尔的一封投诉信。这封信是根据阿卡得语（阿卡得是古巴比伦王国北部幼发拉底河古老地区，阿卡得语和阿卡得文化由此得名，译者注）翻译而来的。下面是该信的部分内容：

"你在这儿的时候对我说：'等基米尔-辛（Gimil-Sin）来的时候我会把上乘的铜锭交给他。'然后你就走了，但你后来并没有兑现自己的诺言。你把质量低劣的铜锭放在我派去的人（Sit Sin）面前，然后说'若想要，就拿去，如不想要，那就走开！'

"你把我当成什么了，你对我竟如此无礼？……为了那些铜锭，你怎样对待我？你在敌人的领地上拿了我的钱袋，现在应全额退给我。"

顺时针（自左上起）：

用楔形文字写给埃纳瑟尔的信；埃坎纳克（Heqanakht）1号信（公元前1961—前1917年）；梅纳（Menna，公元前1400—前1352年）与家人狩猎图（梅纳墓中的出土文物，现藏于美国纽约大都会艺术博物馆）。

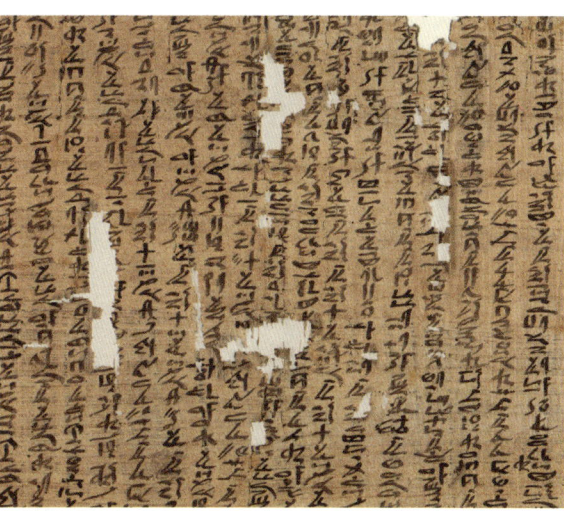

地球

巨石阵
（青石采石场）

种　　类	人工制品
材　　料	矿物/石头
重　　量	25吨
距今时间	超过1万年

在不列颠群岛发现的大量巨石中，巨石阵是最有名的。这些人们所熟知的巨石阵，在当地人类历史和景观环境方面仍有新的发现。

左图所示标本是辉绿岩青石的一块碎片，它是在克雷格·罗西-费林（Craig Rhosy-Felin）的采石场发现的。该采石场位于英国彭布罗克郡（Pembrokeshire）附近的普雷斯利（Preseli）山的北部侧翼。几千年来，这一地区的火山活动一直都很活跃。人类在此活动的迹象可追溯到公元前8500年左右。

古代的立石

古人为什么建造巨石阵？几个世纪以来，人们围绕这个问题做了许多假设。是为了历法的需要吗？可能是个墓地或治疗场所？也许上述说法都对，它们至少在某一方面能站住脚，但也可能不是这样。正如我们知道的那样，新的科技手段已经揭示出一幅不断变化的图景，每一批新来到此地的人或文化都很可能将该场所用于不同目的。

> 雄伟壮观的巨石尽显美德。
>
> ——布吕特·拉瑟蒙（Brut Lathamont）于1190年

事 实 经 纬

巨石是用于建造大型建筑或石碑的史前岩石，仅在欧洲就超过3.5万个，分布于从瑞典到地中海的广大区域。

迷你博物馆 107

巨石阵使用的石材主要有两种：一种是产自当地的硅化砂岩；另一种是产于威尔士的一些较小的"青石"。由当地砂岩巨石和威尔士青石构成的同心环就是我们今天所说的巨石阵，其建造时间在公元前2400～前2200年，之前的木质结构也被取代了。巨石阵实际上是一座宏大综合体的组成部分，包括石碑、墓地和祭祀等场所。

在这些早期巨石中，最早的部分已经超过1万年，其中很多结构本身就很奇特。比如，大石碑道就是一座长达2.7千米的建筑。利用碳的放射性同位素进行的检测表明，大石碑道的建设时间在公元前3630～前3375年。

巨石阵周围区域处在白垩纪时代晚期的白垩矿床上，地质学研究表明，当时这里很少有树木生长。这种地貌对选址是否有影响仍众说纷纭，但这一发现引起了人们的热议，纷纷探讨在该遗址下面开凿隧道以缓解A303公路的交通拥堵问题（投入约16亿英镑）的可能性。开凿穿过白垩层的隧道并非难事，但沿隧道上方须挖掘若干排风竖井，这样就得穿过上面几千年积淀起来的层层历史遗存。

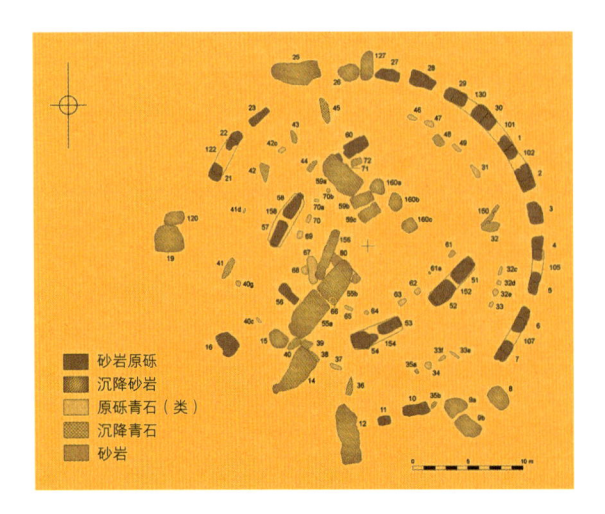

巨石的运输

近年来的岩相学研究表明，巨石阵中的辉绿岩青石碎片与位于克雷格·罗西-费林的采石场密切相关。从该采石场开采的岩石从一地转运至另一地，"被借用"于不同用途并逐渐向外扩散，直至地处225千米外的巨石阵遗址所在地。这种"借用"的做法一直困扰着人们，有关争论几十年来一直未断。对其他巨石遗址的研究为我们提供了清晰的证据，即这些用于祭祀的巨石往往伴随着人类迁徙而被转移到新的地点。2018年，对巨石阵遗迹进行的遗传物质研究取得了成果，进一步验证了这个假设：竖起巨石的人类群落的确来自威尔士的同一地区。之后，这些群落被从欧洲来的新移民所取代，而这股移民潮是"宽口陶器文化"（公元前2600～前1900年，西欧史前考古文化，大约在新石器时代晚期到青铜器时代早期，译者注）扩张和迁移的组成部分，随后就是新石器时代的一段相对隔绝的时期。

■ 砂岩原砾
■ 沉降砂岩
■ 原砾青石（类）
■ 沉降青石
■ 砂岩

顺时针（自左上起）：

克雷格·罗西-费林采石场的考古挖掘现场［图片提供者迈克·帕克·皮尔逊（Mike Parker Pearson）］；青石标本，巨石阵中心部分；装饰图片：存留至今的巨石阵（图片提供者安东尼·约翰逊，2008）。

人类

青铜时代
短剑

```
种     类------------------------人工制品
材     料------------------------铜锡合金
熔     点------------------------ 950℃
产生时间------------------ 公元前3200年
```

作为铜和锡的化合物，青铜比铜和锡的硬度更大，耐用性也更好。公元前3000年之前，在古时候的苏美尔地区东部就出现了青铜制品，这种合金广泛应用于兵器制造、珠宝和其他手工艺品。公元前1200年以后，铁制品才逐渐取代青铜制品。

左图所示标本来自公元前12世纪晚期的一对短剑，其风格具有迈锡尼文化特征。这对短剑来自一位古代兵器交易商。

文明的脆弱性

得益于四通八达的贸易通途，在2000多年的时间里，东地中海地区孕育了一系列程度日益复杂的古代文明。到公元前12世纪晚期，由于饥荒、政治动荡以及战争，位于希腊、安纳托利亚、埃及和巴比伦的帝国和王国纷纷消亡，其原因至今仍扑朔迷离。许多人认为，这些国家是因遭到不断袭扰才告失败的，那些入侵者是一些"海外民族"的松散联盟。当然，各种因素都发挥了相应作用，但这些灾难和动荡一起如约而至，整个体系随之崩溃，之后我们看到的是一个封闭和重建的黑暗时代。

特洛伊战争

在史诗《伊利亚特》(the Iliad)中，荷马为我们描述了一幅迈锡尼人与特洛伊人之间的战争场面。瓮上刻画的是海神涅柔斯(Nereus)的女儿西蒂斯(Thetis)为儿子阿喀琉斯(Achilles)授予兵器的场景。这副兵器是火神赫菲斯托斯(Hephaestus)打造的。这只瓮目前收藏于法国卢浮宫，其年代可追溯至公元前575～前550年，也就是传说中的特洛伊战争之后大约600～700年。特洛伊战争是否真的发生过，学者们仍莫衷一是。不过，有一点非常清楚，这就是神秘而短暂的"青铜时代晚期衰败"说明了文明的脆弱性。

文明的崛起

人类之所以能脱颖而出，是因为有创造文化和文明的能力。这些文化和文明代代相传，在传承过程中不断变化，逐渐形成了新的形态。在过去的1万年，人类在技术、哲学和对世界的认知方面有了长足的进步，这一切都是人类独有的创造。

交流与创造

有证据表明，人类在5000年前就开始用文字交流思想了；当然，口头交流在此之前就已经存在。从石器时代到今天，对创造的需求一直与人类如影随形，那些古代建筑遗存告诉我们，人类从来都是建设者。把这些证据叠加在一起，我们可以看到科技发展的历程：从燧石工具到原子裂变，人类一直在不断前行。

文明大事记

新石器时期的工具
年代：公元前10000年

到"新石器革命"时，人类几千年来一直在使用石器。这期间工具发展取得了进步，从敲打成型的原始手斧演化出更复杂的工艺，如研磨和抛光等。这些新工具更高效，推动了早期农业技术的进步。

戈布莱克的人工土丘
年代：公元前9000年

戈布莱克的人工土丘是在今天的土耳其发现的一个巨石建筑遗迹，被认为是最早的人类建筑。

酒精

酒精是人类最早（也是最具争议）的一个发现。酵母将糖分解成乙醇，在此过程中酒精就产生了。人类制作酒精的最早证据可追溯到公元前7000年的中国，当时的那种饮料是蜂蜜酒（利用蜂蜜发酵）。实际上，人类能利用各种含有糖分的水果和多种富含淀粉的食物生产酒精，比如用谷物酿造啤酒，用土豆生产伏特加，用稻米酿制日本米酒。人类最早的文字记载中也有涉及酒精的内容：考古学家在苏美尔（今伊拉克）地区发现了一块距今8000多年楔形文字刻板，上面记载了一种酿造啤酒的方法。

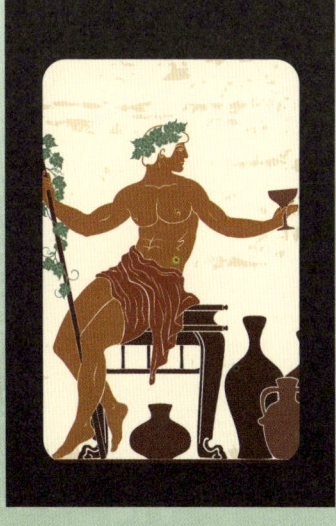

罗马的火炕式供暖系统/石弩
公元100年

疆域涵括西方多国的罗马帝国在人类历史上留下了自己的永久印记，所带来的发展和变化遍及文化、技术和策略等多个方面，帝国巅峰时期形成的理念和形象至今仍深深地印刻在人们的脑海中。古罗马人的最重要贡献是他们为了自身目标而去接受新思想和新技术的能力。在他们那些最令人惊叹的发明创造中，多数是基于古罗马人的技术和他人技艺相结合的产物。

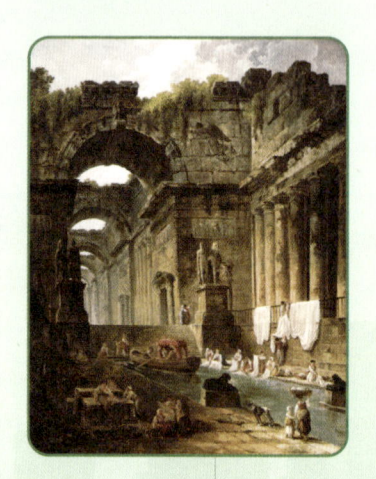

巨石阵
公元前3300年

巨石阵是人类建筑活动起始的标志。这些又重又厚的石块被小心翼翼地搬运过来，码放在一起并组成相应的形状，这说明人类在营造自身环境方面拥有极高的才能。石块的搬运是一项极具创造性的工作，同时还要有良好的团队合作。

青铜短剑
公元前1200年

青铜时代掀开了人类历史的新篇章。作为铜、锡的化合物，青铜在当时是一种新金属。青铜的使用促进早期文明发展，人类创造出令人赞叹的艺术品、精制工具、新型建筑以及令人生畏的兵器。在那个时期，不同文明之间的文化交流和互动也很活跃。人们在大海之上来往穿梭，这已经成为许多文明不可或缺的组成部分。

楔形文字与纸莎草
公元前3000年

书写文字的出现对人类的文化和交流能力都是一次飞跃。有了书写文字，人们可以详细记录历史、商业规则、法律，并规划未来。黏土书写板和纸莎草纸是最早的历史记录载体。

火药
公元900年

火药发明于中国古代，在世界范围内得到了广泛应用。

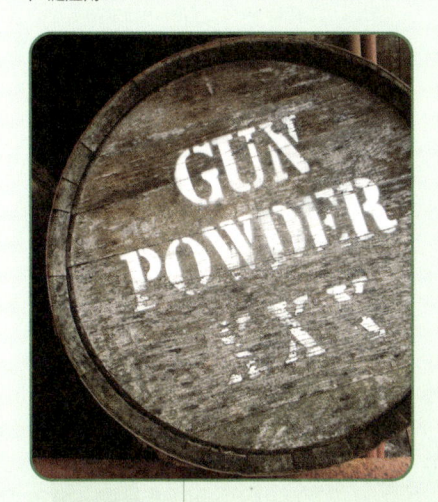

骑士剑/锁子甲
公元1400年

有些人认为，中世纪是一个被黑暗、衰退主导的时代，但事实并不一定就是这样。那时，列强争雄，王国兴替，社会结构、农业技术、科学思想以及哲学等也随之发生变化。

维京斧
公元1000年

维京人不仅是劫掠者，而且还是探险家、农夫、诗人、商人。维京人居住在地球的偏远角落，有证据表明，他们不仅与其他欧洲人打交道，甚至可能与中东人和美洲人有接触。今天，他们的故事已经成为传说，仍被许多人传扬着。

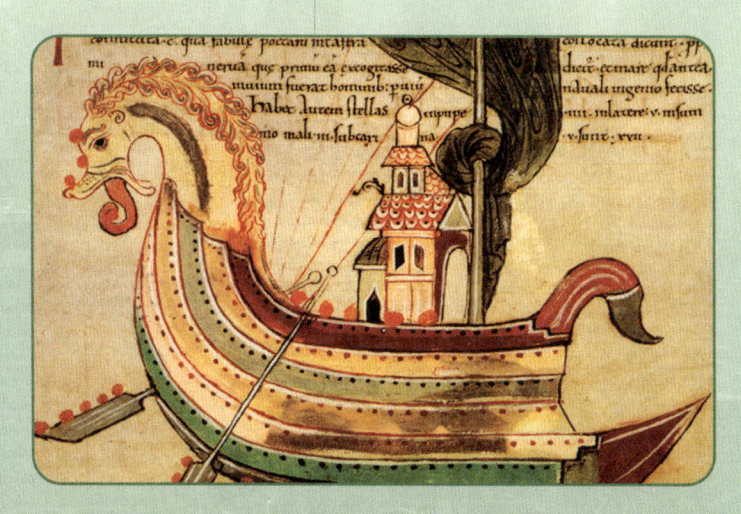

迷你博物馆 115

工业革命

随着工业革命在世界的兴起，新技术的开发进入了加速期。纵观历史，文化巨变往往需要几百年甚至几千年的历程。在过去的200年，日益便捷的新交通系统、对科学和工程的执着以及对经济效益的渴望推动了这个世界以更快速度向前发展。

火绳枪
公元1400年

作为滑膛枪和来复枪的先驱，火绳枪在欧洲各地广泛使用，其火力凶猛，令人胆寒，新战法也应运而生。

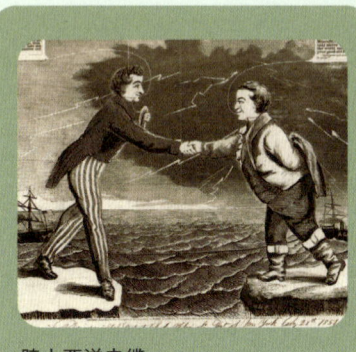

跨大西洋电缆
1858年

随着齐鲁斯·韦斯特·菲尔德工程的完工，跨大西洋的快捷通信终于实现了，世界突然变小了。人类昨天的梦想，今天变成了现实。

佩尼戴林蒸汽机车
1804年

这是世界上第一台依赖自身动力驱动并拖载货物的蒸汽机车，它是工业革命过程中技术进步的早期范例，后来的机车继往开来，继续为改变世界作出了自己的贡献。

曼哈顿工程
1945年

原子弹的问世改变了世界。科学能操控世界上最基本的物质结构原子的能量，这种力量让世界深陷恐惧之中。原子武器不能改变战争，但人类文化为之改变。人类为自己创造了一个世界，现在又拥有了毁灭它的能力。

克雷1号
1975年

作为首台成功投入商业运行的超级计算机，西摩·克雷（Seymour Cray）的这台仪器为人类进入现代社会铺平了道路。克雷1号能进行人们此前未曾见识过的复杂运算，它的出现是人类向数字时代迈出的一大步。

电话
1876年

电话的发明改变了人们的交流、生活和对世界的认知方式。要想与世界另一侧的人联系，打个电话就可以了。

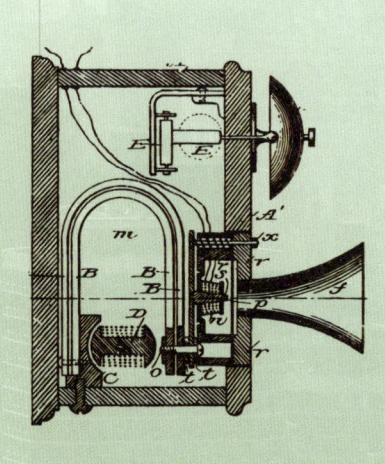

万维网
1993年

随着全球公共互联网的出现，世界正快速发生着变化。像其他许多重大科技进步一样，互联网的真正力量来自其强大的通信能力，它能在瞬间将不同文化联通起来，从而永久地改变了我们所认知的文明的维度。

迷你博物馆 117

人类

木乃伊串珠

种　　类	人工制品
材　　料	硅土、碱和石灰岩
直　　径	3.175毫米
制作时间	公元前1000年

在几乎没有文字的古代世界中，色彩有极高的文化、社会和沟通价值。在古代埃及人看来，这些明亮的蓝色串珠代表着天空、水、生命和重生。这种色彩本身对精神有重要作用并带有一丝神秘感。

左图所示标本选自在埃及木乃伊上发现的珠子，跨越了自公元前1000年后的若干个年代。这些珠子是从埃及亚历山大的一位古董商西蒙·奥汗·西莫尼安（Simon Ohan Simonian）手中购得的，20世纪他主要从事古玩生意。

配得上法老的串珠

这些串珠是埃及彩釉陶器，由硅土、灰末和石灰制成。硅土取自沙子或石英鹅卵石，灰末或泡碱用来制成碱，石灰则来自石灰岩。工匠们将这些材料磨成粉，掺入铜、钴、镁和其他金属，制成一种粉末，而后将粉末调制成可延展的糊状物。烧制时，金属氧化物从这种多孔材料中外溢出来，在材料表面冷却，留下斑斓的色彩，呈现出玻璃状的外观。

公元前第5个千年期，彩釉陶器首次出现在美索不达米亚。在随后的千年中，埃及工匠开始制作彩釉陶器。在王朝统治前的时期（Predynastic Era），制造工艺相对简单。

> 古埃及人最早奠定了人类灵魂不朽的信条。
>
> ——古希腊历史学家希罗多德（Herodotus，约公元前484—前425年）

事 实 经 纬

在欧洲，人们认为木乃伊具有药用价值，被磨成粉，然后冲成汤，用作治疗手段。这种情形一直持续到17世纪。

迷你博物馆 119

工匠们先用手塑造形态各异的物体，待干燥后再雕刻打磨，完善细节。烧制前，在物体表面涂上掺有铜的釉料，使得埃及彩釉陶器的光泽和色彩独具一格。在埃及，这种材料的名称充分说明了一切，埃及人称之为"tjehenet"，含义是"耀眼"或"艳丽"。

公元前第2个千年中期，埃及的彩釉陶器制作取得了爆发性增长。工匠们开始使用黏土模具制造这种材料，一种新的上釉方法——粉化法，得到广泛应用。与塑形后上釉不同，他们开始将釉料掺入糊状粉料中。使用模具和直接在糊状粉料中加入釉料，使得包括戒指、护身符和瓷砖等各种彩釉陶器制品能够大规模生产。

埃及文化中的串珠

在一个大部分人既不能读又不会写的世界，彩釉陶器的历史与视觉符号的重要性密不可分。精英群体依赖视觉意象展现财富，合法拥有权力。古美索不达米亚人青睐将黄金用于这些意图。美索不达米亚地区黄金稀缺，为了获得这种宝贵的金属而规划的几条贸易线路得以开拓和发展。埃及拥有巴比伦和其他美索不达米亚城邦贵族梦寐以求的黄金。熟悉彩釉陶器制作和彩釉陶器物品的工匠们，踏上这些贸易线路，最终到达埃及。

珠宝、服饰和其他装束是文化和社会地位的显著标志。在古埃及，彩陶串珠被珍视为仅次于黄金的宝物，佩戴彩陶串珠表示拥有财富。想方设法使其对民众统治合法化的外邦国王和王后，频繁使用他们认为是埃及文化的各种视觉元素。当时，穿戴装饰有彩陶串珠的珠宝和服饰，成为非埃及的统治者炫耀其与埃及关系的一种方式。

制作木乃伊

尽管大多数古代文明都尽力保存逝者，但很少有能够达到古埃及人保存逝者时长的。

埃及大量丧葬作坊的存在，可以追溯到大约公元前3000年的早期王朝统治时期。经过了1000年，古埃及人在对尸体进行包裹处理的规模和工艺上都取得了稳固的进步。低矮、平顶的马斯塔巴（mastaba）墓室，演变成了台阶金字塔（step pyramid），而对尸体的处理则从风干技术转变为精细的化学制剂，使用泡碱（一种自然形态的碳酸钠）、油脂、植物树脂和地沥青（石油的一种形态）处理尸体。地沥青是一种类似沥青的物质，可以在古代湖泊底部、天然储油层中找到，也能从砂岩的裂缝中渗出。古时候，地沥青既可作防水密封材料，又可作黏合剂。巴比伦王国最后一位国王尼布甲尼撒二世（Nebuchadnezzar II）在许多民用工程（从为下水道敷内膜到黏结铺路石）中使用了地沥青。今天，人类仍然将地沥青用作铺设路面材料中的一种成分。

顺时针（自左上起）：

用地沥青密封的木乃伊围裹式服饰；木乃伊串珠近景；《埃及逝者书》(Egyptian Book of the Dead) 中的一页，描绘的是俄赛里斯 (Osiris)（古埃及宗教中负责地狱的冥神和判官，译者注）给一个人的灵魂称重。

人类

罗马浴池
（火炕式供暖系统烟道）

种　　类------------------------人工制品
材　　料------------------------ 陶器
最大浴池------------------------ 35米宽
产生时间------------------------公元1世纪

在古罗马的历史中，泡澡很多时候远不止讲究卫生那么简单。它是一种复杂的社交仪式，几乎人人乐此不疲。宏大的公共浴池服务大众，富裕市民则有小型私人浴室。为给这些设施加热，古罗马人使用了一种独创的系统——火炕式供暖系统。

左图所示标本是火炕式供暖系统的一截烟道。这截烟道从一位私人古董商处购得。这种烟道于公元1世纪出现，由一整块裹在实心模子上的黏土制成。生火后，这些中空的长方形陶瓷烟道，就成了浴室墙壁的"墙芯"。

奢华的洗浴

在整个罗马帝国时期，浴室和大众沐浴文化始终是社会生活的核心。到了罗马共和国晚期，去浴池洗浴是大多数罗马市民每日生活中不可或缺的一项内容。男男女女、大人小孩在这类场所度过午后时光，放松休闲。它们是社交聚会场所——与他人携手而来的休息、放松、娱乐以及求医问诊之地，当然，老生常谈和家长里短在这里也绝对是少不了的。最宏伟的浴池建筑内含图书馆、艺术品展示馆和演讲大厅。许多城市都有本地的小型浴室和规模庞大的公共浴池。在公元4世纪最后几十年，罗马城至少有10座规模巨大的洗浴综合设施可供洗浴者选择。

> 我们的祖先认为，人不可在公开场合洗热水澡。

——选自小塞内加（Seneca）于公元65年写给卢齐利乌斯（Lucilius）的道德信

事 实 经 纬

卡拉卡拉浴池被认为是罗马七大奇观之一，当时对市民免费开放，广受欢迎，据考证，每天有多达8000人光顾。

除了需要维修等极少数情形外，罗马的浴池每天都开门营业。人们通常在下午洗浴。除儿童外，大多数罗马人光顾浴池需要付费。通过购买燃料或补贴门票的方式支持本地的浴池，是许多罗马富裕阶层一项时尚的赞助行为。如果政治需要，各朝各代的罗马皇帝会提供资金，让所有人免费洗浴。食品摊和按摩师要为他们在大型浴池场地中的摊位付租金，这些租金将用于帮助大型公共浴池的正常运转。

休闲与狂欢

罗马洗浴是一项休闲活动，有多种放松方式可供选择。浴客们脱下的衣服放在更衣室。冷水区供那些喜欢在冷水池中畅游的客人浸泡，而热水区则供那些渴望在热水中泡澡的客人享用。室外角斗场向狂热的健身达人发出召唤，而发汗浴和蒸汽浴则为客人提供桑拿体验。按摩技师在按摩室中为客人提供芳香油脂按摩，而包括用刮板刮去客人身上油脂在内的多项服务，则在刮痧室提供。

火炕式供暖系统

火炕式供暖系统为罗马市区内大多数大型浴池供热，方式是将热量输送到这些设施的地板和墙壁中。加热室（praefurnia）火焰燃烧产生的高温气体先通过地板下的空间，然后从墙壁内的管道中升起，从而创造出一种最早的室内供暖形式。这些高温气体还为高温浴室的水加热，有时也为一种称作蒸汽发汗室的干蒸桑拿加热。古罗马高温浴室的温度至今不得而知，不过，由于罗马人洗浴时穿的是木底拖鞋，其温度不可能高于50~55℃。

为古代家庭供暖

加热地板和墙壁意味着罗马浴池能够安装窗户，这是一项减少冷凝水生成的发明。能够用得起这种加热系统的家庭也使用它。尽管没有关于火炕式供暖系统供热效率的记录，但现代土木工程的加热系统也以类似原理工作，且效率很高。每天只需点火一到两次，热量就足以加热地砖和混凝土，地砖和混凝土再将热量慢慢释放到每个房间。

实际上，修建并维护火炕式供暖系统的费用极为昂贵。因此，大多数罗马家庭只给一个或两个房间加热。然而，在帝国的北部，如现在英国和德国所在的地区，人们认为辐射热是必不可少的，整个家庭的所有房间都要建造、使用火炕式供暖系统。

罗马帝国的瓦解导致火炕式供暖系统寿终正寝。公元5世纪，供暖方式恢复为效率低下的开放式壁炉，并持续约1000年。

顺时针（自左上起）：

火炕式供暖系统烟道特写；休伯特·罗伯特（Hubert Robert）的画作《有洗衣女工的罗马浴池残址》（*Ruins of a Roman Bath with Washerwomen*，1776）；英国巴思市苏利斯-密涅耳瓦神庙的蛇发怪头像。

人类

美洲绿洲

种　　类	人工制品
材　　料	陶器
术语首用时间	1954年
存在时间	公元前1世纪~1600年

"美洲绿洲"（Oasisamerica）穿越美国西南部和墨西哥北部，是"与外来文化接触前的墨西哥"3个文化超级区域之一，自美国加利福尼亚州连接到墨西哥和中美洲大部分地区。制陶术的引入，意味着一次文化上的巨大转变。

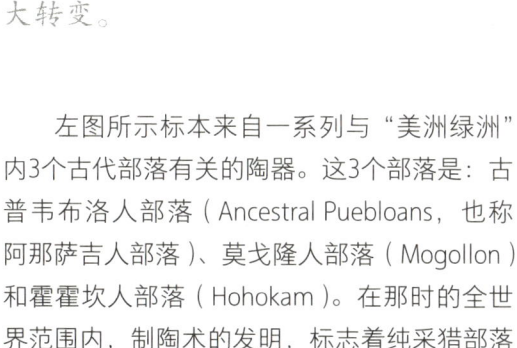

左图所示标本来自一系列与"美洲绿洲"内3个古代部落有关的陶器。这3个部落是：古普韦布洛人部落（Ancestral Puebloans，也称阿那萨吉人部落）、莫戈隆人部落（Mogollon）和霍霍坎人部落（Hohokam）。在那时的全世界范围内，制陶术的发明，标志着纯采猎部落的终结和向定居生活方式的转变。

多种文化的一个交汇点

美洲原住民的历史错综复杂，各种独树一帜的部落和别具一格的文明相互交织，地理上跨越多个大陆，时间上纵贯千年有余。当代人类对历史的理解先从无知变为敬佩，再转为后来的恍然大悟：至今犹存的各种截然不同的文化之间，竟然存在着千丝万缕、难以捉摸的联系！在1000多年的时间里，美洲绿洲这片区域曾经出现过若干繁荣兴旺、结构复杂的农耕部落。除了精美的陶器外，他们还修建了大型综合灌溉系统和多层住宅，并与中美洲的玛雅人和数千千米外的其他部落开展广泛的贸易活动。

文化的超级区域

"美洲沙漠"（Arid America）生活着若干游牧部落，他们的活动范围在中美洲北部。该地区毗邻北美的几个超级区域，包括大平原（Great Plains）上的狩猎者居住地和西北太平洋地区（Pacific Northwest）各种渔业文化所在地。"美洲绿洲"的农耕群体就位于这些区域的中心。

伊斯兰
地毯

种　　类	人工制品
材　　料	纺织物
编织时间	18天
产生时间	公元8世纪

从8世纪开始，中东进入了一个发展爆发期，称为"伊斯兰黄金时代"（Islamic Golden Age）。宗教上对教育的重视、政府的资助以及经典知识的翻译等因素综合在一起，为研究微积分、几何、化学、生物学和天文学创造了条件。

左图所示标本展示的是一块"黄金时代"的地毯——一种综合体现当时文化、经济和科技进步的纺织品。

一种昂贵的挂毯

经过几代人的努力，原来靠式样和技艺传授发展的纺织小作坊，在短时间内就已成长为一个完整的纺织行业，由众多毛毯制作工厂和国家资助的手工艺人构成。地毯在伊斯兰世界成了艺术修养和经济实力的象征。地毯成品越来越复杂，更新颖、更精致的地毯，其价格也越来越高。织成一块地毯，从纤维和纱线制作与采购，到染料生产与编织图案等复杂工艺，就需要付出很大劳动量。在这些因素综合在一起后，一件魅力四射、令人为之倾倒的织物就诞生了。奥特曼帝国、萨非王朝和莫卧儿帝国，全都致力于提高地毯的产量和质量，他们使用精细的蚕丝和金线编织地毯，并在欧洲和亚洲各地用编织好的地毯从事贸易。

艺术和科技的完美结合

从公元8世纪开始，受当时科学技术发展和数学水平提高的影响，"伊斯兰黄金时代"的地毯制造工艺突飞猛进。中东地毯制作大师们因使用经典的棋盘花纹镶嵌图案而名满天下。3种最受欢迎的设计分别是几何、文字和植物图案。这些图案在织物表面以一种无限扩展的方式循环呈现，这是艺术和几何学上的双重奇迹。这类地毯被人们视为珍贵的艺术品，舍不得铺在地板上。正因如此，它们通常被挂在墙上或者搭在家具上。

动物群

象鸟蛋

种　　类	动物制品
材　　料	蛋壳
标本尺寸	30厘米
灭绝时间	公元1000~1200年

象鸟（Aepyornis）俗称隆鸟，或许是因为人们误认为这种鸟捕食大象。这种不会飞的鸟科动物中体形最大的当属马达加斯加当地的物种，现已灭绝。它们有的站起来将近3米高，体重超过500千克。

左图所示标本是象鸟蛋壳的一块碎片，由著名澳大利亚艺术品交易商汉克·艾贝斯（Hank Ebes）从其私人藏品中捐赠。

关于象鸟

象鸟巍峨的身躯会让人不由自主地联想到鸵鸟，甚至古新世晚期凶猛的"恐惧鸟"。但研究者认为，这种巨鸟与那些和它们近缘、相距遥远且体形很小的鹬鸵更相像。科学家认为，象鸟缓慢穿行在马达加斯加茂密的森林中，能用巨大而尖锐的鸟喙啃咬坚硬的果实。大约在1200年前，象鸟灭绝了。

人们尚不完全清楚象鸟灭绝的原因，灭绝的确切时间也不得而知。1658年，法国殖民地马达加斯加的总督艾蒂安·德弗拉古（Etienne de Flacourt）曾经提到过一种体形庞大的鸟（隆鸟的一个分支），引起人们的极大兴趣。它们栖息在马达加斯加南部的偏远地区，表明隆鸟至少有一个分支存续的时间略长。

> 鸟为冲出蛋壳拼搏不止，蛋就是世界。要降生就必须将世界捣烂。
>
> ——德国作家赫尔曼·海塞
> （Hermann Hesse）

事　实　经　纬

象鸟蛋比任何已知鸟类的蛋都要大，甚至超过恐龙蛋。它是普通鸡蛋的160倍，体积接近7升（0.007立方米）。

迷你博物馆 131

人类

维京斧

种　　类	人工制品
材　　料	钢
重　　量	不足1千克
产生时间	公元900年

1200多年前，维京人自斯堪的纳维亚半岛上各个峡湾向海洋进发。今天，几乎每一个欧洲国家都能讲出一个维京人扩张的故事。斯堪的纳维亚的劫掠者、商人和探险家，携带类似图示的斧子，抵达北美、北非和中亚。

左图所示标本来自一柄维京钩斧，根据式样可追溯到公元900年。20世纪60年代，人们曾使用当时的技术修复此类维京斧。当时人们关注的往往是制成品的美观，而不是材料的稳定和保存。在为本迷你博物馆制备这个标本时，我们与巴尔的摩刀剑世界的铁匠克里·斯塔格摩（Kerry Stagmer）密切协作，在开始制备最终标本前，去掉了之前所用的所有复原材料。

一段传说中的历史

人们普遍认为，始于维京时代的辉煌仰仗他们公元793年对英格兰东北部海岸外一座与世隔绝的修道院的突袭。《约克的阿尔昆》(Alcuin of York) 这部著作令这次袭击在西欧受到广泛关注。阿尔昆听到维京人劫掠的消息时，他正在为查理曼大帝的王室效力，他的描述十分生动形象，从写作的时代背景看，也很复杂：查理曼大帝不断扩张的帝国与北方的丹麦人已开始接触。一些学者认为，除了维京人发动的其他几次袭击外，他们对林迪斯芳岛（Lindisfarne）修道院的袭击，是这些古斯堪的纳维亚人在其边界感受到威胁的直接反应。

> 之前，大不列颠从未出现过如此恐怖的一幕……这群野蛮人将圣徒的鲜血倾倒在圣坛周围，在神庙中践踏圣徒的圣体，如同踩踏街上的粪便。

——选自《约克的阿尔昆》
对公元793年维京人第一次抢劫的描述

迷你博物馆 133

维京扩张

在这一时期，古斯堪的纳维亚人对欧洲所有沿海地区进行了刺探侦查和大肆劫掠，欧洲大陆的主要河流沿岸也未能幸免。在欧洲东部和南部，他们是拜占庭帝国的雇佣军和斯拉夫各国和平的维护者。他们还扩张到了欧洲东部，在今天的俄罗斯建立了多个殖民地。这些殖民地当时称为基辅罗斯（Kievan Rus），也同伊斯兰世界开展贸易。19世纪，人们发现了这一庞大贸易网络的稀有证据，当时一枚刻有阿拉伯文字的戒指，从瑞典的比约克（Björkö）岛上一座9世纪的女性坟墓中被发掘出来。

在大西洋北部，古斯堪的纳维亚人航行到了冰岛、斯匹次卑尔根群岛和小大陆格陵兰。他们还多次试图继续向西——北美（他们称为文兰，Vinland）进行殖民活动。

萨迦

挪威社会的这些冒险和传奇，通常以一种称作"萨迦"（saga）的文学形式进行记载。今天，当听到萨迦这个词时，人们往往想起"散文埃达"（Prose Edda，古冰岛两部文学集的合称，译者注）。它包含许多让我们与维京人联系在一起的神话故事。不过，"萨迦"是一个含义更广的术语，用以记述几乎所有的叙事。

除了记述各种英勇无畏的冒险经历、家庭史、虚构事件和政治阴谋外，萨迦也详细描述维京人的武器及其制作过程，包括各式各样的斧子，这种武器在古挪威人的生活中的地位举足轻重。

倒钩斧与雕刻斧

维京斧通常比它们在通俗文艺作品中给人的印象要小得多。除制造成本低很多外，小斧在近身格斗中也更具杀伤力。最大的斧子如新月形的大斧，其斧身可长达45厘米，而传奇般的"倒钩斧"（Skegøx）的斧身只有15厘米。

倒钩斧是一种用途广泛的工具，在维京人的社会中十分普遍。搏斗时，"倒钩"可用来钩住对手，甚至可用于攀爬敌方的木质防御工事。这种样式在木工工具中也很常见。

利用一柄精心打磨、锋利无比的雕刻斧，一名技术熟练的工匠能够快速制作出许多实用用具，如木槌、碗，甚至更小的物品，如勺子。如果再加上扁斧、半圆凿和刮刀，还能够创造出令人难以置信的华丽雕刻制品，包括尽人皆知、用来装饰众多古挪威人大帆船船首的龙头。

顺时针（自左上起）：

古挪威人的斧和剑的复制品；维京斧样品近景；巴尔的摩刀剑世界正在打制一把斧子。

骑士剑

种　　类	人工制品
材　　料	钢
剑身尺寸	70~80厘米
制作时间	公元13~14世纪

在欧洲中世纪，尽管打造新剑的场景随处可见，但制作一把剑的巨大成本意味着它注定会成为一件传家宝。青少年在其人生不同的节点上，如出生或被授予骑士称号的仪式上，都会获赠一把剑。

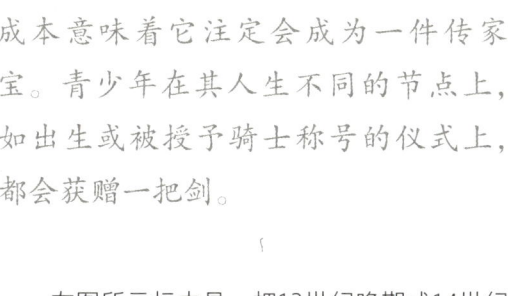

左图所示标本是一把13世纪晚期或14世纪早期的骑士剑。在过去的200年里，这把剑一直作为私人藏品，被一个法国家庭保存着，直到最近才转让给了英国一位私人古董兵器商。

非凡的利剑

中世纪无休止的战争和各路雄心勃勃的贵族，使骑士阶层开始崛起。骑士剑的剑身很轻盈，其功能主要是劈砍而不是戳刺。剑身重量适于单手使用。每把剑都由一位铁匠打制，铁匠在学徒期就形成了自己的技艺。为了使剑身能打磨出锐利的剑锋，并使剑身耐用并具有韧性，铁匠们炼钢时会在铁中加入碳（通常从木炭中提取）。他们须在锻造过程中为钢塑形，这样剑芯才能柔韧，剑锋和剑尖才能更加锐利。锻造完成后，还需要对剑身进行回火处理：先慢慢加热，然后放入水中或油中将其快速冷却。每位铁匠的技艺，以及他们制作的每把剑，都是独一无二的。

> 我所见到的被征服者，尽管在王室中受到尊崇，但他的头顶上始终悬着一把利剑。

——选自英国作家杰弗里·乔叟（Geoffrey Chaucer）《坎特伯雷故事集》（*The Canterbury Tales*, 1387）中的《骑士的传说》（*The Knight's Tale*）

迷你博物馆

人类

武士刀

种　　类	人工制品
材　　料	钢
刀身长度	80多厘米
制作时间	公元14世纪

武士刀与日本武士的形象紧密相连。这类刀价值连城，深受全世界收藏者的珍爱。这类兵器以及挥动这类兵器的武士历史，与日本民族的发展和现代日本文化密不可分。

左图所示标本是大约14世纪中叶日本武士刀的一段。这把刀由当时的大和千手院（Yamato Senjuin School，现位于日本奈良）打造。这把刀最初是一把长刀，是日本古刀时期（公元900～1596年）的标准刀，刀身长80多厘米。标本中的这把刀已截短，以满足江户时代的标准，比原来短了约10厘米。

通常情况下，毁坏这样一把刀非常不妥。不过，标本中这段刀很精致，但刀上有一些微小裂痕，存在一定危险性，因此不太适合收藏。

> 夏日的草地……武士的梦境。
>
> ——日本俳句家松尾芭蕉（Matsuo Bashō）

制作武士刀

最老的武士刀称作"ko-tō"，即"古刀"，是用日本传统方法炼成的钢与不同含碳量的钢混合制造的。这样会使刀的强度和韧性都很好。工匠制造并留存下来的这类超硬刀，其制造方法独特，将黏土、木炭和碎石末掺好并裹在刀刃和刀身上进行锻造。第一步，在刀刃上薄薄地裹上一层这种混料，然后在刀身上也裹上这种混料，涂层厚度厚一些。第二步，涂裹这种混料的刀将被加热和冷却数次，让金属反复膨胀和收缩，这样金

事 实 经 纬

日本的铁矿石比较稀缺，所以大约在公元8世纪，制铁是以铁砂为原料的。

迷你博物馆 139

属分子将重组，材料的密度加大。同时，通过黏土使用上的变化，可调控温度，使刀刃很锋利而刀尖很有韧性。

这种制造工艺应用了近400年，直到17世纪初的江户时代。江户时代前，日本社会充斥着各种冲突，数百个地方政权与军阀之间尔虞我诈，使这个国家陷入持续的动荡之中。1603年，德川集团重新统一了日本，建都于江户，统治时间持续了265年。江户时代的"武士道"演变为影响深远的一种哲学，成为人们生活中的道德准则。

德川时代的将军幕府颁布的法律十分严苛，影响了公共领域和个人生活的方方面面。当时的法律甚至规定了长刀和短刀的最大尺寸以及制造工艺。

江户时代用新工艺生产了大量的"和钢"。这种"和钢"含碳量高，因而硬度更高，但不易与其他种类的钢相结合。为此，工匠利用叠层工艺——在软芯外包上硬钢，来生产新刀。但当时的一些人认为古刀在强度和韧性上更有优势，于是就将较长的古刀截短，以满足江户时期的标准。

制造工艺

打造一把传统的日本刀是一项高强度的工作。要在专门建造的巨大脚踏风箱泥土熔炉中将铁砂融化。工匠首先要将多层木炭和铁砂放在熔炉内冶炼数日，最后会产出含有气孔的铁块、炉渣以及称作"熟铁坯"的钢。对于这些钢，将根据其含碳量的高低进行等级划分。含碳量高、硬度大的钢称作"和钢"（Tamahagane）。其名字中的"tama"，意思是像宝石那样"完美而珍贵"，名字中的"hagane"意思为钢。（"和钢"也称"玉钢"，译者注）

顺时针（自左上起）：

1867年，法国画家埃米尔·贝亚德（Emile Bayard）描写日本武士决斗的画作；传统的武士搏击术；武士刀的近景。

地球

富士山
熔岩

种　　类	矿物
材　　料	岩石
首次攀登时间	公元663年
山的基底	50千米

海拔3750米的富士山是一座活火山，最近一次喷发活动发生在1707~1708年。它坐落在东京西南约100千米处，甚至从东京就可以遥望富士山。几个世纪来，这座日本最高的山峰，令日本国民和世界各地游客为之着迷。

左图所示标本是直接从富士山附近的一位石匠手中得到的。他的家族五代人都在富士山脚下刻佛像和神道教神像。

关于富士山

作为日本国内的最高峰，富士山是在之前先后两座火山的基础上形成的。在过去数十万年间，火山喷发后形成了废墟，之后，在废墟上再喷发形成一座新火山。新富士山就是1万年前在前面火山废墟上形成的一座活火山。

新富士山经历了几个发展阶段，玄武熔岩流出后覆盖了其北、西和西南方向的大部分地区。富士山是成层火山，其匀称的圆锥形曲线激发了数世纪艺术家们的创作灵感，最近又激发了科学家对于火山几何化演进的研究思路。

公元864年，富士山发生了一次火山喷发，产生了3座堰塞湖：西湖（Sai）、精进湖（Shōji）、本栖湖（Motosu）。其余的沃土则成了"绿树海洋"（Aokigahara Jukai）。不过它还有一个不幸的称呼——"自杀林"。

> 就像广阔而坚固的富士山，即使最强烈的地震也撼动不了你。
>
> ——日本剑术家宫本武藏
> （Miyamoto Musashi）

事实经纬

日本艺术家葛饰北斋（Katsushika Hokusai，1760—1849）的作品"富士山36景"，从不同角度描绘了富士山四季及多角度的景色变化。

地球

宝石

种　　类	矿物
材　　料	宝石矿石
尺　　寸	小于2.5厘米
距今时间	2000万~1.25亿年

在晶体世界，杂质含量是区分一块普通石头还是珍贵宝石的决定性因素。热量、压力、年代和水的影响是宝石形成的主要因素。这些因素的多种组合，就会生成五颜六色和不同成分的宝石。

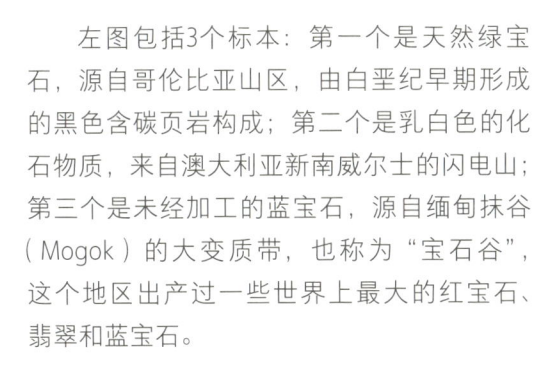

左图包括3个标本：第一个是天然绿宝石，源自哥伦比亚山区，由白垩纪早期形成的黑色含碳页岩构成；第二个是乳白色的化石物质，来自澳大利亚新南威尔士的闪电山；第三个是未经加工的蓝宝石，源自缅甸抹谷（Mogok）的大变质带，也称为"宝石谷"，这个地区出产过一些世界上最大的红宝石、翡翠和蓝宝石。

宝石的诞生

如此光彩夺目、色彩斑斓的原石珍贵无比，其产生方式多种多样。在热液形成期，富含矿物质的水蒸发，将矿物质凝结成晶体，生成了诸如绿宝石一样的岩石。火成的宝石矿石，如蓝宝石，是岩浆中多种矿物质的共同晶体化而成。蓝宝石和绿宝石也能在其他变质的宝石中发现——高强的热量和压力改变了地下深层矿物质的结构，经年累月演变成这类宝石。宝石也能通过沉积作用产生，如矿物质层长时间累积（如猫眼石）。

> 宝石就是坚硬黑暗矿物中夺目的花朵，在芬芳中铸就了自身的永恒。
>
> ——哈丽雅特·比彻·斯托
> （Harriet Beecher Stowe）

迷你博物馆 **145**

翡翠原石
距今时间：估计约1.25亿年

绿宝石是一种无色晶体，但其所含的杂质铬使之变绿，成为绿宝石，是最稀少的宝石之一。绿宝石原石被热液混合物侵蚀，冷却后形成白色方解石纹理。在所有绿宝石中，哥伦比亚绿宝石最易被发现。对这个地区进行开采的文字证据可追溯至西班牙占领期，但考古学家也发现了更远古的人类在这个崎岖山区挖掘极品绿宝石的证据。

猫眼石原石
估计时间：大约1.1亿年前

由于猫眼石内部发出强烈的像火一样的光亮，因此数千年来迷倒了无数人。与大部分宝石不同，猫眼石没有一种单一的晶体晶格结构。相反，它是非常细小的二氧化硅球体经过夯实、压缩而形成的一种聚合体。科学家判断大约需要500万年才能形成1厘米的天然猫眼石。猫眼石的"火光"是光线穿过岩石中的二氧化硅区域而产生的衍射现象。

蓝宝石原石
估计时间：大约2000万年前

蓝宝石绚丽多彩，年代久远，是世界上最常见的宝石之一。它们在冷却的火成岩和变质岩中非常缓慢地形成。在此过程中，多种金属渗入氧化铝晶体。这些晶体本身透明，但其他金属的存在赋予了宝石独特的色彩。钛金属会产生蓝色，铁则带来黄色。除红色外，具有任何颜色的宝石统称蓝宝石，而红色表明铬元素的存在，称为红宝石。

为晶体添彩

宝石矿石的色彩由多种因素产生。颜色可能是光线折射而影响矿物质的结构的结果，或者多种微量元素影响或某些情形下放射现象的结果。稀有的自然色或本色宝石（如贵橄榄石）呈现某种颜色，表明宝石含有某种化学元素成分；大部分宝石（如绿玉）呈现其他颜色，是由所含杂质赋予的，即晶体形成过程中所含的微量元素。宝石矿石中最常见的微量元素包括铬、钴、铜、铁、锰、镍和钒。不过，这些微量元素并不总是生成同样的颜色。根据元素的不同特点和宝石的水晶结构及其构成，同一种元素可以产生一系列绚丽夺目的宝石色彩。例如，铬虽然都存在于红宝石、黄宝石和绿宝石的原石中，但根据晶体间和微量元素间的复杂关系，每种宝石可以分别呈现出红色、黄色和绿色。

顺时针（自左上起）：

未经加工的宝石矿石近景：猫眼石、蓝宝石和绿宝石。

人类

威尼斯
街砖

种　　类------------------------人工制品
材　　料--------------------------陶器
建城时间---------------------- 公元421年
距今时间----------------------公元14世纪

威尼斯曾有过很多名字，经历了诸多当政者数个世纪的统治。尽管威尼斯作为悠久共和国的中心，拥有传奇般的历史，然而，永恒的亚德里亚海决定了威尼斯的命运，威尼斯城或许最终被这片大海吞没。

左图所示砖块标本是14世纪的铺路砖，是在卡纳莱吉奥区（Cannaregio）最近一次修复活动中被发现的。我们直接从承担该项修复工程的建筑公司获取。

水道与桥梁之城

意大利东北海岸的一个天然潟湖有几个岛屿，现代威尼斯城位于其中之一。约在6000年前，海平面升高导致洪水自沿岸平原退去，然后形成了这个四周被隔绝的港湾。

威尼斯于公元421年奠基，奠基时只不过是里亚尔托岛上的一个贸易中转地，那时的西罗马帝国正处于严重的衰退期。帝国自身在艰难求生中无暇他顾，潟湖周边及海岛联合起来，以求互保。他们创立了一个自治的地方议会，选举代表或护民官以决定重大事项。

由于帝国衰落所导致的危机一波接一波袭来，迫使更多的人迁徙到这个潟湖区。随着人口的膨胀，这里的护民官更难以有效施治。于是在公元697年设立了总督职位——首席地方官，以管理这个地区。总督拥有很大权力，以近乎独裁的方式进行统治。随着

> 我伫立在威尼斯叹息桥上，左手托着宫殿，右手连着监狱。

——选自1812年英国诗人
拜伦勋爵的浪漫主义长诗
《恰尔德·哈洛尔游记》

事 实 经 纬

当潮水高峰与暖风相遇时，威尼斯会经受洪水的猛烈袭击，而沉降现象的存在，意味着威尼斯地表至今仍在下降，只不过下降速度非常缓慢，每年下降1～2厘米。

迷你博物馆 149

社会的发展，一种称作"大议会"的机构成立，随后成立了若干更小规模的议会，这些机构与总督形成制衡，最后形成了复杂的威尼斯管制政体。

威尼斯在这个地区的商业和海上运输中有着重要影响。当时，这座城市与热那亚城（意大利半岛另外一边）以及比萨等城邦国家发生了冲突。经过近100年断断续续的战争，威尼斯人终于在1830年战胜了宿敌热那亚。此时，威尼斯拥有超过3300艘舰船的巨无霸舰队，控制了亚得里亚海，成为东地中海的绝对霸主。

命运反转

威尼斯共和国在随后的两个世纪一直保持着强国地位，但是随着全球贸易路线自地中海转向大西洋，其国力也逐渐减弱。许多学者的研究成果显示，威尼斯在卷入意大利政治争斗中进行战略决断时，也犯下了严重错误。诸多经济政治压力相互叠加，对威尼斯打击巨大。祸不单行，两轮黑死病袭击致使该城近30%的人口丧生。

到了18世纪晚期，拿破仑的军队包围了威尼斯共和国的两翼，威尼斯国力被严重削弱，曾经作为国之重器的海军衰落到只剩下11艘船。在奥地利和法国军队侵占其陆地领土时，威尼斯毫无还手之力。随后在1797年，共和国解体了。

面对节节胜利的外国军队，威尼斯别无选择。"大议会"投票决定投降，最后一位总督卢多维克·马宁（Ludovico Manin）摘下头冠，标志着存续了1100年的威尼斯共和国从自此画上了句号。

治理洪水

在过去的1000年，人们为了应对威尼斯潟湖的洪水，采取了很多措施，从分洪到疏浚以及为封闭港湾而加固沙坝等。不过，那时人类的此类措施，其弊大于利。或许最大的灾难发生在20世纪，工业企业从潟湖下的蓄水层抽取了大量的地下水，导致地面迅速沉降。工业抽水持续了几十年，这似乎注定了威尼斯的厄运。近几十年来，人们对海平面上升的格外关注，促使意大利政府开发了一项工程，这一工程拥有大量移动式闸门，以确保威尼斯不被淹没。

顺时针（自左上起）：

威尼斯潟湖鸟瞰图；街砖标本近景；著名的威尼斯水道之一。

人类

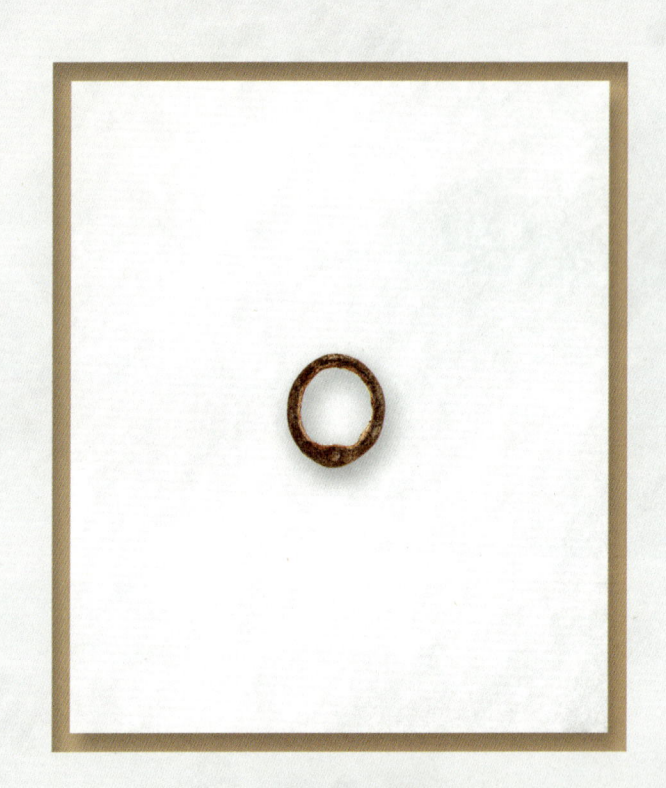

中世纪
锁子甲

种　　类	人工制品
材　　料	钢
直　　径	约13毫米
距今时间	公元15世纪

锁子甲的柔韧性好，这在搏斗中十分重要。作为主要的防御盔甲，锁子甲的历史在欧洲延续了1000多年。相比此前出现的皮甲胄、金属鳞甲或带状甲，锁子甲便于清洁和维护，直到火器发明之前不久，才短暂地被硬式金属盔甲取代。

左图所示标本是一枚15世纪锁子甲的完整甲环。这时先进的硬式金属盔甲已完全取代锁子甲，因此这一时期被认为是锁子甲在欧洲的谢幕时期。

沉重的护身铠甲

类似锁子甲的铠甲，最早出现在公元前4世纪前后的意大利伊特鲁里亚（Etruscan）文明时代，但是凯尔特人通常认为锁子甲的制作工艺形成在公元5世纪，当时他们的编织结构是1环连4环。这种相对简单的构造成为欧洲标准达数百年之久。

锁子甲十分沉重。一顶头盔重达11千克，一件甲衫超过27千克。当时，欧洲锁子甲衫主要有两类：颈肩铠甲（hauberk）和无袖短锁子甲（habergeon）。锁子甲在应对锋利刀锋的劈砍时，对人体有较好的保护作用，但对缓和击打基本无效。因此，古代骑士在穿锁子甲时，会在其内部和外面套上一种软铠甲。

关注锁子甲

一件锁子甲需要对数千枚甲环打孔，或将金属丝进行铆接形成甲环。铁匠在多种编织结构中选择一种结构方式，把一个个甲环相互连接，编织成片。由于编织过程的劳动密集性高，这样的铠甲一般价格不菲，但维护相对简单。维护和清洗锁子甲时，将其放入一个充满沙子的桶内，通过滚动这个桶摩擦掉锁子甲上的锈蚀和尘垢，然后再给它上油，同时仔细检查编织处的破损或缺失情况，根据情况进行修理或替换。

人类

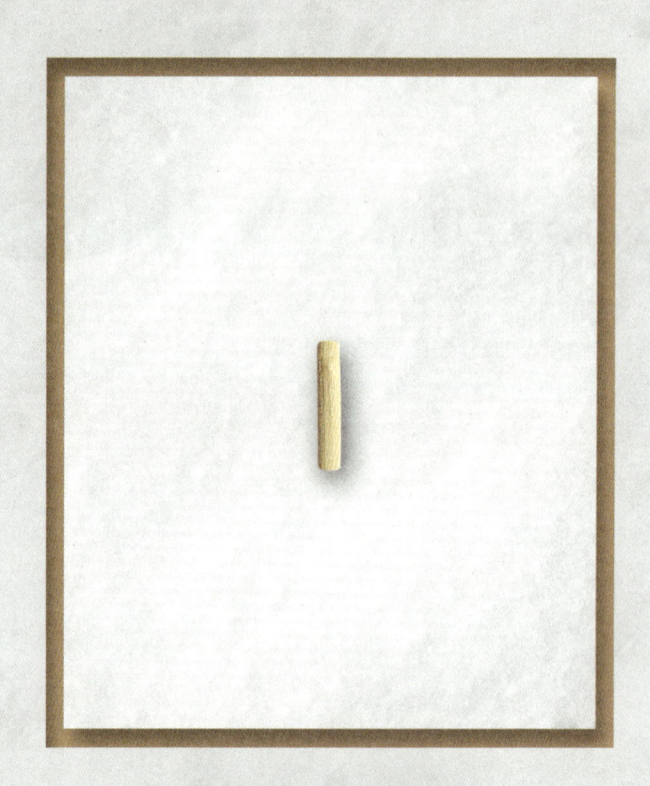

马绍尔群岛
杆状海图

种　　类	人工制品
材　　料	棕榈叶
绘制的岛屿	34
所处时代	公元前第1个千年

当密克罗尼西亚人来到马绍尔群岛时，船上生活就是他们的全部。面对茫茫的大海和强劲的海潮，为了征服海洋，实现海上航行，他们制作了周围列岛的航行海图。这种海图表现的不是列岛的地理环境，而是海浪和潮流。

左图所示标本来自一张杆状海图，是帮助航海者从一个岛航行到另一个岛的工具。

跟随海流

马绍尔群岛杆状海图一般由椰树叶子的纤维构成。这些编织件表现的是海洋的潮汐和浪涌，不同的长度和形状代表这个海域的不同海况。这些地图也显示浪涌相互作用的情况，以及它们被岛屿干扰后的情况。马绍尔群岛地图主要向航海家描述如何跟随海流抵达他们的目的地，而不仅仅是显示这一目的地在哪里。

像航海图的制作一样，马绍尔人的航行技术也同样令人惊叹。当准备一次旅行时，航海家将会专心致志地研究他们的杆状地图，但是当他们开始航行时，航海家会改为关注群星的轨迹，查看太阳的运动，蜷伏在独木舟内感受潮汐起伏的方式。当他们接近岛屿时，他们会留意鸟类，并跟随它们登陆。

> **在事物发展的整个过程中，真正重要的是一个人的灵感和明察秋毫。**
>
> ——选自美国作家托马斯·格拉德温（Thomas Gladwin）的《东方巨鸟》（*The East Is a Big Bird*，1970）

事 实 经 纬

航海新手要学会用马塘（Mattang）图查看浪涌；美度（Meddo）图显示了主要的岛屿位置和海流；而若勃利（Rebbelib）图则显示了几乎全部岛屿。

迷你博物馆 155

人类

阿兹特克人的
黑曜石工具

种　　类	人工制品
材　　料	火山熔岩速凝体
化 学 式	70%+ 二氧化硅（SiO_2）
年　　代	16世纪

黑曜石几乎对阿兹特克社会的方方面面都有重要影响，从工具、武器到泰兹卡特里波卡神（Tezcatlipoca，纳瓦特尔语意为"冒烟的镜子"，译者注）之脚。这位强悍的阿兹特克人的神在创世战斗中失去了他的脚，他用一面黑曜石镜子取而代之。通过这面镜子，他还可以监视其随从。

左图所示标本是从私人收藏中获得的一件阿兹特克人的黑曜石工具的碎片。这些天然的火山速凝体被抛光，可以做成像镜子一样的物品。当富含长石和石英的熔岩迅速冷却时就形成了黑曜石，它比钢还要坚硬，但也非常脆，容易破碎，破碎后形成的边刃比现代的手术刀还要锋利10倍。

复杂的帝国

通过共同的建筑学、科学、政治、宗教信仰传统并以战争的方式，中美洲文明融合了大量不同的文化传统，跨越了数千年。在公元15世纪初爆发的激烈内战中，3个城邦通过联盟组成帝国——阿兹特克帝国。这三方联盟，即特拉科潘（Tlacopan）、特斯科科（Taxacoco）和墨西哥-特诺奇蒂特兰（México-Tenochtitlán），他们一同推翻了阿茨卡波察尔科（Azcapotzalco）的统治。经过接下来1个世纪的统治，阿兹特克帝国的疆域覆盖20.7万平方千米，统治人口超过1000万。

> 我说过，我得到了蒙提祖马（Montezuma）皇帝的消息……拜上帝的恩泽，我认为我会找到他，无论他在哪里。
>
> ——摘自埃尔南·柯尔特斯（Hernán Cortés）致查尔斯国王五世的第2封信（约公元1519年）

阿兹特克帝国依靠征税和纳贡体系来维持统治，臣服并结盟的城邦按照一套严格的制度提供物资和劳力，而且所有的年轻人都要服兵役。阿兹特克人利用这些资源来大规模建设公共设施，墨西哥-特诺奇蒂特兰的墨西加（Mexicà）城成为当时与一些世界同时期最大的城市同等规模的大型首都。

被西班牙征服

1521年，西班牙征服者埃尔南·柯尔特斯统治了特诺奇蒂特兰地区，阿兹特克的统治戛然而止。关于阿兹特克衰败的原因目前仍然有很大的争论：疾病、技不如人，甚至是西班牙与阿兹特克皇帝蒙提祖马二世的共谋等。柯尔特斯把这个胜利归因于阿兹特克臣民对当时统治的巨大不满，纷纷倒戈，弥补了他的西班牙力量的不足。如果此说当真，那么阿兹特克统治者命运的逆转与其当年走上权力巅峰时如出一辙。不过这一次的影响却更加深远，社会彻底进入了现代发展时代。

阿兹特克文化中的黑曜石

黑曜石在纵贯墨西哥的火山带中的中部高原地带特别丰富。这个地区被称作墨西哥山谷，在纳瓦特尔语中，也被称为"安娜厚卡"（Anahuac），即"海域中的陆地"。

黑曜石边刃虽然锋利无比，但非常脆，需要不断用石材更换。对阿兹特克工具制作的研究表明，军事方面的使用对这种石材的消耗异常地高。在阿兹特克武士使用的武器中，令人望而生畏的宽剑（macuahuitl）和戳矛（tepoztopilli）均带有多排有棱的刀刃。特别是宽剑，据说能一刀砍下马头。

历石

著名的阿兹特克历石，也称为"太阳石"，是后古典墨西加文化中最著名的人工制品之一。在西班牙征服之后不久，就被掩埋在了Zócalo（墨西哥城主广场）地下，于1790年被重新发现，现在被安放在墨西哥城国家人类博物馆。这块用玄武岩雕刻的华丽石块曾是阿兹特克大神庙金字塔（Templo Mayor）的一部分，大神庙金字塔是奉献给战神慧兹罗波西特利（Huitzilopo-chtli）和雨及农神特拉洛克（Tlaloc）的大型建筑。历石直径大约3.58米、98厘米厚、重量为25吨，当时应当是平放在地面上的，甚至可能用鲜血进行涂抹，包括人血。

按顺时针方向（自左上起）：

意大利佛罗伦萨绘本（Florentine Codex）中描绘的鹰与美洲虎武士（1590）；用碧玉和黑曜石镶嵌的阿兹特克时代人的头颅；何塞·马里亚·维拉斯科（José María Velasco）画作圣伊萨贝尔山脉中的墨西哥山谷（1875）。

土壤

德拉库拉土壤
（弗拉德三世城堡）

种　　类	矿物
材　　料	土壤样本
弗拉德三世生卒年	1431—1476
死亡人数	超过10万

在罗马尼亚腹地1480台阶的顶点，坐落着波埃纳瑞（Poenari）城堡，这里曾是弗拉德三世·采佩什（Vlad Ⅲ Țepeș）的祖传居所，他又称弗拉德·德拉库拉（Vlad Dracula）。城堡始建于13世纪，后被遗弃成为废墟，直到15世纪弗拉德三世重建了城堡，作为瓦拉几亚（Wallachia）战役的众多据点之一。

左图所示标本是取自弗拉德三世城堡墙脚的土壤。城堡建在一个山岩的最高峰，只能通过攀上1480级混凝土台阶才能到达，易守难攻，无怪乎是作为堡垒的理想之地。

穿刺者弗拉德

今天，弗拉德三世·采佩什有两件事最为著名：其一，对敌人实施穿刺死刑；其二，因其将中世纪屠杀手段更新为维多利亚女王时代的方式，从而为英国作家布拉姆·斯托克（Bram Stoker）在其1897年所著哥特式鬼怪小说《德拉库拉》（Dracula）中塑造神秘伯爵德拉库拉提供了灵感。

弗拉德三世出生于15世纪初，是弗拉德二世的第2个儿子。弗拉德二世也被称为弗拉德·德拉库（Vlad Dracul），"德拉库"的含义为"龙"，来自一个西方天主教教派"龙意"（the Order of the Dragon）的名称，他是该教会组织的成员之一。弗拉德二世和他哥哥米尔恰（Mircea）在1447年的战争中被杀，1448年弗拉德三世登上了权力宝座，这是他三次登上宝座的第一次，拥有总督的头衔，即"瓦拉几亚统治者"，"瓦拉几亚"的字面含义是"罗马尼亚的土地"。

> 他面色惨白……血红的眼睛露出惯有的凶光，令人不寒而栗。
>
> ——选自英国作家布拉姆·斯托克《德拉库拉》（1897）

事　实　经　纬

布拉姆·斯托克的小说《德拉库拉》于1897年出版，但是斯托克本人从未去过特兰西瓦尼亚（Transylvania，中世纪罗马尼亚中部地区的一个省，译者注）。他对"总督"的了解来自一本书中浮光掠影的描述。

在瓦拉几亚历史上，弗拉德三世常被认为是一位罗马尼亚民族英雄和最重要的统治者之一。弗拉德三世的统治以通过联盟来对付威胁，这是他维护其权力的特色方式，他还以打了一场反对奥斯曼帝国的战争而著称。1448年，他第一次执政不足一年便被强迫流放，1456年，在匈牙利军队的帮助下，他得以重新获得总督的头衔。

这之后他进行了一次对瓦拉几亚贵族的清洗。当时，一些特兰西瓦尼亚撒克逊人为争夺权力，支持他的竞争者，弗拉德采用穿刺刑处死了他们，为此他赢得了"采佩什"的绰号，即"穿刺者"。

虽然这样残忍的行为被记载于同时代的文字中，但仍存在着关于弗拉德三世是否为超乎寻常的残暴者的争论。毕竟，在他那个年代，残暴的统治者司空见惯。反对者在民间广为传播这位瓦拉几亚统治者嗜血的故事，但一些现代学者相信，出于政治目的，许多细节被有意夸大了。当然，无可置疑的是，在他1456年第二次登上权力宝座时，他处死了几百，甚至有可能是几千人，这些人是他的敌人。1462年他再次被废黜，并在1476年最后一次获得权力，此后不久亡故。

吸血鬼的阴影

关于弗拉德三世是吸血鬼的传说，几乎和他没有什么联系。当今，与他有关且最广为人知的关联是虚构小说中的一位同名人物——德拉库拉伯爵，这完全是巧合。布拉姆·斯托克的小说《德拉库拉》于1897年出版，描写的是一个当代吸血鬼，图谋从其特兰西瓦尼亚的古老家园迁徙到现代大都市伦敦的故事。斯托克关于这本小说的早期手稿显示，作者起初想给这个吸血鬼取名为"万帕耶伯爵（Count Wampyr）"，来自施蒂里亚（Styria）。这是英国作家谢里丹·勒·法努（Sheridan le Fanu）在1872年吸血鬼中篇小说《卡米拉》（Carmilla）中的设定。直到斯托克完成首稿至少两年以后，才将名

其人、其事与其传

虽然现代文学作品中对德拉库拉的解读有时会基于弗拉德三世的一些真实历史，比如1992年弗朗西斯·福特·科波拉（Francis Ford Coppola）执导的电影。但从1931年由贝拉·卢戈希（Bela Lugosi）领衔主演的电影开始，更多的作品却更贴近斯托克的小说情节。斯托克本人从未去过特兰西瓦尼亚，他对弗拉德三世的了解全部源自一本书，该书中对弗拉德的描述不过是浮光掠影。很有可能，斯托克压根儿就不知道弗拉德的穿刺癖好这回事儿。相对于再现一位历史人物，他的作品更多的是向现代社会提供一个古老习俗的人格化化身。

字改为德拉库拉。相应地，斯托克在小说中也仅仅采用了德拉库拉的名字以及瓦拉几亚历史中一些"七零八碎的信息"。

按顺时针方向（自左上起）：

波埃纳瑞（Poenari）城堡的土壤；《弗拉德、刺客和土耳其使节》[罗马尼亚画家西奥多·阿曼（Theodor Aman，1831—1891）的画作]；切塔泰（Cetatea）山峰上的城堡。

土壤

伍茨
钢

种　　类------------------------人工制品
材　　料------------------------高碳钢
碳 含 量------------------------1.5%～2%
首次出现时间--------------约公元前400年

伍茨钢具有令人难以置信的高碳含量和迷人般的图案，在古代和现代社会的早期均备受追捧。它最早出现在印度南部地区，采用的冶炼技术与铁器时代一样的古老。在将这种特殊的钢材熔炼成锋利的刀具后，其传奇流传至今。

左图所示标本凸显了伍茨钢，也称大马士革钢，这种合金独特的外观和物理特性。

传奇的钢材

冶炼伍茨钢的原始技术现在已经失传，但人们认为，其冶炼过程首先是将黑色磁铁矿投入密封的坩埚中加热，并混入植物碳（比如用竹子烧成的碳），在金属内部形成一种被称为渗碳体的碳化铁微观结合带以增强钢材的强度，表面则呈现出黑色波纹图案。这种技术在印度次大陆被广泛应用，产品最终跨越阿拉伯海，由于其漂亮的外观和超强的硬度而在那里备受追捧。

大马士革的铸剑师打造带有渗碳体图案的坚韧刀剑。有些刀剑的钢材采用的就是大马士革钢，而在当时，这种金属实际上来自印度。伍茨钢也被称为"波纹钢"，因为在一些人看来，这种钢的锻接层呈现出颇似水中涟漪的纹路。

> 他拔出他的偃月刀，亮出弯曲而锋利的刀锋……密密麻麻蜿蜒曲折的波纹格外亮眼。
>
> ——选自英国作家沃尔特·斯科特（Walter Scott）爵士的《护身符》（*The Talisman*，1825）

事 实 经 纬

伍茨钢的生产工艺到18世纪中叶失传。自那时起，它的传奇特性激发着许多人尝试重现这一历史传奇。

人类

沉船遗物
八里亚尔

种　　类	人工制品
材　　料	贵金属
直　　径	约38毫米
铸造时间	15世纪末

八里亚尔（real de a ocho），即西班牙古银币，1497年开始铸造，成为第一个在全球流通的货币。西班牙大帆船将这种货币带向西班牙帝国的每一个角落。直到1857年美国颁布《铸币法案》之前，八里亚尔都曾是全美法定的支付工具。

左图所示标本来自沉船"康塞普西翁（Concepción）"号，它由知名珍宝猎头梅尔·费希尔（Mel Fisher）的门徒小布特·韦伯（Burt Webber Jr.）在1978年发现。

王国的钱币

西班牙帝国曾是历史上最强大的金融帝国之一，它的财富主要来自对新大陆的掠夺。西班牙船队运输原材料、制成品和奴隶往来于帝国各个角落长达两个多世纪。

当时，金、银、珠宝和其他资源被运送到墨西哥的韦拉克鲁斯港（Veracruz, Mexico），在那里装船运到古巴的哈瓦那（Havana），然后再由有20艘或更多的舰船组成的船队运送这些货物横跨大西洋。几个世纪以来，海盗洗劫帆船船队的故事被人们津津乐道，但实际上，这些货船中更多的则被风暴吞噬。

这些船中的一艘，"康塞普西翁"号，作为一支有21艘船只的船队的首船，搭载着100吨的金、银，于1641年9月离开哈瓦那。几乎是骤然而至的飓风阻断了船的航行，使其漂泊到了佛罗里达海岸的礁石浅滩。

> 我所经历的最恐怖的噩梦，当属每每听到海浪拍击海岸的轰鸣声，便会从床上赫然立起，弗林特（Flint）船长凄厉的叫喊之声仍然在耳边回荡：
>
> "八里亚尔！"
> "八里亚尔！"
>
> ——选自英国作家罗比特·路易斯·史蒂文森（Robert Louis Stevenson）的《财富岛》（Treasure Island，1883）

迷你博物馆 167

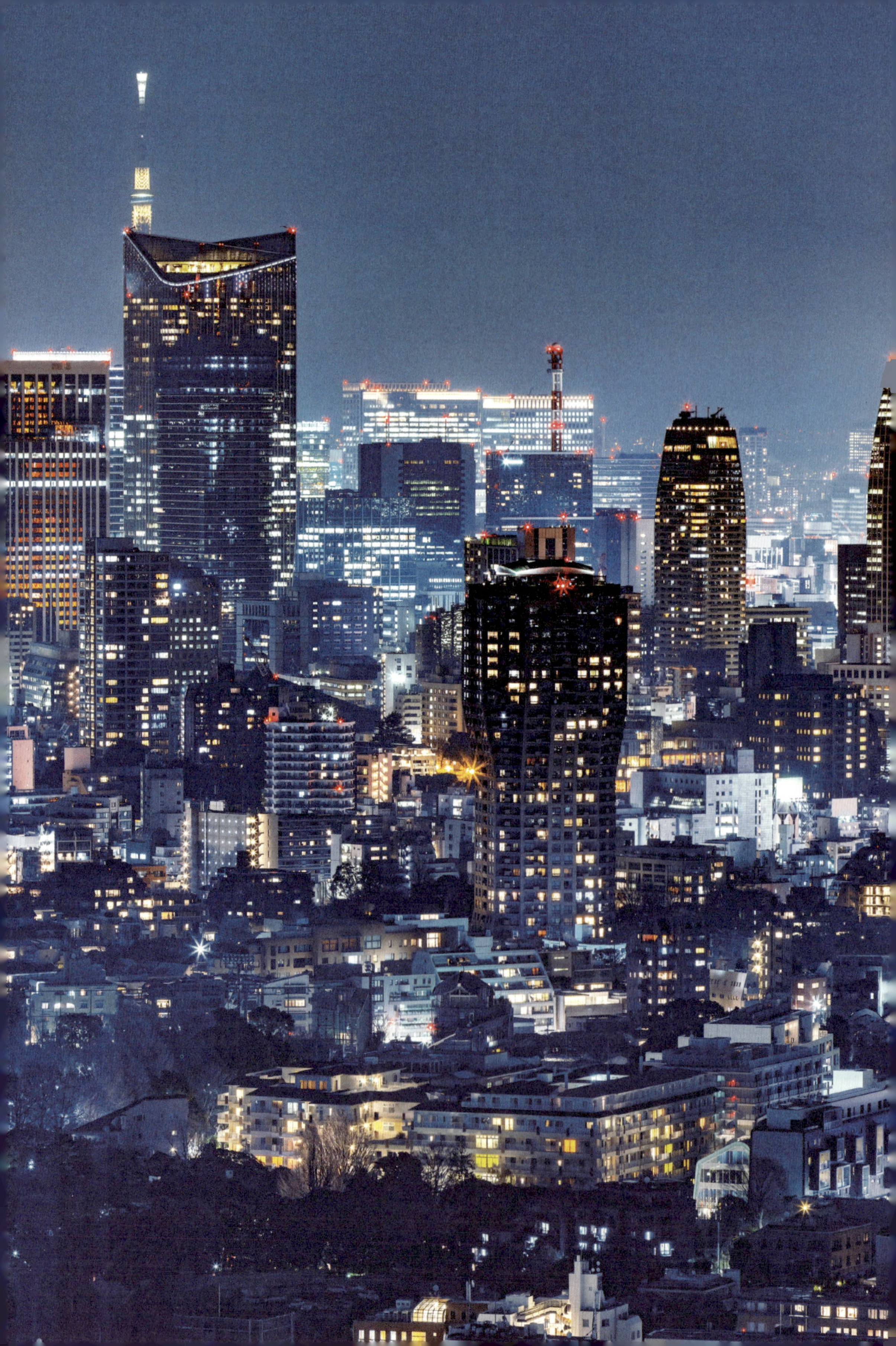

我们所了解的世界

现代历史的后期发生在过去250年左右的时间里。虽然这本书仅仅涵盖了这个时期最为短暂的一段，但它也是历史上最为躁动、变化最为迅猛的时期之一。它开始于19世纪的工业革命，这期间技术创新突飞猛进，其程度前所未有，远距离通信瞬间即达，人类开始探索我们星球之外的太空。1804年，地球的人口历史上首次突破10亿；而仅仅就在一个世纪之后，人口数量就再次增加了10亿。随着蒸汽机的发明利用、人类飞行梦想成真及原子核裂变反应被发现等，我们可以感受到时代的发展是如此之快。就在技术进步的同时，文化的发展也并驾齐驱：新文化运动、电影与电视的出现、摇滚乐的盛行等。我们从远古一路走来，步入了当今的现代化时代，就在我们探索人类历史进程中这一特殊时期时，蓦然回首，较之从前的地球，我们发现她现在竟变得如此不同。

人类

铁路
道钉

种　　类	人工制品
材　　料	铁
全美铁路里程	约23万千米
发明日期	1832年

随着工业革命的加快发展，制造业、通信与交通行业发生了天翻地覆的变化。这些巨变，在铁路方面表现得最为明显。铁路运输是一个新的运输体系，它利用一个个火车头，将人员和货物高速地输送到遥远的地方。

左图所示标本是一个铁制道钉，用来固定贯通美国全境的第一条铁路道轨。

乘火车旅行

1804年，世界第一辆动力机车开始提供一个14.5千米长的旅行服务，这条铁路运营路线从英国威尔士的佩内达润（Wales's Penydarren）钢铁厂，到默瑟-加的夫（Merthyr-Cardiff）运河。在此后的几十年里，火车技术在全世界范围内广为传播。当时，铁路对美国显得尤为重要，因为它比英国面积大得多，经济又不发达。1830年，巴尔的摩和俄亥俄引进的铁路，说明火车是当时横穿全美快速、安全和高效的旅行工具。美国建造了很多的铁路，铁路的设计也在不断改进。美国C&A铁路公司总裁罗伯特·L.史蒂文斯（Robert L. Stevens）曾经引进了一种新型的"T"形铁路道轨。这种道轨我们至今仍然在使用。T形道轨需要用钩状的铁制道钉将铁轨固定在枕木上。

当中国在19世纪开始通商及美国加利福尼亚的淘金业开始盛行时，铁路系统促进工业出现前所未有的繁荣。

> **铁路必须要建，而你就是建设者。**
>
> ——选自1865年美国总统亚伯拉罕·林肯（Abraham Lincoln）关于贯穿美国大陆的铁路建设问题与奥克斯·阿姆斯（Oakes Ames）的谈话

事 实 经 纬

当第一条横穿美国大陆的铁路建设完成时，使用了一枚黄金道钉将东段与西段合拢，但在庆典完成后该道钉很快就被替换掉了。

土壤

天然金块

种　　类	——————————————	矿物
材　　料	——————————————	贵重金属
熔　　点	——————————————	1064℃
距今时间	——————————————	39亿年

历史上有很多著名的淘金热，但是很少有像1848~1855年美国加利福尼亚州的淘金热那样名闻天下的。1848年1月，詹姆士·马歇尔（James Marshall）在内华达山脉科洛马（Coloma）附近的萨特锯木厂发现了黄金。即便是今天，勘探者仍然在整个加利福尼亚地区寻找黄金。

　　左图所示标本来自美国加利福尼亚州的内华达山脉，并由现代探矿人采到。这些采矿人主要采用传统方法进行选矿，同时也利用地震、重力，以及采用地磁分析等现代地球物理方法寻找黄金。

黄金的前生今世

　　当太阳系开始形成时，地球曾是一团快速旋转的石块，被称为一个吸积盘（accretion disk）。由于密度不同，各种金属，例如铁、镍和黄金被重力吸入地球的熔融核心；其外部形成了地幔。

　　地球表面发现的黄金主要来自39亿年以前大量流星撞击地球时，在地幔中掺入的稀有金属。

　　由于相对稀缺，黄金以硬币和保证纸币的形式在商业活动中发挥了重要作用。黄金的耐腐蚀性很强，导电性能优良，这使其在工业领域具有很高的应用价值。

> 黄金，一般认为它光鲜夺目、完美无缺……但就自然属性来说，它只不过是一种天然元素。
>
> ——芬兰作曲家塔利亚·图鲁宁（Tarja Turunen）

事　实　经　纬

　　发现于美国内华达山脉的黄金据信是在白垩纪时代由火山活动所形成的，覆盖其上的花岗岩经历了数百万年，才磨蚀殆尽。

人类

美国总统的砖
（林肯小道及白宫用砖）

种　　类	人工制品
材　　料	黏土
白宫建造时间	1792~1800年
林肯住所建造时间	1839年

截至目前，差不多有50位美国总统曾居住于白宫。众所周知，白宫是总统的家，是美国国家权力的中心。同时，亚伯拉罕·林肯的个人住所及其周围的设施一直保留至今，以纪念这位总统及其功绩。

左图包括两件标本：第一件取自亚伯拉罕·林肯居所小道上的砖块，售出的收入用于资助建于该处的房屋和博物馆的恢复工程。第二件是在白宫于1948~1952年改扩建时找到的一块砖的碎片。

美国的标志

白宫的历史是一部持续变革和冲突不断的历史。诚然，不管谁入主白宫，或者他做出了哪些变革，白宫本身作为美国权威的象征和总统的办公地点，经受住了历史的考验，印证了美国一直在持续变革中。

1791年，美国首任总统乔治·华盛顿（George Washington）选定了这个地点作为将来的行政中心和办公地点。一年后，爱尔兰建筑师詹姆士·霍本（James Hoban）赢得办公大楼的设计权。大楼的建造从1792年开始一直持续到1800年，美国第二任总统约翰·亚当斯（John Adams）成为入主白宫的第一个总统。在亚当斯总统的任期后，托马斯·杰弗逊总统迁入，将其评价为"舒适的乡间别墅"而且"尚有足够的空间容下两位皇帝、一位教皇，外加一位大喇嘛"。

> 作为总统官邸，我想把它设计得更具有前瞻性。但在当前，应当按照我们国家的实际情况来建设，这才是应当首先考虑的。
>
> ——乔治·华盛顿
> 1792年3月8日

迷你博物馆 175

几十年以后，当时的第一夫人玛莉·托德·林肯（Mary Todd Lincoln）主持了白宫的大规模装饰和修复工程。但工程超支严重，亚伯拉罕·林肯总统宣布他绝不会批准"这该死老房子糟糕的附属物"的工程预算。

1901年，西奥多·罗斯福（Theodore Roosevelt）正式将这一住所称为白宫。1902年扩建了白宫西楼，1942年扩建了东楼。

对白宫最后一次大规模修葺是在哈里·S.杜鲁门（Harry S. Truman）总统任期内进行的。多年的疏于维护使白宫的结构失稳，濒临倒塌。为了便于整体重构，杜鲁门在1948年搬出官邸。工程最大限度保留了建筑的内部格局，新建了两个地下室和中央空调系统。

伟大的解放者

1809年，亚伯拉罕·林肯出生于美国肯塔基州，后来搬到伊利诺伊州，成了一名众议员。他在斯普林菲尔德的家建于1839年，当选总统前他一直住在那里。

在他任职期间，通过错综复杂的国会程序，林肯推动了一系列重要的立法案。随着南北战争的胜利，通过了宪法第13修正案，结束了蓄奴制度；1862年签署了《宅地法案》(the Homestead Act)，使数百万英亩的西部土地得以进行买卖；1862年和1864年通过了《太平洋铁路法案》(the Pacific Railway Acts)，使第一条横贯大陆的铁路成为可能，打开了开发西部、急速扩张的大门。

林肯在任上被暗杀，当时他正出席在华盛顿特区福特剧院的一场演出。刺客名叫约翰·威尔克斯·布思（John Wilkes Booth），是一名演员，也是南方邦联的间谍。被害后，林肯被认为是美国最伟大的总统，其形象永远为美国人民所铭记，他的故事也为人们所传颂。

一座"活着的"博物馆

即使白宫有着非同凡响的开端，但毁于1812年的战争中。当英军火烧华盛顿时，白宫也被烧毁，几乎给它的历史画上句号。大火熄灭后，只剩下外墙还立在那里，除了南墙的一部分外，其余部分都不得不推倒重建。

1948~1952年的维修产生了大量废旧材料，经"行政官邸维修委员会"确定，其中有纪念意义的一些物品成了制作公众纪念品原料的一部分。

1961年9月，国会通过一项法律，正式将白宫明确为博物馆，因此，自杜鲁门总统以后，再没对白宫进行过大规模修葺，但每一位新上任的总统也确实都留下了自己的印记，例如巴拉克·奥巴马总统和吉米·卡特总统在白宫屋顶安装了太阳能电池板，富兰克林·罗斯福和希拉里·克林顿总统增建了轮椅坡道等。

顺时针方向（自左上起）：

1948年，维修中的白宫内部；白宫砖样的近照；白宫前立面（北）设计图。

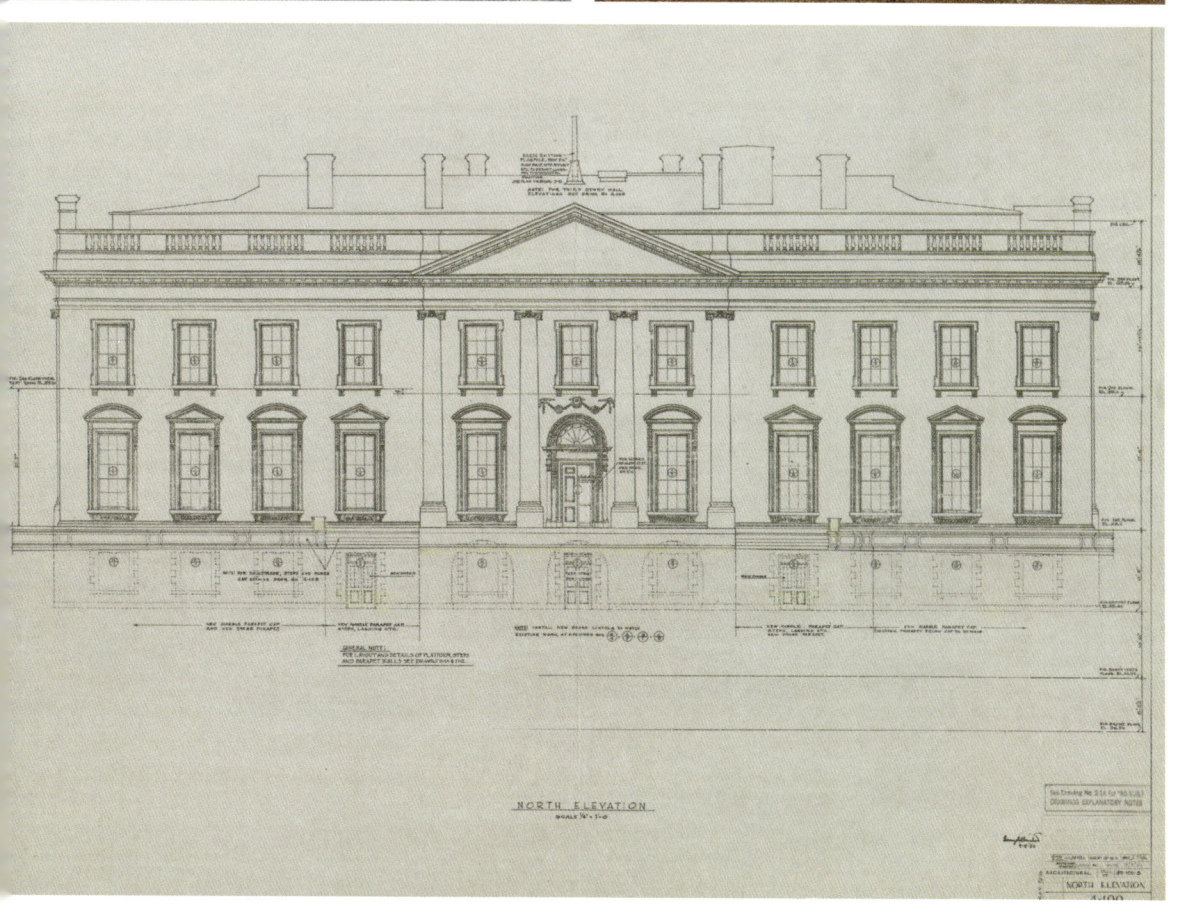

飞行的历史

莱特飞机
1903年

"飞行器"1号（有时称作小鹰号）并不是莱特兄弟的第一个奇妙空中装置。两兄弟一生都痴迷于飞行探索，为了实现飞行梦想，设计了大大小小的飞行器。通向小鹰号之路充满了艰辛与失败，即便是在它第一次飞离地面的时刻，莱特兄弟仍然并不看好它，认为它只不过比一架滑翔机略高一筹而已。但是，1903年12月17日，奥维尔·莱特驾机飞行，升高超过120英尺（约37米），持续12秒钟，期盼已久的成功终于降临。

莱特兄弟在无数次滑翔器飞行实验之后，才设计出了"飞行器"1号。为了适应双翼设计，设计了专门的发动机，并使用了类似自行车上的链条来带动两侧螺旋桨旋转。飞机翼展40英尺4英寸（约13.2米），右侧比左侧稍长，以平衡发动机的重量。在人类历史上，这是第一架成功实现动力驱动的飞行器。

戈达德火箭
1926年

受英国小说家H.G. 威尔士（H.G. Wells）的经典科幻小说的启发，年轻的罗伯特·戈达德（Robert Goddard）迷上了发送一个装置到星际太空的想法。戈达德将他的热情倾注到了飞行事业上，成为20世纪初火箭技术的最早先驱之一。

火箭的关键问题之一是要确定一种有效的推进燃料。戈达德推测，液体燃料应该能够提供足够的推进动力，并于1921年开始了试验。5年后，使用一种液态氧与汽油的混合物，戈达德取得了成功。火箭升至41英尺（约12.5米）高，在2.5秒内飞行184英尺（约56米），无可辩驳地证明了液体燃料发动机的可行性。作为一名火箭迷，面对一些人的嘲讽，直到1945年因癌症去世前，他始终不渝地坚持独自进行火箭研究。

"兴登堡"号
1937年

"兴登堡"（Hindenburg）号飞艇代表了航空器发展方面突发和重大的转变。由于一场导致36人死亡的灾难性事故，以及对该起事故的深度报道，公众对飞艇的认识产生了严重的分歧。"兴登堡"的姐妹船，"齐柏林伯爵二号（Graf Zeppelin II）"，在进行最后一次载客国际飞艇飞行后，飞艇的发展就此实质性地停止了，让位于飞机的研发。

圣路易斯"精神"号
1927年

1927年5月20日，查尔斯·林白（Charles Lindbergh）开始了第一次单人不着陆跨大西洋飞行，在33小时30分钟内从纽约飞到法国。这是一项出价25000美元奖金的任务，奖金将授予第一个完成此项任务的飞行员。作为一名美国航邮飞行员，林白找到瑞安（Ryan）航空公司，希望他们在两个月内设计并制造一架适合承担此项任务的飞机。60天后，瑞安NYP号，亦即后来人们所知的圣路易斯"精神"号完成制造，整装待发。为了提高这次横穿大洋的长途飞行效率，飞机采用了单发动机以及先进的空气动力学设计。

V-2火箭
1942年

由德国工程师维恩赫尔·冯·布劳恩（Wernher von Braun）开发的V-2型火箭集众多名声于一身。它是早期最成功的火箭典范，也是第一个进入太空的人造装置。但是，这样的科技发展光环却因它的真实用途而黯然失色：它是纳粹德国武器库里的一种致命武器。V-2使用一种液体燃料，推动弹头长距离飞行，给盟军带来巨大威胁。

战争结束后，美国和苏联秘密收集了这种火箭以及从事这方面研究的科学家。虽然这项行动的最初目的无疑是开发类似武器，但同时也推动了20世纪后半叶多项太空飞行技术的发展。

180 迷你博物馆

喷气推进实验室
1943年

喷气推进实验室（Jet Propulsion Laboratory，JPL）1936年创建于美国加州理工学院。当时，一群对火箭有着浓厚兴趣的研究生在南加利福尼亚的阿罗约赛科（Arroyo Seco）河道开始对几种原型机进行测试。其中包括弗兰克·马利纳（Frank Malina）、杰克·帕森斯（Jack Parsons）、西奥多·冯·卡门和其他一些人，最终他们创建了JPL并获得了军费支持。

在JPL建立之前，火箭技术被认为是有一点空想性质的研究项目，这在研究团队和更大范围的科学团体之间产生了不小的摩擦。在JPL开展的研究工作，是迈向接受火箭技术成为主流技术的第一步，是该领域多项首次探索之一。这个实验室现在是美国国家航空航天局的一部分。

"人造卫星"1号
1957年

1957年10月4日，"人造卫星"1号（Sputnik 1）进入近地轨道，成为第一颗人造的卫星。在坠入大气层之前，它在轨道上运行了将近3个月的时间，在世人面前展示了此前尚处于秘密状态的苏联火箭计划的巨大成就。它不仅是人类发射的第一颗卫星，更催生了苏联和美国在航天领域的竞争。

SR-71（黑鸟）
1957年

作为曾经创立多项纪录的世界最快有人驾驶飞机，SR-71（也称"黑鸟"）可以轻松地以超过3倍音速。这是一款侦察机，也是飞行高度最高的载人飞机，可以上升到超过25千米的高度。该飞机是为应对苏联快速发展的先进雷达系统而设计的，它源自这样一个简单理念：凡追不上的，也找不到。当时，SR-71的速度之快让其几乎无法被锁定，即便被锁定，它的速度也可以轻而易举地使其逃过任何形式的攻击。具有讽刺意味的是，建造"黑鸟"所使用的钛大部分产自苏联。

1991年，SR-71项目结束后，两架飞机被送到了位于美国加利福尼亚州爱德华兹的美国国家航空航天局屈莱顿飞行研究中心（NASA's Dryden Flight Research Center），现为阿姆斯特朗飞行研究中心（Armstrong Flight Research Center），它们包括一架SR-71标准型机和一架为训练飞行员而制造的SR-71B机型，美国国家航空航天局在那里开展了若干试验，直到1999年最后退役。

迷你博物馆 181

"东方"1号飞船
1961年

在人造卫星成功发射4年后,苏联宇航员尤里·加加林(Yuri Gagarin)乘坐"东方"1号(VOSTOK 1)太空飞船进入太空,成为进入外太空的第一人。因为那时科学家尚不能确定人在失重情况下究竟会受到什么影响,为了排除导致失败的任何可能性,飞船完全由地面人员和自动控制系统操控。

加加林乘坐飞船环绕地球轨道一周,飞行时间超过108分钟,返回时从太空舱弹射而出,乘降落伞安全着陆。加加林从天而降,使当地的一位农民和他的孙女大吃一惊,他对他们说:"不要害怕,我和你们一样是一位苏联公民,刚从太空返回,我要找一部电话呼叫莫斯科!"

"阿波罗"11号
1969年

"阿波罗"11号载人登月工程,使人类第一次踏上除地球以外其他星球的表面,也改变了人类看待月球的方式。1969年7月20日,美国宇航员尼尔·阿姆斯特朗(Neil Armstrong)和巴兹·奥尔德林(Buzz Aldrin)登上月球,实地察看了月球表面,迈克尔·柯林斯(Michael Collins)则驾驶"哥伦比亚"号指令舱运行在轨道上。7月24日,返回舱在太平洋上安全降落,3名宇航员安全返回地球。

"阿波罗"系列登月工程带来了一系列相关科学与技术突破,数不胜数,意义深远,体现了人类无限的想象力和创造能力。

波音747飞机
1970年

波音747是一架大型喷气式客机,是世界上第一架"空中巨兽"。1958年,在波音707飞机之后,为了降低成本,为更多乘客提供空中旅行机会,泛美航空公司(Pan AM)预订了一架喷气式飞机,要求其容量是当时707的两倍以上。747飞机平均每次飞行大约可以搭载360位乘客,在20世纪后半叶以及更长的时间里,将空中旅行变成人们日常生活的一部分。

"协和"超音速飞机
1976年

"协和"（Concorde）超音速飞机是英国和法国工程师的共同杰作，是超音速飞机中唯一一款用于商业客运的飞机。这架喷气式飞机最高飞行速度可达2179千米/小时，载客量128位。它是横越大西洋从纽约到伦敦的最快航班，飞行用时2小时52分59秒。"协和"飞机的航班服务将近30年，给乘客带来速度和时尚的感受。

航天飞机
1981年

1981年4月12日，"哥伦比亚"号航天飞机在美国肯尼迪航天中心具有历史意义的39A发射平台发射升空，标志着美国国家航空航天局新一代航天飞机计划中一系列飞行任务开始付诸实施。"哥伦比亚"号航天飞机是一个可重复使用的轨道飞船，带来了航天工业的一场革命。

航天飞机计划尽管有着无比辉煌的成功历史，但两次悲剧也曾使其受到重创。1986年1月28日，由于右侧火箭助推器上一个O形密封圈失效，"挑战者"号航天飞机在升空73秒后爆炸；17年后的2003年2月1日，"哥伦比亚"号航天飞机空中解体，事故的原因是升空时航天飞机机翼一处未能探测到的小戳伤，虽然对升空并未造成影响，但再入大气层时引发了灾难。两幕悲剧共造成14位宇航员勇士罹难，有男宇航员也有女宇航员。这样的悲剧提示我们，当人类义无反顾地奔向太空时，也必须面对其中的风险。

迷你博物馆 183

植物群

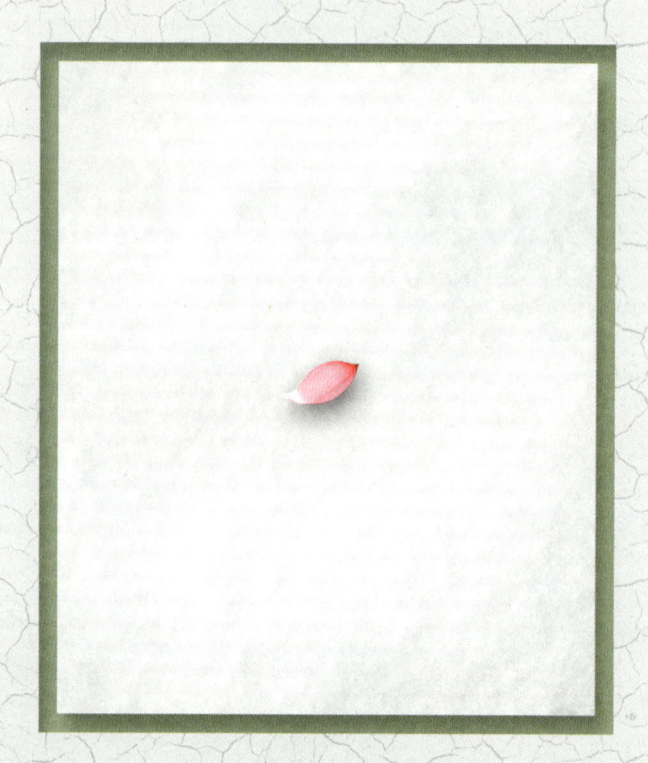

莫奈的花

种　　类	植物
材　　料	睡莲花瓣
花瓣尺寸	5~8厘米
睡莲画作	至少250幅

作为印象派运动的先驱，克劳德·莫奈（Claude Monet）是一位多产画家，对现代艺术的诞生产生了重要影响。他生于法国巴黎，一生都在与传统势力抗争，在墨守成规的艺术世界里开拓了一片新天地。

左图所示标本是一片睡莲科植物的花瓣，通常称为睡莲。它是印象派艺术之父克劳德·莫奈的灵感之源。

奇妙的印象

与此前的艺术风格不同，印象派不是追求对现实场景的复制，而是着重在形态、颜色的刻画和光线效果的运用。莫奈经常在不同的季节、一天里的不同时点对景物作画，以便感受环境对景物的全部影响。在他的晚年，莫奈搬到吉维尼（Giverny）小镇，在那里不惜工本打造了一处花园，睡莲池是其中的景物之一。痴迷于池中美丽的睡莲，他以此为蓝本，创作了大约250幅画作。莫奈因肺癌于1926年12月5日去世。在他的葬礼上，他的灵柩覆盖了一块用鲜花缀成的盖单，应了他的一位朋友所说"他的世界里没有黑色！"。莫奈在吉维尼的房子和花园一直保留至今。

> 我向往如同鸟儿歌唱一样去作画。
> ——克劳德·莫奈

事 实 经 纬

莫奈雇用了很多庭园设计师进行花园设计，但自己总是充当着总建筑师的角色。1893年，他开始设计睡莲池，池中包括了当地的白色品种，以及引进自南美洲和埃及的蓝色、黄色和粉色品种。

迷你博物馆 185

人类

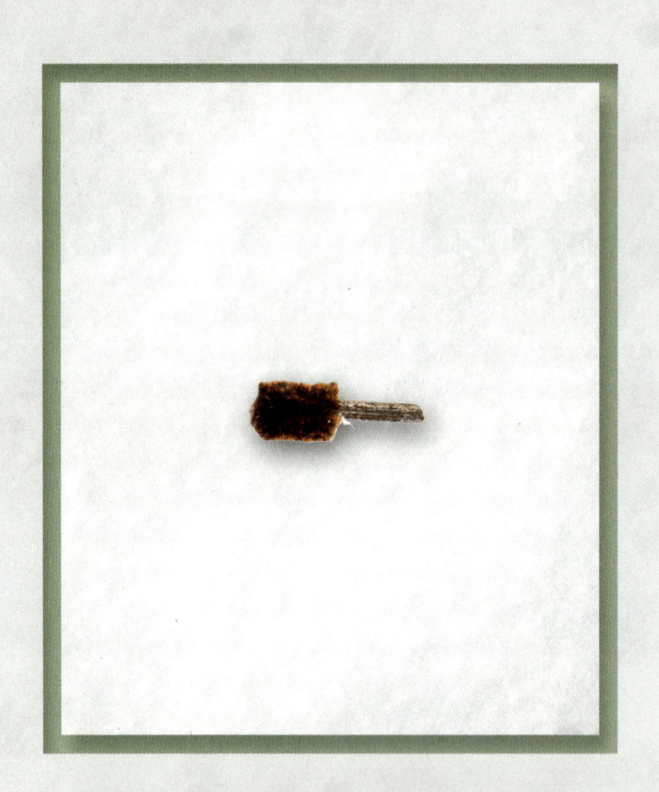

第一条横穿大西洋的
电缆

种　　类	人工制品
材　　料	金属、橡胶、大麻纤维
直　　径	约12厘米
铺设时间	1858年

1844年，塞缪尔·摩尔斯（Samuel Morse）通过公共线路发送了从华盛顿特区到巴尔的摩的第一个电报。不久，北美和欧洲实现了区域内电报线路的陆路连通，但要跨越大西洋仍似乎是一项无法完成的任务，需要一位具有超乎寻常的想象力、坚韧不拔的意志力和勇往直前的精神，或许还带有一丝疯狂的人物。

左图所示标本是第一条跨大西洋线路电缆的一部分，该电缆搭乘美国军舰"尼亚加拉"号进行敷设。第一条线路敷设完成后，查尔斯·蒂法尼（Charles Tiffany）购买了剩余电缆，打算作为纪念欧美大陆连通的纪念品进行销售。但第一条线路运营几周后失败了，蒂法尼公司（Tiffany & Co.）再无法出售剩余电缆，只能库存起来。100多年以后，又有几箱剩余电缆被发现，史密森尼学会将其出售。

大陆之间的连接

在1844年第一条萨穆尔·摩尔斯电报线路建成之后，众多线路迅速穿越了群山、湖河、国界，即便是32千米宽的英吉利海峡也不能阻挡信息的恒流。但是，要通过电缆使欧洲和北美得以连接却无法轻易实现：两大陆间最近两个点的距离将近3200千米，沿线水深常常超过3.2千米。赛勒斯·韦斯特·菲尔德（Cyrus West Field）突发灵感，最终实现了这一目标。

菲尔德生于1819年，是家里8个孩子之一。在他早年职业生涯中，他先是纽约的一名干货

> 今晚，任何语言都无法表达我内心的感受。我爱你们，每一位男人、女人和孩子。上帝把我们联结在了一起，让我们永不分离。

——美国企业家赛勒斯·韦斯特·菲尔德于1858年

迷你博物馆 **187**

商人，后来成为一名纸张销售商。菲尔德后来卖掉了他的店铺，却难以置信地成了一名富翁。

菲尔德仍然是一个年轻人，并且渴望冒险。他与一位画家朋友弗雷德里克·埃德温·丘奇（Frederic Edwin Church）旅行到南美洲，一起追寻18世纪科学家亚历山大·冯·洪堡（Alexander von Humboldt）的足迹。菲尔德让丘奇绘出了广袤的地形和火山风景，以捕捉那难以置信的景色，这些景色都在冯·洪堡的书《宇宙》（Cosmos）之中。

返回纽约后，一项新技术令菲尔德兴奋不已：电报。电报线路已遍布各地，而菲尔德的想法是：如果在欧洲与美洲之间敷设一条电报线路，将会改变世界。于是，他着手将这一想法付诸实施。

1854年，菲尔德从其纽约富有的朋友处筹集到相当于今天4000万美元的资金，研发敷设3200千米跨海电缆的技术。3年以后，美国政府批准了差不多每年200万美元的拨付资金，用于协助解决资金需求。

1858年8月4日，在遭受一次失败之后，菲尔德和美国海军"尼亚加拉"号军舰抵达了纽芬兰的特里尼蒂湾（Trinity Bay），成功联结了第一条跨越大西洋的电报电缆。几天后，各种信息就以难以想象的速度在两个大陆之间传递，世界在刹那间变小了。

然而，技术进步所带来的惊奇没有持续多久。仅仅几个星期以后，电缆出现了故障，蒂法尼公司也仅仅来得及售出剩余电缆的很少部分。全世界转而激烈地攻击菲尔德，其程度一点也不比当初电缆建成时的兴奋差。

菲尔德马上开展工作，建立了一家新的公司。虽然充满艰辛，但10年后，一条新的、更加坚固的电缆完成了敷设。这次的电缆没让人失望，菲尔德收获了全世界的赞誉。

包在电线里的地球

今天，包括北极圈在内，地球上差不多有200条电缆线路跨越各大洋。它们提供了实时语音服务，并为计算机控制的金融交易系统提供无延迟数据传输。现代电缆采用细芯导线传输数据，导线的外层包裹有多层的金属管及内衬、钢丝网防护层、凯夫拉尔纤维、塑料或者金属防水层，以及其他材料，全部加在一起，相当于花园浇水管那么粗。从1850年保罗·朱利叶斯·罗伊特（Paul Julius Reuter）使用信鸽在亚琛和布鲁塞尔之间传递股票行情起到现在，通信手段走过了非凡的历程。

不过，即使现代电缆也会出问题。每年都会有200多起海底电缆的外力损坏事故和自身故障。有些损坏缘于地震、海底滑坡、风暴或其他自然事件，但是人类活动造成的损坏是多数，包括渔网和船锚的拉扯等。

顺时针方向（自左上起）：

木刻画，其场景为美国人和欧洲人庆祝电缆连接；第一条横跨大西洋电缆的一节；绘画，英国皇家海军舰艇"阿伽门农"号正在敷设跨越大洋的电缆。

土壤

圣安德烈斯
大断层

种　　类	矿物
材　　料	岩石样品
海　　拔	1263米
距今时间	2800万年

1906年4月18日清晨5时12分，一次强烈的地震将美国旧金山市从梦中震醒。地震引发的火灾毁坏了城市80%的地区，造成3000人遇难、成千上万人无家可归。对于具有2800万年历史的圣安德烈斯大断层来说，这是一个狂暴的序曲。

左图所示标本发现于蒂洪山口（Tejon Pass）。该山口是北美板块和太平洋板块的交汇处，两个板块直接对接，每个标本都包含两个板块的一部分。

摇晃的土地

圣安德烈斯大断层是转换板块的一个边界，因为两个板块边缘沿水平方向彼此滑入。在1906年的地震中，太平洋板块和北美洲板块仅在5秒内就沿着一条474千米的破裂带移动了6米。

1906年的地震并不是圣安德烈斯发生的最强地震。沿着断层1300千米的隆起，随处可见两个大陆板块彼此研磨的历史痕迹。这里的大部分陆地都是在2亿年间，随着法拉隆（Farallon）板块缓慢向北美板块下方俯冲的过程而形成的。当法拉隆板块滑入更大板块的下方时，太平洋板块和北美板块第一次接触，形成圣安德烈斯大断层。

> 在圣安德烈斯大断层发生大地震是不可避免的，并且……也是极其正常的。
>
> ——选自2008年美国地质调查局专家露西尔·M. 琼斯的"地质情景"（Shake Out Scenario）

事 实 经 纬

像1906年圣安德烈斯大断层地震这样的事件每150年左右就会遇上一次。按照美国地质调查局2008年作的7.8级地震情景模拟，可能的伤亡人数预计达到1800人。

迷你博物馆

太空

流星

种　　类	矿物/植物
材　　料	陨石/木材
陨石类型	3
通古斯卡撞击力	15吨

自太阳系诞生时起，就有无数小行星和彗星在各自的轨道上环绕太阳运行。有时，这些物体会被地球的引力捕获。当它们从天际下落时，会因燃烧而发出明亮的光。每块这样的岩石都是（虽然有时是危险的）科学发现的潜在源泉。

左图的标本包括3件：最古老的是通古斯卡（Tunguska）标本，发现在一棵树上，该树生长在西伯利亚撞击现场附近，标本经意大利博洛尼亚大学（The University of Bologna）特许使用；车里雅宾斯克（Chelyabinsk）陨石碎片，从专业陨石经销商处获得，在2013年撞击事件后由当地居民首先发现、收集；瓦莱拉（Valera）陨石于2007年从伯纳姆英国拍卖行（Bonham's British Auction House）购得。

流星的形成

小行星或其他地球大气层之外的物体被称为流星体。它们进入大气层会被加热，成为流星或者火流星，撞击地球成为碎片被我们发现后则称为陨石。它们有各种各样的类型，包括熔化并再结晶的矿物质无球粒陨石（achondrites）、低金属含量的球粒陨石（chondrites）、镍铁流星（nickel-iron meteors）和硅酸铁石铁陨石（siderolites）等。

通古斯卡

1908年6月30日，俄罗斯波德卡门纳亚

> 收集文物，那是为人类文明的诞生唱赞歌；收集水晶，那是为我们星球的诞生唱赞歌；而如果你在收集陨石，那么你是在为这个宇宙的诞生唱赞歌。
>
> ——艺术家与摄影师阮康基
> （Khang Kijarro Nguyen）

迷你博物馆

通古斯卡河（Podkamennaya Tunguska）上空的一次爆炸照亮了午夜的天空，远至英国伦敦的人们都能看到。这次爆炸可能是小行星或者彗星爆炸引起的，爆炸发生在距离地面5~10千米的高空。爆炸覆盖2150平方千米的地区，炸飞了8000多万棵树木。

在一个多世纪的时间里，科学家一直在苦心研究和恢复撞击事件物证。在过去十年里，来自意大利博洛尼亚大学（the University of Bologna）的研究人员将他们的目光集中在了切卡（Cheko）湖：一些研究认为这个湖大约是在6000年以前形成，而岩心样品却表明，它很可能是流星撞击形成的撞击坑。这个湖的形状与美国得克萨斯州西部的奥德萨流星陨石坑（Odessa Meteor Crater）很相似。

瓦莱拉

1972年10月15日，委内瑞拉特鲁希略州，一颗流星进入地球大气层，据说砸死一头母牛。当时没人在现场及附近，但根据可靠的说法，第二天发现了一头母牛，从肩部被切成两半，旁边有一块陨石碎片。这个农场的农场主，内科医生阿希米罗·冈萨雷斯（Argimiro Gonzalez），将这一碎片用作门档。碎片中最大的一块（重约34千克）则留在原地数十年。若干年后，天文学家伊格纳西亚·费林（Ignacio Ferrin）听说了这个故事，并与冈萨雷斯的后人见了面，在听取了事件的描述并进行了认真评估后，他买下了瓦莱拉陨石。

车里雅宾斯克

2013年2月15日，一个小行星以大约60马赫（约73504.8千米/时）的速度进入地球大气层，成了一个超级火流星。在大约30千米的高空，加速度降低的小行星在俄罗斯车里雅宾斯克上空粉碎。数十个目击者用照相机在当天上午（当地时间9：20）拍下了这次事件。少顷，全世界数百万人都看到了这次陨落。事件中，超7000幢建筑被损毁，超千人被送进医院。本次事件在大气层平流层形成了一个尘埃带，环绕地球达数月之久。

明亮的火流星

火流星，这是天文学家和其他科学家用来指称具备某些特征的进入地球大气层的流星、陨星和其他大型物体的用词。虽然没有正式的标准来确定火流星的特征，但一般认为视星等达到-14的火球就是火流星，它的亮度值是满月时月亮的两倍。"超级火流星"的视星等为-17，或更大，是满月亮度的100倍。

视星等是一种古老的星体亮度度量方法，它起源于古希腊对星体亮度的测量实践。你可以把它想象成一条数轴，最暗的星体具有最高的数值，最亮的星体具有最低的数值。天琴座中的织女星的视星等被设置为0（但用现代方法测量的数值实际上是+0.03）。太阳的视星等为-27。α星系大约是+0.5。

顺时针方向（自左上起）：

车里雅宾斯克各种各样的陨石碎片；瓦莱拉"母牛杀手"陨石的近景特写；生长在通古斯卡撞击坑现场附近的树木断面样本。

1908

迷你博物馆 195

人类

索尼
随身听

种　　类	人工制品
材　　料	金属、塑料
最初价格	3万日元（150美元）
销售数量	10年内销售5000万台

1979年，日本索尼公司推出了随身听。这是一款便携式卡式磁带播放机。它的出现彻底改变了电子消费产品市场。当时，一些人不相信，电子产品消费者会看中一款仅仅内置录音回放功能的设备，但是，这款电子产品瞬间取得了成功，两个月内售出了3万台。

左图所示标本是1979年索尼公司生产的首款便携式卡式磁带录音机（随身听）上的一个按钮。

关于随身听

起初，随身听的销售市场面向的是国际受众，为此起了不同的名字，但是销售商拒绝采用来自日本的混合词，喜欢更加西方化的名称。但到20世纪80年代，随身听这个名字在国际上流行起来。很多电器市场都将原产于日本的产品与先进技术、创新改造联系在一起。这是"日本潮流（Cool Japan）"文化运动的一个例证。

"日本酷"或日本潮流，是日本企业和政府部门开展的一项品牌战略。其目标是在国际舞台上形成软实力，就像"好莱坞"为美国带来的国际影响力一样。20世纪后半叶日本的经济扩张就是这一战略的佐证，当时日本的轿车和电器产品成为时尚和豪华的外国产品的标志。这项战略还推动了其他产品或文化理念的出口，例如日本动漫、电子游戏和时尚趋势等。

> 难道你不觉得当你在四处周游之时，还可以欣赏立体声磁带录放机的音乐是件很惬意的事情吗？
>
> ——日本索尼公司董事长盛田昭夫（Akio Morita）于1978年

事 实 经 纬

随身听并没有改变我们听音乐的方式，它改变的是我们与世界的交互行为。听众仅凭一指按键就可以控制自己的声场环境，从而不必再去忍受街道上的嘈杂之声。

迷你博物馆 197

人类

"泰坦尼克"号的煤块

种　　类	人工制品
材　　料	上等化石燃料
最高航速	24节（44千米/小时）
沉没日期	1912年4月15日

长期以来，人们认为"泰坦尼克"的残骸将永远无法重见天日。然而，1985年，法美联合探险队使用海底摄影装备"阿尔戈号（Argo）"发现了这艘船的残骸。找到的一些物品在全球展出，包括由收藏者提供的煤块。

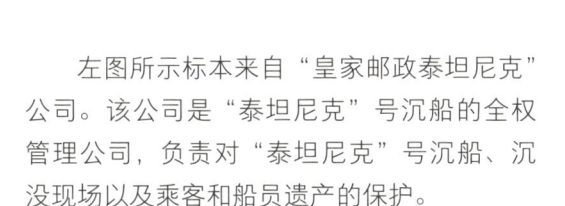

左图所示标本来自"皇家邮政泰坦尼克"公司。该公司是"泰坦尼克"号沉船的全权管理公司，负责对"泰坦尼克"号沉船、沉没现场以及乘客和船员遗产的保护。

关于"泰坦尼克"号

英国皇家邮轮"泰坦尼克"号长269米，可以搭载将近2200名乘客和船员，总排水量为5.2万吨。它的两套三组推进系统可以提供4.6万马力的动力，能使"泰坦尼克"号的最高航速达到24节（44千米/小时）。目前，最快的远洋班轮"玛丽女王"2号，仅能超过30节（56千米/小时）。

正常航行时，"泰坦尼克"号的锅炉每天耗煤量600吨。船的煤仓可以存煤6600长吨（约6706吨），足够它从英国南安普顿到美国纽约7天的航行之需。

不幸的是，1912年4月15日，"泰坦尼克"号撞上了冰山，"不沉之船"沉没了，1500多条生命葬身海底。轮船的司机和司炉尽可能长地保持发电机和锅炉的运行，来帮助人员撤离。

"泰坦尼克"号的动力需求

"泰坦尼克"号的每一处都尽可能地装备得豪华和便利。1911年，商业期刊《电工》（*Electrician*）曾描绘了其设备丰富的程度："家用电器……电暖气、电热炉、保温盘、电浴缸、电熨斗……门铃；扬声电话、服务电话；水下信号；无线电报"，以及大量精致的器材。为全船供电所需，"泰坦尼克"号装备了4个巨大的蒸汽驱动发电机组，每一个发电容量为400千瓦，可向全船每一个角落提供电流为1.6万安培，电压100伏特的电力。

人类

恶魔岛

种　　类------------------------人工制品
材　　料--------------------------混凝土
犯人总数-------------------------- 1545
牢房建设时期-------------- 1910～1912年

既荒凉又无法逃脱，传说中的恶魔岛（Alcatraz Island，音译为阿尔卡特拉兹岛，中文称恶魔岛，该岛上的监狱别称"大岩"，译者注）联邦监狱在20世纪曾经关押过最臭名昭著的罪犯。建设这个监狱的最初目的就是关押最难对付的罪犯，"大岩"与世隔绝，环境严酷，因而成为无情、冷漠的法律惩罚的象征。

左图所示标本是美国国家公园管理局（National Park Service）在重修该地时收集到的水泥块。恶魔岛面积为22英亩（约8.9公顷）。事实上，恶魔岛的基岩为杂砂岩。这种砂岩的混合物形成于白垩纪，是美国旧金山大多数地区地质岩层的一部分，该地区包括贵族山（Nob Hill）、俄罗斯山（Russian Hill）和电报山（Telegraph Hill）等居住区。在更新世，今天的旧金山湾在当时是没有水的，萨克拉门托河从金门海峡进入大海。这条河的河床仍然可以在旧金山湾的海底看到踪迹，它蜿蜒于恶魔岛和天使岛（Angel Island）周围。

> 恶魔岛几乎将我吞噬了。
> ——艾尔·卡蓬（Al Capone）

作为监狱的海岛

在内华达山脉发现黄金之后，美国总统米勒德·菲尔莫尔（Millard Fillmore）在1850年签署法令，将恶魔岛置于美国海军的控制之下，以防外国势力染指。恶魔岛远离海岸的这一特点，使它成为关押战犯（军事罪犯）的理想地点。美国南北战争期间及之后，南部邦联的士兵和支持者，以及所谓的美洲原住民"反叛者"均收容在这里。在西班牙和美国战争期间（Spanish-American War），这

事 实 经 纬

1962年，罪犯约翰·斯科特（John Scott）从恶魔岛逃脱，他游到邻近的金门大桥海岸时已不省人事，后被警察发现。

迷你博物馆 201

里关押的人数飙升，于是这里又新建了不少的建筑设施。

这里的木质城堡被一场大火毁坏之后，新的建筑开始建设。1912年建成后，这座拥有600个监舍的监狱成为全世界最大的钢筋混凝土建筑。在第一次世界大战期间用于关押拒服兵役者，并最终成为美国联邦监狱，称为"大岩"。

前后共有1545名男犯曾被关押在恶魔岛，包括知名的芝加哥黑帮老大艾尔·卡蓬、"机关枪"乔治·凯利（George "Machine Gun" Kelly）、罗伯特·斯特劳德（Robert Stroud，也被称为"恶魔岛的养鸟人"）和詹姆斯·"惠特尼"·巴尔杰（James "Whitney" Bulger）。在作为关押重犯的联邦监狱的29年（1934~1962）中，只有36个囚犯试图越狱。按照官方的说法，没有一人的越狱是成功的。但是，在1962年6月12日凌晨时分，弗兰克·莫里斯（Frank Morris）、查尔斯（Charles）兄弟和约翰·安格林（John Anglin），用偷来的雨衣做成的救生筏悄悄飘到了旧金山湾。

这些罪犯用了6个月的时间拓宽他们牢房内的通风管道，然后通过监区后面的公共设备廊道逃出了监狱。之后，只找到了他们的一些随身物品的碎片和救生筏的残骸，他们的尸体一直没有找到。

具有讽刺意味的是，1912年恶魔岛工程给了这些越狱犯某种程度上的"帮助"。1912年以前，恶魔岛曾是一个军事监狱，新建的监区曾是世界上最大的钢筋混凝土建筑。几十年后，由于暴露在盐雾、旧金山湾的寒风中，钢筋混凝土被空气中的氯化物腐蚀穿透，钢筋的强度降低。空气中的二氧化碳使混凝土碳酸化，加剧了这一腐蚀的进程。

在1962年那次越狱发生后不到一年，美国司法部长罗伯特·F.肯尼迪（Robert F. Kennedy）下令关闭了这座监狱。

今天，恶魔岛成了一个国家公园，每年有超过100万人的游客造访此地。同时，它也成为快速增长的各类筑巢海鸟的家，包括鱼鹰、雪鹭和黑冠夜鹭。

因鹈鹕而得名

1775年，当西班牙海军军官胡安·曼纽尔·德·阿亚拉·伊·阿兰索（Juan Manuel de Ayala y Aranza）通过金门海峡时，他成为航行到旧金山湾的第一个欧洲人。他觉得旧金山湾看上去没有蒙特利海岸常见的那种后果严重的浓雾，认为这个海湾可以是一个理想的海港。他在旧金山海湾停留了一个多月时间，记录海湾的特点，绘制海图，并与当地的原住民部落进行接触。他结合海湾的特点给一些地点起了名字。其中记录了一个居住有稠密棕色鹈鹕种群的砂岩岛，于是他将该岛命名为鲣鸟岛，1846年这个岛归属美国后，这个岛名被保留了下来。

顺时针方向（自左上起）

在恶魔岛上筑巢的鸟类群落；监狱混凝土残片近景；自北侧观看恶魔岛的全景。

人类

"卢西塔尼亚"号的
甲板躺椅

种　　类	人工制品
材　　料	木材
乘客人数	1100人
沉没日期	1915年5月7日

英国皇家邮轮"卢西塔尼亚"号建造于1904~1906年,其名字来自古罗马的一个行省(现在为葡萄牙及西班牙的一部分)。它曾经一度是世界上最大的船只。它由英国政府出资建造,也可以由商船改造成巡洋舰,实际上它只是一艘民用客船。

左图所示标本来自一张橡木躺椅,它曾经装饰过"卢西塔尼亚"号的甲板。在爱尔兰的科夫(Cobh,当时称为昆士城),这张躺椅与几百具尸体一起作为海上漂浮物,冲刷着海岸。这张躺椅后来被打捞,在公众面前展示了几十年,直到2016年底在佳士得伦敦办事处的拍卖会上被买下。

战争与和平的年代

豪华的"卢西塔尼亚"号也是当时航行速度最快的船只之一,可以用5天时间横跨大西洋。

1914年,第一次世界大战爆发,"卢西塔尼亚"号身陷英国和德意志帝国的海战旋涡。当年秋季,英国政府宣布北海为战区,在海上通道布设水雷,英国皇家海军对德国海岸线实施警戒。这就是后来所称的德国封锁,或称为欧洲封锁。

英国皇家海军有着压倒性的优势,这使得英国得以保持对海上的封锁,有效地阻止了德国获取关键物资的供应,且一直持续到1919年。

这不仅使得德国军队很难得到武器,也

> **鱼雷攻击?这是这些天我听到的天大笑话!**
> ——"卢西塔尼亚"号船长威廉·特纳(William Turner)

事 实 经 纬

"卢西塔尼亚"号作为世界最大的船只是短暂的。在它下水后3个月,它的姐妹船,"毛里塔尼亚(Mauretania)"号完工,并摘走这一桂冠。

让德国民众面临饥荒的威胁。作为对此的报复，德国的U型潜艇，开始用鱼雷攻击英国船只。虽然他们起初只攻击军用船只，但在1915年，德国U型潜艇开始将民用商船作为攻击目标。德国争辩说，这是因为英国用这些船只运送武器和军火，所以他们是军事目标，受到海上攻击是公平的。

被忽视的警告

尽管有这些威胁，"卢西塔尼亚"号继续运营着跨大西洋的航运业务。1915年春季，德国驻美国大使馆在美国的多家报纸上发布警告，告诫美国公民不要赴欧洲旅行。

1915年5月1日，"卢西塔尼亚"号从纽约起航前往英国利物浦，船上有1959名乘客，还有一些不平常的货物。"卢西塔尼亚"号的底舱装载了军火，包括420万发步枪子弹、1250箱榴弹炮弹以及18箱雷管，所有这些都将运到第一次世界大战的战场。皇家海军曾经承诺要对"卢西塔尼亚"号的部分航线进行护航，更不用说这些军火的实际价值会对战争产生的影响了，但是尽管德国一再地威胁，皇家海军承诺的护航却始终没有兑现。

海上的灾难

"卢西塔尼亚"号在5月7日进入爱尔兰海域，因有雾而降低了航速。这时，附近的德国U型潜艇用两颗鱼雷袭击了这艘船。导致近1200名乘客溺水身亡，其中包括128名美国人。这一事件激怒了美国公众，它成为美国总统伍德罗·威尔逊（Woodrow Wilson）推动美国参战的催化剂。

饥饿政策

1914年11月上旬，英国宣布了北海为战区，并在该海域布设了水雷。到1915年春季，德国所有的进口食物被宣布是战时的禁运品。由于和平时期德国的农作物供应能够满足大部分人口之需，所以德国政府对食物的短缺并没有做好充分的准备。但是，由于农民和马匹都应征服役，一些用于生产化肥的化学品用来生产炸药，而且贫乏的物资分配状况加上恶劣的天气，导致了严重的粮食短缺。从1916年冬季开始，德国民众开始遭受食物短缺和营养不良，同时，奥地利因食物供应状况严峻引发骚乱，最终在一些地区演变为饥荒。由于很难做出按额定指标征缴粮食的决定，成百上千的德国平民饿死。封锁造成疾病流行，而且，大量的儿童在忍受营养不良的后遗症，其影响多年挥之不去。

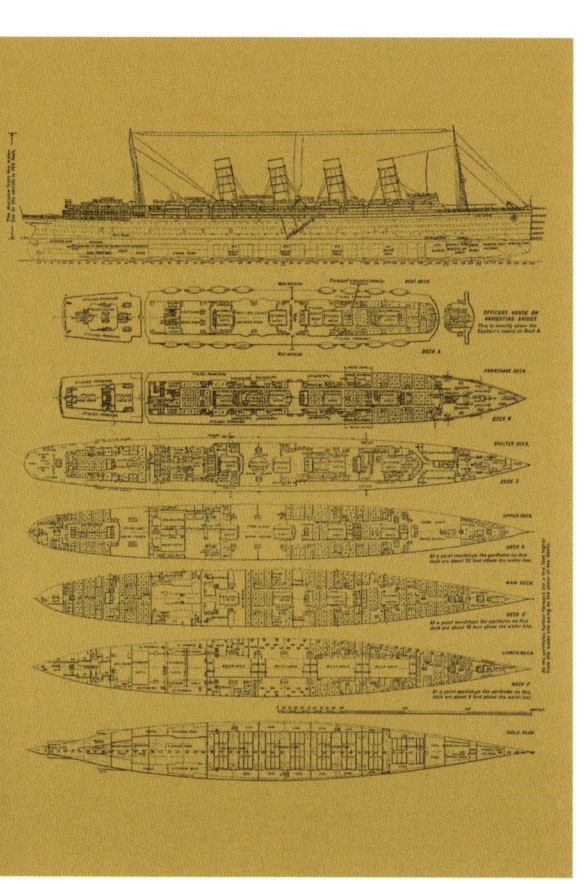

顺时针方向（自上而下）

"卢西塔尼亚"号的正视图和甲板布局；1915年5月，在英国利物浦的卡纳尔航运公司办公室外，人群等待着有关"卢西塔尼亚"号幸存者的公告；"卢西塔尼亚"号驶离纽约港港区。

人类

好莱坞
标志

种　　类	人工制品
材　　料	木材、油漆
字体高度	13.7米
完工时间	1923年

近一个世纪以来，好莱坞的标志一直矗立在李山（Mount Lee）的南山坡上，俯瞰洛杉矶城。起初，它是作为吸引新的上层地产商来开发的，被称为"好莱坞区"的精品房地产项目而设立的一个广告。房屋开发早已成为往事，但是这个标志一直保留了下来。

左图所示标本是好莱坞原始标志的两部分残片，在1978年重建时被保存下来。洛杉矶一位退休音响师将这两部分残片，作为私人物品进行收藏。我们从他手中获得这两部分标志残片。

好莱坞梦想

原标志用了大致4000多个电灯泡照亮标志的文字，首先是照亮"HOLLY"，其次是"WOOD"，再次是"LAND"，最后将全部标志照亮，形成一幅壮丽的画面。特别是洛杉矶在1916年已经有了电力供应，足足比其他城市早了7年。

那个时期，由于电影行业文化价值的攀升，这个巨大的标志很快就成了那些怀揣电影明星梦的人们心目中的灯塔，也是娱乐行业本身的象征。到1949年，好莱坞商业委员会（Hollywood Chamber of Commerce）承担了监督并重修这个标志的任务。他们将"LAND"挪走，又涂了新漆层。在随后的几十年中，随着时间、疏漏和故意毁坏造成的损害，这个标志逐步陷入破损失修的状态。

> 好莱坞这个地方你很难在地理上进行定义，实际上我们不知道它在哪儿。
>
> ——美国电影导演约翰·福特（John Ford）于1964年

事 实 经 纬

标志上的一个个字母最初是用正方形的金属块做成的，将它们固定在用脚手架、管子、电线和电话线杆搭建的框架上。所有这些部件必须由人工踏着原始、污浊的小路运到山上。

迷你博物馆 209

20世纪70年代晚期，这个标志必须要进行全部更换。重建资金开始由私人筹集和通过募捐筹得，由《花花公子》(playboy)杂志的创始人休·赫夫纳（Hugh Hefner）牵头组织。他搭建了一个看似不大可能组合起来的娱乐界名人圈，成员从银幕传奇人物吉恩·奥特里（Gene Autry）到舞台摇滚歌手爱丽丝·库柏（Alice Cooper），每位名人为新的标志赞助一个字母。

场景一览

李山，好莱坞标志的所在地，是圣塔莫尼卡山脉的一座小山峰。这条海岸线的山脉的走向平行于太平洋岸线，在人口稠密的洛杉矶盆地北部延绵大约64千米。对该地区印第安人遗址的考古学研究发现，在18世纪晚期西班牙占领这个地区之前，汤加人和丘马什人的祖先在这一地区居住了8000多年。

移山工程

在好莱坞无声电影的"浮华城"时代，这座山峰被喜剧电影制片人麦克·森尼特（Mack Sennett）收购。然后，他将山头推平，想建一座宫殿式的建筑，以期能够俯瞰整座城市的壮丽风光。1929年的股市大跌和有声电影的出现，导致森尼特资金枯竭，职业生涯枯萎，建楼的计划就此终结。已经平整好的山顶出售给了唐·李广播电视公司（Don Lee Broadcasting System），公司在那里建了第一座广播电视发射台。今天，这个发射台由洛杉矶城市所有，而且，这里的大部分土地都是格里菲斯城市公园（Griffith Park）的一部分，这个公园是美国最大的城市公园之一。

时代的标志

1976年，21岁的丹尼·芬戈德（Danny Finegood）作为一名加州北岭市学习艺术的学生，被要求完成一个作业，创作一件大型的艺术品。

在1976年新年晨钟敲响的时刻，他和三个朋友一起用几个床单装饰成有若干字母的标志，组合成起来读作"HOLLYWEED"。这个创意让他名声大噪，因此，芬戈德的作业得了"A"。

41年后的2017年，艺术家扎卡里·科尔·费尔南德斯（Zachary Cole Fernandez）重复了这一做法，不同于前次作业的通过，这次对费尔南德斯的"奖赏"是因擅自进入而获罪。

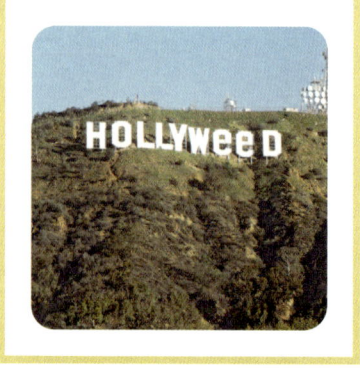

顺时针方向（自左上起）

好莱坞标志样本特写；为迷你博物馆准备的样品；1923年竖立的好莱坞地区标志全景。

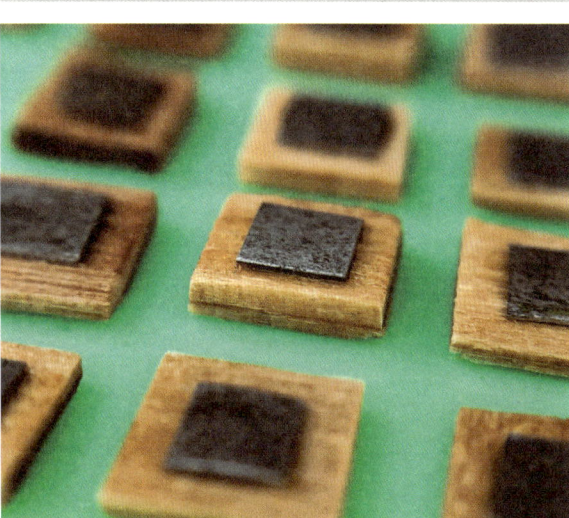

人类

"兴登堡"号的
飞艇外裹层

种　　类	人工制品
材　　料	帆布
最高时速	135千米/小时
灾难发生日期	1937年5月6日

1937年5月6日下午7:25，"兴登堡（Hindenburg）"号飞艇在美国新泽西州莱克赫斯特（Lakehurst）的上空爆炸起火，此前刚刚与位于莱克赫斯特的美国海军航空基地飞艇碇泊塔进行了联系。据有关报告，"兴登堡"号灾难造成飞艇上的35人和地面1名地勤人员罹难。

左图所示标本来自记者哈里·克罗（Harry Kroh）从事发现场找回的一片帆布的一部分，作为当地的一名记者，他原本被派来报道计划中的飞艇着陆过程，但最终完成了历史上最全面的一次灾难报道。

最大的飞艇

跨度245米的"兴登堡"号和它的姊妹飞艇"齐柏林伯爵二号"是曾经飞行过的最大飞艇。为了绷紧飞艇的外裹层，并考虑持久耐用的因素，其外裹层采用在帆布中掺入乙酸丁酸纤维素和铝粉。在外裹层的内侧，加了氧化铁内衬以防飞艇遭受紫外线的辐射。

"兴登堡"号飞艇的设计基于工程原理，以保证乘客长期安全。此前，"齐柏林"号飞艇在飞行了近160万千米的过程中，已经经历有可能出现的各种恶劣天气及其组合的考验，其中包括雷电的袭击。

官方将这次爆炸归罪于氢气的泄漏和静电火花。侥幸生存下来的船员则怀疑是人为破坏，但只有间接证据。

噢，仁慈的上帝呀！

——选自1937年无线电广播记者赫伯特·莫里森（Herbert Morrison）的现场实时报道

事实经纬

"兴登堡"号原本计划用氦气飞行，但由于美国禁止氦气出口，使得它不得不充满氢气。这种极易燃烧的气体导致这艘飞艇在30秒内被大火吞噬。

人类

金门大桥

种　　类------------------------人工制品
材　　料------------------------钢、油漆
总 长 度------------------------ 2.7千米
完工时间------------------ 1937年5月27日

按照美国工程师约瑟夫·B.施特劳斯（Joseph B. Strauss）的话，"至少，这个伟大的任务完成了"。1937年5月27日，金门大桥对公众开放，实现了一个十多年的夙愿："大桥连接金门海峡的南北两岸"。时至今日，它仍不失为一项工程奇迹，是施特劳斯变不可能为可能的坚强意志的历史见证。

左图所示标本来自连接主缆索的500根原始悬索。其中的一些悬索在20世纪70年代中期进行过更换。更换下来的悬索被卖了出去，以帮助支付更换工程的款项。这个被认为是重大工程壮举的更换工程耗时四年。

太平洋的门户

在10年左右的时间里，为促成这项工程，总工程师约瑟夫·B.施特劳斯四方奔波，争取政治支持，获取建设资金，应对法律诉讼。工程开始建设后，他又殚精竭虑、不遗余力，工程交付时间只比当初承诺的时间晚了5个月，而工程费用则比预算节省130万美元。在大桥通车不到一年后，施特劳斯患了严重中风，在亚利桑那康复期间去世。

虽然施特劳斯被誉为这座大桥最主要的策划者，但大桥也是数千人工作的结晶，包括设计师查尔斯·奥尔顿·埃利斯（Charles Alton Ellis），他在早期因与施特劳斯发生争吵而被从建设团队中开除，2007年，他对大桥的贡献被重新承认。

维护与刷漆

金门大桥的主缆索由27572根镀锌钢丝用缆绳卡箍绑扎在一起。与悬索不同的是，由于主缆索总是处于受力状态，因此永远无法更换。起初，缆索设计用黑黄相间的条带防腐，但后来采用刷橙色底漆的办法来防止腐蚀。刷漆的工作由一个30人组成的刷漆队完成，他们从大桥的一端刷到另一端，循环往复，不停地进行。接受这项工作的人要适应高空作业、大风和其他方面的要求。

英格玛
密码编码机

种　　类------------------------人工制品
材　　料------------------------金属、塑料
制造数量------------------------ 大约10台
首次发明（或类似装置）------------ 1919年

战争中，对一场战役，乃至对整个战争来说，能否成功掌控军事情报，常常意味着胜败之别。因而在情报的加密与解密方面，第二次世界大战中围绕英格玛（Enigma，原意为"神秘的东西"，这里特指密码机，译者注），这个神秘而玄妙的机器，交战各国付出了巨大的努力。

左图所示标本来自几个遭到毁坏的军用级英格玛残存的转轴。其中每件标本包含了转轴关键零部件的残片，关键零部件包括齿状拨轮、字母钟和转轴心，以及能使系统发挥作用的那根导线和接头。

解密英格玛

德国的英格玛比平常的便携式打字机大不了多少，这种旋转密码机能让用户方便地对信息进行加密和解密。它类似于一台电动打字机，按下一个键时将产生一个特定字母的信号。不过，它不是启动机电设备进行打印，而是在相应情况下产生一束光照亮一个字母。通过一系列连锁传动装置和可旋转的鼓轮组，用户能将原始信号打乱。每当按下一个按键，机器内部至少有3个转轴会发生转动，以此来保证每次的密码不同，即便是同一个按键按下两次也是如此。

当时，这套系统相对比较复杂。为此，为波兰密码局（Biuro Szyfrów）工作的数学家在1932年测试德国军队使用的早期英格玛时，发现了它的工作原理。根据其原理，他们开发了纸质数码表，即佐加尔斯基

> 在英国可能遭受饥荒和可能输掉这场战争之前，艾伦·图灵（Alan Turing）设法破解了（德国）海军的英格玛。

——选自图灵的战友、布莱奇利（Bletchley）公园译码员雷蒙德·C."杰里"·罗伯茨上校于2009年对英国广播公司的谈话。

迷你博物馆 **217**

(Zygalski)译码表，使用该表能有效地缩小破译起始位点的可能范围。

在德国准备第二次世界大战期间，他们改进了这套机器和他们的传输协议，这使得破译德国人的密码愈加困难。就在德国入侵波兰的前夕，波兰人向盟军求助，并介绍了此前已经掌握的情况。这对理解德国密码机的基本结构发挥了根本性的帮助和作用，盟军快速开发出了多种方法来对抗德国人对英格玛系统增加的日趋复杂性。

转轮中的转轮

除了转轴之外，密码机的一块插线盘允许操作者再外加一个加密盘。对于一台有3个转轴的密码机来说，这就意味着每条情报有150×10^{18}多种可能的组合。如此，采用逐项排除的方法破解这条情报的代码是一项几乎不可能完成的任务，而且，纳粹分子的代码拖延一天不能破解，就意味着失去更多的生命，让更多的机密处于危险境地。

为了解决这个问题，英国转而求助一群专家学者，希望开发一种全新的技术。

这群杰出的女士和先生被集中安置在布莱奇利（Bletchley）公园，他们提出了一系列电动机械装置，称为"炮弹冰激凌"，用于模拟10多种英格玛密码机，以便测试和排除可能存在的密码组合。随着这场密码战的不断进行，盟军已经在每一项技术上保持了领先地位，甚至还开发出第一台真正的可编程计算机。这些精英依靠不懈努力积累起的知识改变了整个战争的进程，挽救了数千名英国人和美国人的生命，而且迈出了通向信息时代的第一步。

艾伦·图灵破译德国密码

众所周知，艾伦·图灵被誉为现代计算之父，他是时代的英雄，也是时代的受害者。从美国普林斯顿大学获得数学、哲学博士学位后，图灵返回了他的出生地英国。

此后不久战争便爆发了。作为一名出色的数学家，图灵在布莱奇利公园的密码破解工作中承担了关键的角色，在战胜纳粹分子上所起的作用被广为称赞，被认为是"决定性的"。战争结束后，他继续设计自动计算机执行器（Automatic Computing Engine），这是通向现代计算的最早努力之一。

顺时针方向（自左上起）：

放在箱内的一套完整的、随时可以使用的英格玛密码机；一件拨轮样品上的纳粹印章特写；伦敦布莱奇利公园，艾伦·图灵及其伙伴破译英格玛密码机旧址。

人类

丘吉尔的
毛皮暖手筒

种　　类	人工制品
材　　料	人造毛
在议会的时间	超过60年
获得的荣誉	38个

温斯顿·伦纳德·斯潘塞·丘吉尔爵士曾经是一名士兵、作家和擅长让盟友和敌人顿生敬畏和愤怒的政治家。他的长寿让他跨越了极不平凡的两个世纪——一个地球版图重新划分，世界处在毁灭边缘的纷乱时代。

左图所示标本是温斯顿·丘吉尔使用多年的一副人造豹皮手筒的一部分。虽然几乎处在连续不断的作战和旅行之中，众所周知，丘吉尔在晚年饱受血液循环不良之苦，因此他经常戴上手筒以保持双手温暖。

关于温斯顿·丘吉尔

丘吉尔生于1874年，早年生活在显贵和特权阶层之中，但一直因学业不佳而苦苦挣扎，直到入伍后方才发现自我，有了起色，成为一名合格的骑兵军官。军旅生涯中，他既作为士兵的一员，同时又是战地记者，驻扎的地区从古巴到南非，这为他进入政界创造了条件。

丘吉尔在1900年作为一名保守党人被选入议会，然后在1904年加入了自由党；他曾代表两党担任过多个职务近64年之久，包括担任首相。第二次世界大战期间，丘吉尔对大不列颠怀有坚定的信念，是一位决策果断的领导人。今天，很多人认为这位"大不列颠硬汉"是历史上最伟大的英国人之一。

> 如果我们的军队在前线连一点像样的抵抗都没有，就永远与胜利无缘。
>
> ——温斯顿·丘吉尔

事 实 经 纬

1953年，丘吉尔被授予诺贝尔文学奖，"因他对历史的精通和对个人传记的描述，以及他在捍卫人类崇高价值上的精彩雄辩"。丘吉尔爵士著有1100万字的著作。

人类

曼哈顿工程
（防护窗）

种　　类	人工制品
材　　料	铅玻璃
工程总投资	18.9亿美元
服役年代	1942~1946年

曼哈顿工程使美国在第二次世界大战期间迅速突破了包括第一颗原子弹在内的一系列核技术。有超过10万名科学家、工程师、技师和建筑工人在遍布美国的30多个工作现场为此项工程作出过贡献。

左图所示标本来自安装在"T"工厂（221-T）钚回收车间的一块铅玻璃窗。这个工厂位于曼哈顿工程的汉福德现场（Hanford Site），这是第一个，也是最大的两条化学分离厂生产磷酸铋的生产线，曾用于从辐照后的燃料棒中萃取钚元素。

这块玻璃从窗子现在的所有者丹·邓恩（Dan Dunn）处获得。作为曼哈顿工程长期退役过程的一部分，政府有关部门将不少这样的玻璃窗当作政府过剩物资在20世纪80年代晚期通过拍卖的形式卖了出去。玻璃的黄色缘于较高的氧化铅含量（高达70%），这种成分组成可以阻挡蓝色和近紫外频谱，使这样的玻璃具有防护辐射的特性。

建造原子弹

汉福德坐落于美国华盛顿州沙漠深处，此前曾是一个小镇。1943年1月16日，经曼哈顿工程军事指挥官莱斯利·格罗夫斯（Leslie Groves）批准，这里成为世界上首个规模化生产钚的综合设施。当地居民和附近的印第安人部落被异地安置，这里开始了如火如荼的工程建设。之后不到两年，在1944年的圣

> 正是因为有了不同国家无数人多年来在多个领域的辛勤耕耘，才有了当今（原子物理学）的发展成就。

——选自美国退役中将莱斯利·格罗夫斯（Leslie Groves）的《现在可以说了》（*Now It Can Be Told*，1962）

迷你博物馆 223

诞节这一天，第一个经过辐射的毛坯件（铀块，译者注）在"B"反应堆完成，直接送到了"T"工厂进行化学分离。1945年2月2日，洛斯阿拉莫斯实验室（Los Alamos Laboratory）收到了从汉福德运来的第一批产品钚。在汉福德加工处理的钚，分别用在了1945年7月16日进行的"三位一体"核爆炸试验和1945年8月9日投放到日本长崎的，外号叫"胖子"的原子弹上。

汉福德的相关设施建在沙漠深处，占地1517平方千米，其北部和东部以哥伦比亚河为界。汉福德的设施最初有554座楼房，其中包括几座生产堆和特殊化学品处理车间，这些设施完成从铀中萃取钚。设施的各种厂房有244米长，20米宽，大约24米高。如果置身其中，会让人联想到这是站在一个峡谷底部的一群工人，所以这些厂房被称为"峡谷群"。

现场清理

数十年来，汉福德的设施一直为美国核武器计划生产钚材料，直到1987年才停止。此后不久，美国能源部、环境保护署和华盛顿州立大学生态学系共同签署了一份协议，对储存在那里的数千亿加仑液体废物和数百万吨固体废物进行清理。

今天，除了曼哈顿工程国家历史公园确定要留下的那部分设施以外，汉福德场区的建筑和设施已在进行去活性、退役、消除放射性污染和拆除等工作，有8000位员工在从事这项任务。现在，汉福德场区已对公众、政府官员和其他有意者开放，以供参观游览。参观游览关注的重点侧重在对这里的建筑物及厂区设施的报废和清除放射性污染的工作成效，以及对放射性物质和一般化学废物的处置上。

核爆炸幸存者

日本广岛和长崎因原子弹爆炸而死亡的人数超过20万。大约其中的一半在爆炸当天死亡，其余的则在饱受烧伤和放射性疾病的煎熬（有的达数月之久）后死去。广岛和长崎原子弹爆炸中幸存的受害者被称为"核爆炸幸存者"，并且遭受别人歧视。

在这个受害者群体中，谷口住辉（Sumiteru Taniguchi）是最活跃的成员之一。1945年8月9日"胖子"在长崎上方爆炸时，他才16岁。他当时骑着邮政自行车，后背上条条血肉模糊伤口的彩色照片和视频令人毛骨悚然，以至于在25年的时间里没有向公众展示。

谷口将他的毕生精力用在了核不扩散运动上，2017年因胰腺癌去世，终年88岁。他死后不久，国际废除核武器（ICAN）运动赢得了诺贝尔和平奖。

顺时针方向（自左上起）：

路易斯·阿尔瓦雷斯（Luis Alvarez，1911—1988）在提尼安（Tinian）岛上，手持原子弹"胖子"（在日本长崎市爆炸的原子弹）的钚芯，图片来源于美国空军；在汉福德厂房设备防护窗后面工作的科学家；松田弘路（Hiromichi Matsuda）拍摄的长崎被炸时的照片，图片来源于长崎原子弹爆炸博物馆（Nagasaki Atomic Bomb Museum）。

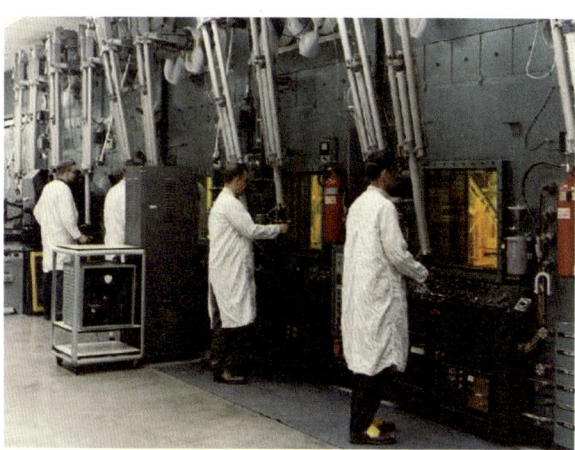

人类

三位一体试验
（首次原子弹爆炸试验）

种　　类------------------------人工制品
材　　料------------------------熔化的沙粒
玻璃层厚度-------------------1.25~2.5厘米
熔　　点------------------------ 1470℃

1945年7月16日，在美国新墨西哥州的阿拉莫戈多（Alamogordo）市附近，美国陆军爆破了历史上第一个核装置。作为曼哈顿工程的一部分，J. 罗伯特·奥本海默（J. Robert Oppenheimer）和时任陆军少将莱斯利·格罗夫斯（Leslie Groves）批准了这次代号为"三位一体"（Trinity）的实物核试验。

左图所示标本来自被吸入蘑菇云、熔化后又大量落在爆炸弹坑里的沙粒。液体状的沙子冷却后形成一层玻璃状的速凝体物质，1~2厘米厚。这种东西被称为"三位一体"玻璃或阿拉莫戈多玻璃。

关于"三位一体"试验

用来进行核试验的装置代号为"小玩意"，相当于约2万吨TNT的爆炸当量，在沙漠上留下了一个760米宽的弹坑。蘑菇云冲到12.1千米的高空，远至160千米之外的人们都可感受到它的冲击波。

"三位一体"现场的沙子是长石砂岩，主要由长石和石英组成。一般来讲，这两种矿物质可以产出清澈透明的玻璃，但是在"三位一体"现场，大部分是淡绿色或棕红色的。淡绿色最为普遍，表明其含有铁镁硅酸盐，如橄榄石。红色表明其含有铜，科学家判断它是试验现场因高温而熔化的架空导线。在"三位一体"的现场，还找到了一些支承结构，甚至是弹壳含有的铅。

> 我成了死亡使者，这是在作孽呀。

——选自美国洛斯阿拉莫斯国家实验室主任J. 罗伯特·奥本海默（J. Robert Oppenheimer）于1945年的讲话。原话引自印度教《摩诃婆罗多》叙事史诗中的《薄伽梵歌》章节

事实经纬

人们总是把蘑菇云与核爆炸联系在一起，但事实上，任何大爆炸都能产生蘑菇云。爆炸后的火球会吸进其下方温度更低的气体，造成涡旋效应，从地面带起泥土和杂物。

迷你博物馆 227

人类

福特汽车漆
（汽车玛瑙）

种　　类------------------------人工制品
材　　料------------------------油漆、亮漆
漆层数量----------------------约1000/英寸
首次获得时间---------------- 20世纪40年代

宝石般明亮的福特汽车漆由上千层构成，汽车在喷漆车间每喷涂一层漆，都意味着车的一次新生。不同的喷涂层受热熔融在一起，就形成了最漂亮的漆层。这些漆完全是偶然发现的人造复合材料。

左图所示标本来自位于美国密苏里州克莱科莫（Claycomo）的福特汽车堪萨斯组装厂。该厂1951年建成投产，到1957年，这座有37万平方米厂房面积的工厂已经生产了10代F系列皮卡和其他许多款式的车辆。

多层的亮漆

福特汽车漆不仅亮眼，还承载着汽车制造业发展的历史。

最早的汽车采用手工涂漆，一般是用刷子涂刷或是做成浸润件进行浸漆，自然晾干抛光。到20世纪40年代，每个汽车厂都有数以千计的车辆在快速生产，过度喷漆造成的漆滴在部件的边角集聚，最后都要一点点地切除。随着时间推移，漆的颜色会变深、变暗，但是涂漆的旋痕依然如初。此后，在20世纪50~60年代，丙烯酸清漆取代了以往的传统车漆，呈金属色靓丽的福特汽车漆问世。尽管存在一些负面的传言，但是只要有汽车在刷漆，就仍能见到"新"出现的福特汽车漆。

> 只要车可以涂成黑色的，那么任何人都可以把车涂成他想要的颜色。
>
> ——美国汽车制造商亨利·福特（Henry Ford）于1909年

事实经纬

福特汽车漆曾经一度是福特公司自己生产的产品。它是将橡胶、二氧化硅、硫和纤维结合在一起而成的一种复合材料，在制造方向盘时也使用它。

迷你博物馆 229

地球

珠穆朗玛峰上的
残片

种　　类	矿物、人工制品
材　　料	岩石、金属
登顶人次	5790（截至2021年）
登山死亡事故	307起

珠穆朗玛峰位于喜马拉雅山脉，以世界最高峰而著称，其海拔高度达8848.86米，它的山峰正好坐落于尼泊尔和中国的边境线上。同喜马拉雅山脉的其他山峰一样，用地质学术语来说，珠穆朗玛峰是一个相对年轻的山峰。

左图的两件标本包括：一件是安装在珠穆朗玛峰上的一处登山台阶的残片，一件为珠穆朗玛峰本身的岩石碎片。它们不仅代表了地球沧海桑田的自然风貌，也代表了人类永无停息、挑战极限的精神和行动。

关于珠穆朗玛峰

大约5000万年以前，印度次大陆与欧亚地质构造板块相撞，将这两个以前已成为海底的板块边缘部分抬升、隆起。在喜马拉雅山脉的许多山峰上（包括珠穆朗玛峰），发现了不少的生物化石。

攀登珠穆朗玛峰主要有两条途径。北路在中国，由英国登山运动员乔治·马洛里（George Mallory）在1921年发现。他三次登顶的努力均告失败。后来，1924年，马洛里与登山伙伴安德鲁·欧文（Andrew Irvine）再次试图登顶，但两人都失踪了，遗物最终在1999年被发现。1953年5月29日，来自新西兰的埃德蒙·希拉里（Edmund Hillary）爵士和尼泊尔夏尔巴登山运动员登津·诺盖（Tenzing Norgay）选择在尼泊尔境内的南路攀登，首次登上了珠穆朗玛峰并安全返回。1960年5月25日凌晨4时20分，中国登山队队员成功登上珠穆朗玛峰。

世界上最危险的攀登

已经有250多人在攀登珠穆朗玛峰的过程中遇难，其中大多数是在通过最危险的"死亡地带"的过程中，这里的海拔超过26000英尺（8000米），空气稀薄，难以支撑生命所需，而且危险随处可见。登山运动员会因失温、雪崩和其他危险死去。

2014年4月18日，昆布冰川冰瀑布（Khumbu Icefall）的一次崩塌曾导致16名尼泊尔登山运动员死亡。这里位于南路的底端，是昆布冰川快速移动的前缘部分，结构非常不稳定，密布着大量的断裂和隐蔽裂缝。

人类

苏联
间谍纽扣

种　　类	人工制品
实　　物	微型照相机
材　　料	胶卷、金属、塑料
冷战时期	1947～1991年

第二次世界大战之后，美国和苏联成为世界上新出现的两个超级大国，意识形态的对立使得彼此由此前的同盟转为对手。由于核武器的出现，使得传统的战争面临更大的风险，为了占得先机，两国展开了信息、宣传和间谍活动方面的激烈博弈。

左图所示标本是冷战时期苏联特工人员使用的，伪装成一颗纽扣的间谍照相机。

关于这种照相机

美国在间谍领域（spycraft）的宗旨集中在发展技术上，侦察机、监视卫星和其他精巧装置得到中央情报局的大力推动。另一方面，克格勃则更多地依靠其特工人员的技能而非技术，微型照相机便是这种差异的一个极好例证。作为间谍高手，苏联间谍不是从技术中寻求解决方案，而只是在自己娴熟的技能基础上增加一种小小的辅助工具而已。

纽扣式照相机是微型照相机伪装成的许多形式之一，它被安装在厚外套内，镜头通过一枚假纽扣上方的小孔进行窥视，特工人员可以在衣服内进行操作，按下快门、摄取照片。为了掩饰拍照时发出的声响，间谍或用咳嗽，或用其他方法分散他人注意力。

> 美国人有最为庞大、最为全面的支持体系……但他们压根儿就不懂得如何工作。
>
> ——选自英国小说家伊恩·弗莱明（Ian Fleming）的《俄罗斯之恋》（*From Russia, with Love*, 1957）

事 实 经 纬

间谍照相机形式灵活多样，电视机、香烟盒、领带、戒指、闹钟和钢笔都可以成为其藏身之所。美国中央情报局甚至一度在一只猫的耳道内植入了一个麦克风！

迷你博物馆 233

地球

怀基基海滩砂岩

种　　类	矿物
材　　料	沙粒
地域面积	8.8平方千米
日均游客	7.2万人

对很多人来说，怀基基这个名字让人联想起的是一幅热带天堂的景象：远处苍翠繁茂的棕榈树和戴蒙德火山连绵的山峰，衬托着眼前质朴秀丽的海滨海滩。然而，当怀基基被夸耀是地球上最好的冲浪海滨时，对于夏威夷人来说，它同时也蕴藏着极为丰富的历史和文化内涵。

左图所示标本来自20世纪的怀基基海滩，其中包括一件来自20世纪50年代宝物。它是这片人间乐土的象征，并且提醒着人们，每片人间乐土都有其人所不知的历史。

皇家沙滩

在15世纪，瓦胡岛国王马伊里库卡黑（Ma'ilikukahi）建立了他在怀基基的权力中心。瓦胡岛人在山海之间开发出一个粗放耕作的农业体系，在2000英亩（800公顷）的湿地上建设了若干灌溉水渠、芋头种植田和养鱼池。

1795年，夏威夷岛国王卡米哈米哈一世（Kamehameha I）率装备了大炮和火枪的1.2万人袭击了怀基基。战斗中，卡米哈米哈取得了一系列的胜利，宣布了夏威夷岛王国的成立。到1810年，其他一些岛屿也都并入了王国。长期以来，怀基基海滩一直是王室休闲静养的半专用场所，但到19世纪末，开始出现了一些饭店和度假设施。

> 上苍赋予了这片土地以永恒的生命力。
> ——夏威夷岛国王卡米哈米哈三世（Kamehameha III）于1843年

事实经纬

在夏威夷语中，"怀基基"意为"喷涌的淡水"。这个地区是多条山间小溪和地下泉水的汇流之地。

人类

伦敦桥

种　　类	人工制品
材　　料	岩石
长　　度	280米
出售日期	1968年

伦敦桥的历史可追溯到公元50年罗马入侵不列颠和对伦敦的殖民。多个世纪以来，伦敦桥命运多舛。毁于战火、遭到遗弃、变为废墟，后经日耳曼撒克逊人重建；在北欧海盗入侵期间又被丹麦人攻占，在近代再次重建。

左图的标本来自美国亚利桑那州哈瓦苏（Havasu）湖市重建新伦敦桥时的残碎余物，这些残碎余物被当作纪念品出售给游客。

奇异的旅行

19、20世纪的伦敦桥由约翰·伦尼（John Rennie）设计，于1831年建成。伦敦桥的这个版本被称为新伦敦桥，它取代了中世纪建造的版本。此后，到20世纪60年代，为了适应现代交通的需要，伦敦市决定出售老的伦敦桥，以为新建一座先进的桥筹集资金。

哈瓦苏湖位于美国科罗拉多河上，是帕克大坝（Parker Dam）拦蓄的水库，集水面积7800公顷。美国企业家罗伯特·P.麦卡洛克（Robert P. McCulloch）拿到了一片沿岸土地，承诺开发这一地区。他的房地产经纪人建议买下伦敦桥，将它作为吸引未来房地产买主的一个卖点。

伦敦桥被拆解后经巴拿马运河海运到美国亚利桑那州，然后重新组装。这项计划很成功，接下来，麦卡洛克又买下了另外16600英亩（6500公顷）土地，促进了哈瓦苏湖市的开发。

> 这是个最疯狂的主意，我闻所未闻。
>
> ——美国企业家罗伯特·P.麦卡洛克（Robert P. McCulloch），1968年在听取收购伦敦桥的建议时如是说

事 实 经 纬

老伦敦桥修建于1209年，是一座历时超过600年的有人居住的建筑物。当初，约翰国王（King John）将桥上的地皮售出，以支付桥的建设费用。桥上的房屋横跨泰晤士河，宽6英尺（2米），有7层楼高。

迷你博物馆

人类

SR-71 黑鸟的
"火鸡羽毛"

种　　类------------------------人工制品
材　　料-------------------------- 钛
时速纪录---------------- 3.2马赫（1976年）
建造数量-------------------------- 32架

SR-71黑鸟是为实现速度和隐身性而建，它曾经改变了游戏规则。它开创了世界载人飞机飞行速度的新纪录，能够轻松地以3倍音速的速度巡航。这款侦察机也曾是飞行高度最高的载人飞机，可在超过2.6万米的高空翱翔。

左图所示标本是61-7972号SR-71飞机的"火鸡羽毛"切片。我们从美国空军第9空军侦察联队金属工艺学主管、军士长丹尼尔·弗里曼（Daniel Freeman）那里购得。所谓"火鸡羽毛"，是指环绕SR-71排气管出口处搭接的襟翼。由于襟翼要根据飞机发动机加力燃烧室排气的压力而进行开启和关闭，所以被认为是飞机上运行条件最恶劣的部件之一。黑鸟61-7972号在1990年退役，并在位于华盛顿特区郊外的美国史密森尼国家航空航天博物馆（Smithsonian's National Air and Space Museum）史蒂文·F. 乌德沃-哈叙中心（Steven F. Udvar-Hazy Center）进行展览。在交付飞行中，这架飞机从大陆一端的洛杉矶飞到另一端用时仅为67分钟。

建造黑鸟

研发这架不可思议的飞机要求工程师们重新考虑航空设计的方方面面。实际上，从钛合金外壳到飞机巨大发动机所消耗的燃料，建造飞机的几乎所有要素都要通过定制的方式实现，整个飞机制造业也因此而得到了发展壮大。

> 上帝！没想到会飞这么快……现在想起，还是一身鸡皮疙瘩。
>
> ——美国空军SR-71飞行员 吉姆·瓦德肯斯（Jim Wadkins）

事实经纬

喷气式飞机的飞行员通常佩戴氧气面罩，但是SR-71黑鸟飞行在如此高的高空，以至于它的飞行员必须要穿戴类似太空服那样的特制服装。

黑鸟计划开始于1957年，当时美国中央情报局意在研发一款具备高空、高速军事侦察能力，且难以被发现的飞机，他们将任务交给了美国洛克希德马丁公司（Lockheed Martin）的"臭鼬工程"（Skunk Works）行动计划和航空工程传奇人物克拉伦斯·伦纳德·"凯利"·约翰逊（Clarence Leonard "Kelly" Johnson）。

几十年来，在美国空军历史上，约翰逊帮助开发了数款重要的飞机，包括P-38闪电战斗机和U-2侦察机。黑鸟是约翰逊研发的倒数第二款飞机，它超越了以前全部的工程成就，建立起了一个技术平台，即使是在它完成处女飞行后50多年的今天，仍然保持着它所建立的每一项工程技术的纪录。

1962年4月30日，黑鸟第一次正式试飞。试飞型号为A-12，是SR-71的一个小型版本，单座。试验在称为51号地区的秘密空军基地进行。此后不到两年，SR-71机型的处女飞在1964年12月22日进行。

"梦幻世界""大农场""51号地区"，这些传奇式名字都被用来指称在内华达干涸的格鲁姆湖（Groom Lake）湖床周围兴建的、秘密的空军设施。U-2、A-12和SR-71等诸多机型都在这个远离众多窥探目光的地方进行过测试。多年来，这一地点一直是很多谣传的话题，但众所周知的事实是，这个偏僻的空军基地曾经是最先进飞机机型的孵化器。

1989年，尽管黑鸟技术平台继续占据着技术上的优势，SR-71型侦察机仍然大幅度地保持着空中最快的飞行速度纪录，而且它的侦察能力仍然是需要的，但SR-71工程却被强制下马，公众普遍认为其中的罪魁祸首是政治派系之争。在近十年的时间里，反对派和支持派就该项目一直进行着博弈。20世纪90年代中期，项目曾一度恢复，但到1998年，项目被完全终止，最后一次SR-71型侦察机执行任务发生在1999年

一个未被打破的纪录

虽然SR-71执行任务的很多纪录已经解密，并对普通民众公开，但是黑鸟全部的军事行动内容仍然不为人所知。一件大家知道的事实是，在35年的军事行动中，没有任何一架SR-71曾经因敌方的攻击而折损。对敌方的战机来说，黑鸟飞机飞行速度之快、飞行高度之高是它们无法企及的。而对地对空导弹来说，SR-71的"雷达签名"又太小，地面雷达难以捕捉，等到能够捕捉时已经来不及作出反应了。

对那些飞过SR-71的，为数不多的幸运飞行员来说，这种飞行经历无疑是令其有一种准宗教式的感受，就连对手在面对这种飞机时也会对它肃然起敬。维克托·别连科（Viktor Belenko），一位1976年叛逃到日本的苏联米格战斗机飞行员，曾经写道："他们嘲笑、戏弄升空拦截他们的米格-25战斗机，猛冲到我们无法抵达的高度，在那里悠闲地盘旋，或者快速飞走，我们只能望洋兴叹。"

10月9日。目前，仍然没有替代SR-71型飞机的正式机型，但是卫星和无人飞行器已经承继了它的大部分功能。

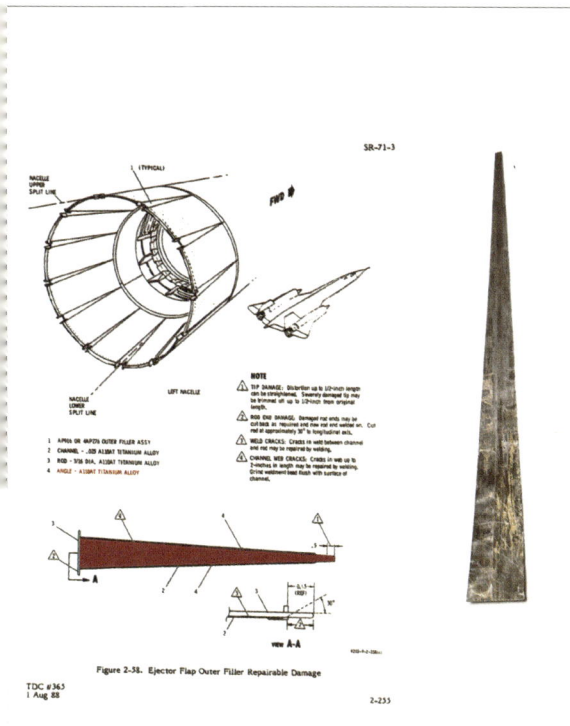

顺时针方向（自左上起）：

示意图：黑鸟喷气式飞机的加力燃烧室和环绕它们的"火鸡羽毛"；身着加压服的SR-71侦察机飞行员；正在进行推力试验的SR-71侦察机。

人类

披头士乐队
（卡文俱乐部）

种　　类	人工制品
材　　料	陶瓷
第一次演出时间	1961年
总演出次数	292场

早在披头士乐队（The Beatles）登上埃德·沙利文（Ed Sullivan）主持的美国娱乐节目"埃德沙利文秀"，为数百万名观众演奏之前，来自英国利物浦的这些少年已在遍布英国和欧洲大陆的各种夜总会、酒吧打拼了数千个小时。不过，很少有场馆会如当初的利物浦卡文俱乐部（Cavern Club）那样与披头士乐队的早期经历发生如此紧密的联系。

左图所示标本来自卡文俱乐部原始砖块之一，我们在2016年拍卖时购得。当年，在摇滚乐的浪潮黯然褪色之时，卡文俱乐部进入了艰难时期。俱乐部1973年被拆除，但是拆下来的砖被保留了下来。1983年，从这些砖中精选了一部分作为慈善拍卖，剩下的则用于重建卡文俱乐部。

开张演出

根据卡文俱乐部的档案记载，披头士乐队在这里第一次演出是在1961年，但不是约翰·列侬（John Lennon）和保罗·麦卡特尼（Paul McCartney）在这个原为水果仓库的地下室进行的第一次表演。早在1957年，他们就在运营这个俱乐部了，采用的名字是"采石工（Quarrymen）"，那时这个俱乐部是严格意义上的爵士乐场馆。

在斯潘塞·利（Spencer Leigh）所著的书《卡文俱乐部：披头士和默西之声的崛起》（*The Cavern Club: The Rise of the Beatles and Merseybeat*）中，保罗·麦卡特尼爵士回忆了他们第一次在俱乐部的演出："我们在演出的节目单上撒了个谎，得到了在卡文演出的档期。在演出现场，当我们宣布节目名单，像布林德·莱蒙·杰斐逊（Blind Lemon Jefferson）创作的'瘦高的萨利'，以及传奇忧郁布鲁斯歌曲音乐家利德贝特（Leadbelly）的著名作品'蓝色山羊靴'时，这里的主人意识到了我们在做什么，他们写了个小纸条送到舞台上进行抱怨，但是已经太晚了。"

> 卡文……我在卡文待过？真的吗？噢，是的。
>
> ——保罗·麦卡特尼（Paul McCartney）

事实经纬

当约翰·列侬建立乐队时，它最初被称为"采石工"；后来，乐队的成员几乎众口一词地选择了"银色披头士"的名称。

迷你博物馆 243

4年以后，形势已今非昔比。乔治·哈里森（George Harrison，1958年加入），以及鼓手彼得·百思德（Peter Best，1960年加入）等人已加盟披头士乐队，他们演奏着一种新兴的音乐，一种摇滚乐的分支——现代爵士乐，这种音乐在英国和德国汉堡的夜总会风靡一时，卡文俱乐部的新主人也对这种音乐和一波又一波高声尖叫、追随着她们心仪的乐队走遍天涯的青春少女们表示出热情欢迎的态度。

现代爵士乐的延续

1961~1963年，披头士4人乐队（Fab 4）在卡文俱乐部共演出了292场。他们在此遇到了未来的经纪人布赖恩·爱泼斯坦（Brian Epstein）。在3周的时间里，爱泼斯坦观看了他们差不多每一场演出。这里也是他们1962年那场著名的"欢迎回家（1962 Welcome Home）"音乐会的演出现场，狂热粉丝在这里第一次登台参与表演。两个月后，还是在这里，林戈·斯塔尔（Ringo Starr）与乐队一起公开了他的首秀。到这一年的年底之前，音乐团队与传奇人物小理查德（Little Richard）一直共享着这里的舞台。

1963年8月3日，在录制完《她爱我》（She Loves Me）后，披头士乐队在卡文俱乐部进行最后一次演出。6个月后，披头士乐队跃升为大牌乐队，而卡文俱乐部仍在接待着其他传奇乐队的演出，如埃尔顿·约翰（Elton John）、奇想乐队（The Kinks）、皇后乐队（Queen）、滚石乐队（The Rolling Stones）和新兵乐队（Yardbirds）等。

在2015年的一次采访中，保罗·麦卡特尼回顾了那段岁月，在谈到卡文俱乐部时他说："这是形成披头士乐队早期所有曲目的滋养地，我永远不会忘记我和同伴在这个潮湿的地方洒下的汗水，还有我们度过的充满爱的时光。"

摇滚乐的里程碑

披头士乐队是流行音乐历史上最成功的乐队。从1963年发布《请看在我面上》（Please Please Me）专辑开始，到1970年以《顺其自然》（Let it Be）专辑结束，在披头士乐队的12个专辑中，有11个名列英国畅销唱片排行榜第一，在美国和世界各地的热销程度也不相上下，由此在全世界带来的销售总量估计有6亿套。他们在英国唱片销售排行榜上保持着获得最多第一的专辑数（15）、最多美国《广告牌》（Billboard）杂志流行音乐100强第一单曲数（20），以及最多英国单曲唱片销售量（2190万张）的纪录。该乐队获得7次格莱美唱片奖（美国一年一度给灌制唱片成绩卓著者颁奖，又称镀金唱片奖，译者注）、4次布瑞特奖（英国一年一度流行音乐奖，译者注）和一次奥斯卡金像奖（1970年电影《顺其自然》主题歌最佳原创歌谱）。他们在1988年入选摇滚名人堂，并且全部4名主要成员在1994~2015年也分别加入。在2004年和2011年，这个乐队名列《滚石》（Rolling Stone）杂志历史最伟大艺术家榜首。《时代》（Time）杂志将他们列入20世纪100名最重要的人。

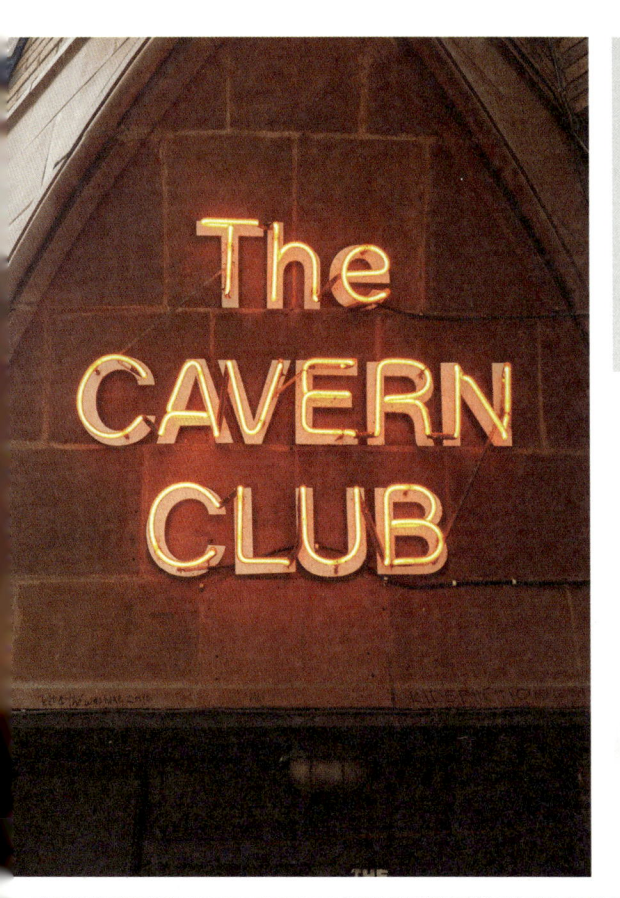

顺时针方向（自左上起）：

仍在经营的卡文俱乐部外面的霓虹灯；砖样特写；从左至右：约翰·列侬、保罗·麦卡特尼和乔治·哈里森在卡文俱乐部最后的演出。

人类

贝利的足球

种　　类	————————————	人工制品
材　　料	————————————	皮革
进球总数	————————————	1283个
赢得世界杯	————————————	3次

像很多巴西人一样，埃德森·阿兰特斯·多·纳西门托（Edson Arantes do Nascimento）也有昵称。因为行动敏捷，所以他获得的第一个昵称是"加索利纳（Gasolina）"，但是，真正深入人心的是"贝利（Pelé）"。这一昵称其实没有实际意义，但是，这位有史以来最伟大的足球运动员的人生却绝对是意义非凡。

左图所示标本来自贝利拥有的老式皮制足球，我们在2016年伦敦拍卖会上获得，这次拍卖是足球纪念品销售历史上最盈利的一次。

传奇的一生

贝利1940年10月23日出生在巴西包鲁市一个贫困的家庭，在家庭的关爱下成长。他在15岁时参加了一个专业足球俱乐部，并在第一次比赛中进球得分。17岁时，贝利加入了国家队，并在瑞典举行的1958年世界杯赛中，帮助巴西获得了第一个世界杯的冠军奖杯。

在这些早期难以置信的成功之后，贝利在其足球职业生涯中先后射中1283个球，并曾效力于赢得1962年和1970年世界杯的另外两个球队。他在球场上的对手用类似"无瑕"和"魔力"来形容他，为这个传奇人物竖起了旗帜，因此为他赢得了另一个绰号："球王"。

退役以后，贝利为了推动足球事业而四处奔走，鼓舞了数百万人。发扬运动员精神和维护世界和平是他一项永载史册的历史功绩。

> 即使闭上眼睛，我仍能看到我的第一个足球。
> ——贝利

事 实 经 纬

尽管具有惊世奇才和全球知名度，贝利却一直都在努力保持对自我清醒的认识和为人所应有的谦逊，与球场上判若两人，他经常被人描述为"很贝利"。

迷你博物馆 **247**

人类

阿里的拳击沙袋

种　　类	人工制品
材　　料	皮革
初训年龄	12岁
赢得比赛	56次（37次击倒）

在他杰出的拳击职业生涯中，穆罕默德·阿里（Muhammad Ali）获得了56胜5负的纪录，其中37次击倒对手获胜，包括对阵乔治·福尔曼（George Foreman）的胜利。阿里也保持着世界重量级选手3次锦标赛冠军的头衔，每次都是战胜上届冠军，他的战绩无人能够匹敌。

左图所示标本来自20世纪70年代穆罕默德·阿里在训练期间使用的一个拳击训练沙袋。

成为勇士

1964年，一位名叫小卡修斯·马塞卢斯·克莱（Cassius Marcellus Clay Jr.，卡修斯·马塞卢斯·克莱曾是一位天主教徒，美国历史上著名的废奴主义者的名字，这表明阿里也曾经是一名基督教徒，译者注）的拳击选手，来自美国肯塔基州路易斯维尔市，一举击败了重量级拳击锦标赛上届冠军，震惊了体坛。第二天，克雷对新闻媒体宣布，他是穆斯林，曾经加入过伊斯兰民族组织（the Nation of Islam）。10天后，他的名字穆罕默德·阿里为世界所知晓。

他由天主教皈依伊斯兰教，引起全美舆论一片哗然；他反对"越战"、亲身参与捍卫人权事务，因而成为和平大使，在1978年联合国反种族隔离特别委员会（the United Nations Special Committee Against Apartheid）上发表演讲；20年以后，他成为第一批联合国和平信使之一。

他在2016年6月3日去世，之前与帕金森病魔搏斗了30年。在这期间，阿里从未抱怨过，他把与疾病的抗争仅仅看成是对自己的磨炼——只不过是人生中的挑战又多了一个而已。

> 我不必成为你们想让我成为的样子，我有作我自己的自由

——卡修斯·克莱（Cassius Clay）于1964年2月26日

事　实　经　纬

穆罕默德·阿里的成功包括战胜历史上最出色的对手：桑尼·利斯顿（Sonny Liston，两次）、乔·弗雷泽（Joe Frazier，两次）、弗洛伊德·帕特森（Floyd Patterson）、肯·诺顿（Ken Norton，两次），以及以击倒方式战胜有史以来最顽强的拳击选手之一，乔治·福尔曼（George Foreman）。

迷你博物馆 **249**

"协和"超音速飞机
（喷气旋翼）

种　　类	人工制品
材　　料	铝合金
飞行高度	1.8万米
载客数量	不多于128人

1976年1月1日，"协和"超音速飞机（简称协和飞机）成为历史上第一个超音速商用客机。作为英、法两国工程师联合开发的项目，这架飞机的设计遵从了航天时代的要求，昭示着未来技术的发展，实现了人类多年来的梦想——超音速旅行。

左图所示标本是协和飞机高压空气压缩机叶片的一部分，叶片是飞机4台喷气式发动机的重要组件，使飞机能以超过2马赫的速度巡航。

超越音速

在将近30年的时间里，协和飞机的飞行高度是他们亚音速对手的两倍，并以两倍音速的速度巡航，其票价是他们最豪华竞争对手的两倍。虽然他们经营的收入高于运营成本，但收益仍不足以支撑飞机整个技术寿命期的需要。2000年发生的协和飞机坠毁事件，使乘客数量日渐萎缩，2001年的"9·11"恐怖袭击事件更使其雪上加霜，其飞行服务难以继续支撑下去。协和飞机最后一次执行飞行任务是在2003年10月24日。

目前，现存的协和飞机或已封存，或在全世界进行展览，但是预计它们将会重返蓝天。2015年，协和飞机俱乐部说已获得了使飞机投入运营的足够资金。

> 我总是认为，协和飞机是一个不可思议的东西，它是一个象征，一个奇迹。

——1994年法国航空公司协和飞机内部改造设计师安德烈·帕特曼（Andrée Putman）

事实经纬

苏联人开发了他们自己版本的协和飞机，称作图-144。采用更先进技术开发的更新一代飞机，将会实现超音速商业飞机重回蓝天的梦想。

迷你博物馆 **251**

人类

太空飞行
（"阿波罗"11号和14号、"天空实验室"、
"和平"号空间站、"哥伦比亚"号航天飞机）

种　　类	人工制品
材　　料	各种各样
距地球距离	100千米
宇航员人数	569人（截至2021年）

美国和苏联之间的太空竞赛，始于1957年苏联的"人造卫星"上天，止于1969年美国的"阿波罗"11号登月。但是，伴随着每一次火箭和卫星的发射、每一次环轨道运行任务的执行，以及每一次深空探测的展开，太空探索仍然在创造历史。

左图中的标本包括多件标本："阿波罗"11号登月舱上的一片金箔，2001年被巴兹·奥尔德林（Buzz Aldrin）拍卖；1971年"阿波罗"14号带到月球的美国梧桐树树种，返回地球后播种长大后的"月球树"木材；1973年执行"天空实验室"飞行任务的飞行员保罗·J.韦茨（Paul J. Weitz）准备的自编辑混合录音带，在拍卖时获得，并改用数字技术保存；为"和平"号空间站准备的一种任务餐；"哥伦比亚"号航天飞机外壳上的一片外层隔热瓦，1986年取下。

"阿波罗"11号（指令舱金箔）
飞行距离：133万千米

阿波罗计划从德怀特·D.艾森豪威尔总统任期内的美国政府开始，此后成为约翰·F.肯尼迪总统在十年内"把人类送上月球并安全返回"这一宏伟目标的主要内容。在1969年7月20日，随着尼尔·阿姆斯特朗（Neil Armstrong）和巴兹·奥尔德林在人类历史上第一次登上月球，美国国家航空航天局最终完成了这项任务。这是阿波罗计划的第5次载人飞行，这次成功登月在全世界进行了实况转播。

> 我认为人类在下个千年将无法生存，除非我们走向太空。
>
> ——英国物理学家斯蒂芬·霍金（Stephen Hawking）于2016年

事实经纬

人在太空中随着时间的延长，会导致肌肉萎缩和骨骼钙流失。为了保持身体的良好状态，宇航员在执行任务时需要每天用跑步机和健骑机进行锻炼。

"阿波罗"14号（月球树）
飞行距离：190万千米

1971年，"阿波罗"14号携带宇航员艾伦·谢泼德（Alan Shepard）、埃德加·米切尔（Edgar Mitchell）和斯图尔特·鲁萨（Stuart Roosa）及数百粒树种到达月球。但任务结束返回后，在消除污染过程中，装种子的小罐突然打开。人们估计这些种子将不会发芽，但它们中的大多数都存活了。这些存活种子长成的树苗在1975年和1976年作为庆祝美国200周年国庆的纪念品分发各地。

"和平"号空间站（任务配餐）
发射/重返大气层：1986年2月20日至2001年3月23日

"和平"（Mir）号空间站在近地轨道运行，它是从"礼炮"（Salyut）号空间站开始的。"礼炮"号空间站始于1971年的"礼炮"1号，止于1991年"礼炮"7号。像之前的空间站一样，"和平"号的主要任务聚焦于人类在太空永久居住的可行性实验。它长期运行的成功证明，"礼炮"计划实施期间开发的技术是可靠的，它们作为当前国际空间站（ISS）生命保障的核心，目前仍在发挥作用。

"哥伦比亚"号航天飞机（外层表层隔热瓦）
飞行距离：200万千米

1981年4月12日，"哥伦比亚"号航天飞机发射升空，以超过28163千米/小时的速度，将两名宇航员送入轨道。"哥伦比亚"号的成功发射和返回，宣告太空探索进入了一个新时代。1981~2011年，共实施了135次发射任务，输送了数百位宇航员和数千吨货物，部署了几十颗地球卫星，太空旅行距离超过8亿千米。

天空实验室的聚会

持续时间：28天49分49秒

1973年5月14日，美国国家航空航天局发射了"天空实验室"。这是美国第一个空间站，按原定计划，将在15日发射宇航员乘组到空间站，但在空间站发射时，设计用于保护空间站的微流星防护罩比预定方案提前展开，碰碎了它的两个太阳能电池板。没有了防护罩，在太阳的炙烤下，空间站内的空气将变得对人有害，并威胁到储藏的食品，于是不得不对原计划进行紧急调整，宇航员的发射时间被延迟到了25日。这期间，乘组人员接受了维修培训。尽管出舱活动十分危险，舱内温度超过54℃，但由皮特·康拉德（Pete Conrad）、乔·克尔温（Joe Kerwin）和保罗·韦茨（Paul Weitz）组成的乘组还是设法保住了空间站，实现了这次任务的科学实验目标，也创造了太空逗留时间最长的纪录。无疑他们也欣赏了韦茨携带的4盘自编磁带中的音乐精品，包括约翰尼·卡什（Johnny Cash）、摩门合唱团261（Mormon Tabernacle Choir）、亨利·曼奇尼（Henry Mancini）、贝多芬（Beethoven）、安迪·威廉斯（Andy Williams）、韦恩·牛顿（Wayne Newton）和帕特·布恩（Pat Boone）。

顺时针（自左上起）：

1998年俄罗斯"和平"号空间站；"天空实验室"，美国第一个空间站；"发现"号航天飞机与国际空间站对接。

人类

第一台
超级计算机
（CRAY-1）

种　　类	人工制品
材　　料	金属、塑料、硅
支　　出	500万~1000万美元
运算速度	2.4亿次/秒

Cray-1超级计算机由计算机行业传奇人物西摩·克雷（Seymour Cray）设计，是世界上第一台取得商业成功的超级计算机。克雷此前从事的计算机由于系统过于复杂且性能不稳定，未能取得成功，因此他成立了克雷公司（Cray Research），将工作的重点集中在四条原则上：简单、大容量、规范和有效冷却。

左图所示标本来自最初安装在美国加州大学伯克利分校劳伦斯伯克利国家实验室（Lawrence Berkeley National Laboratory）的Cray-1型超级计算机。作为用户设备，这台超级计算机归美国国家能源研究科学计算中心（NERSC）所有，为美国能源部科学办公室（US Department of Energy Office of Science）服务并由其负责运行。

简单为上

西摩·克雷在早期数字计算机领域是一位传奇人物。在1968～1972年，克雷在控制数据公司（Control Data Corporation，CDC）工作，负责研发CDC8600，目标是打造一台超级计算机。但在1972年，这项研究被放弃，原因是它太过复杂、太不稳定，甚至是一个单项原件故障就会使整台机器崩溃，因而它不可能正常工作。

"如果你在一家大的公司工作，"克雷过后谈及这次经验，"你很难在一件事情上干上4年或是5年。所以，我想，建一台大型的计算机应该要最少的人，但是也不可能让一个人把它搞完。退而求其次，那就最好要12个人左右吧。"

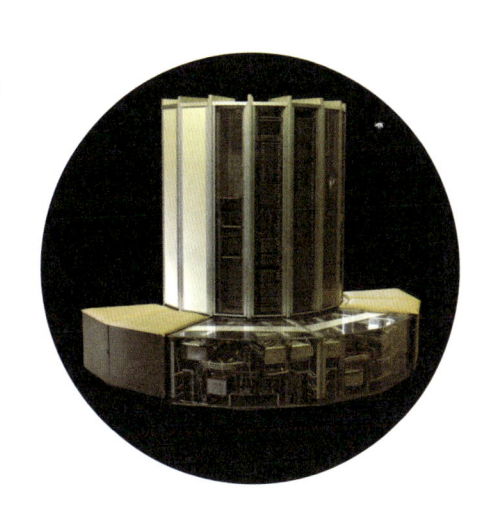

> 一定有什么东西和光速有关，只是我们没能把握而已。
>
> ——西摩·克雷（Seymour Cray）

事 实 经 纬

Cray-1运算速度1.38亿次/秒。到2010年，Cray XE6运算速度超过10亿亿次/秒，比Cray-1快了10亿倍。

返璞归真

1975年,克雷离开了CDC并创立克雷公司。在他的家乡,美国威斯康星州奇珀瓦福尔斯市,经过4年的努力,他已准备好推出一款非常先进的机型,消息一出,就引起了劳伦斯伯克利国家实验室和洛斯阿拉莫斯国家实验室(Los Alamos National Lab)之间争夺第一台下线超级计算机的大战。1976年,洛斯阿拉莫斯赢得了为期6个月的为新机型进行试运行的任务,计算机的序列号为001。

这种独一无二的超级计算机,整机仅仅使用了3种不同的集成电路,大幅度简化了它的体系结构。为了冷却,在电路板模块之间纵向安装了大小合适的楔形铝片,铝片连接不锈钢管,管子内接通氟利昂循环。

这台20世纪70年代早期的计算机在运行时显示的图像不仅美观,他在每个方面都做了精心的设计,以提高机器的性能。例如,机柜圆柱形的设计方案可使在各模块之间需要连接传输数据的导线使用量降到最低,环绕主机的基座则可以为机柜提供足够的电能。

为适应时代发展,在2012年10月公司宣布新开发了Cray XK7机型。2019年,在公司成立44年之际,克雷被惠普(Hewlett-Packard)公司并购。

日益变小的超级计算机

计算机代码基本上是一系列开/关信号,因此它可用1和0来表示。早期的电子仪器使用玻璃真空电子管作为开关元件,体积大、耗电高、发热量大,这使得它们的可靠性低,很容易出错。第二次世界大战之后,技术进步与经济发展共同催生了一个成熟的创新环境。1947年,贝尔实验室的工程师们发明了具备固态电子开关功能的晶体管,开启了电子器件走向小型化、高速化、廉价且功能强大的大门。1975年,一家半导体公司的合伙创始人戈登·摩尔(Gordon Moore)注意到,在一件高度集成的集成电路上,可容纳的晶体管数量大约每隔两年翻一番。虽然这一发现被迅速地奉为摩尔定律,但摩尔仅仅是把它当成一项经验总结而提出来的,未必绝对准确。话虽如此,这个"定律"却直到今天依然有效。

顺时针方向（自左上起）：

Cray-1内存板模块；Cray-1内存板上的集成电路近景；展示中的Cray-1外机柜。

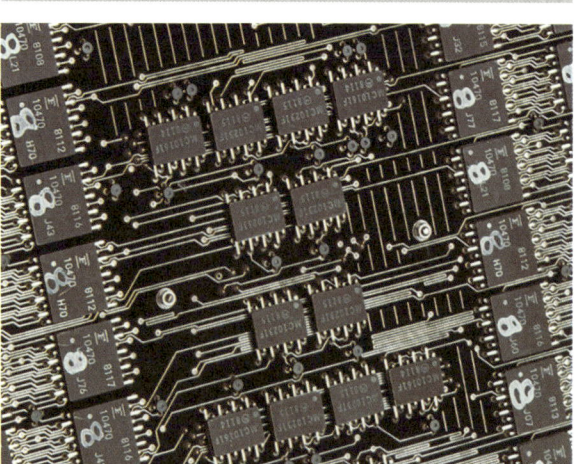

人类

星球大战中的
克雷特龙

种　　类	人工制品
材　　料	玻璃纤维
尺　　寸	45米
GPS坐标	北纬33°52′、东经7°45′

1977年5月25日，乔治·卢卡斯（George Lucas）执导的《星球大战》（Star Wars）初次公映即获成功，一些影迷们百看不厌，甚至在一天内观看多次。电影放映权在全球持续走俏，这是第一部至今仍保持着电影史上第3高票房收入（按通胀率折现后）的电影。

左图所示标本来自克雷特（Krayt）龙的脊椎骨。当C-3PO在塔图因（Tatooine）行星上与R2-D2分别不久，就遭遇了这个身躯细长、蜿蜒而卧的龙骨架。

一处荒凉所在

克雷特龙的骨架最初是为1975年迪斯尼电影《恐龙失踪记》（One of Our Dinosaurs Is Missing）创作的，这部电影讲述的是英国伦敦自然博物馆的梁龙化石失窃故事。这部电影总票房收入明显地少于《星球大战》。

在突尼斯完成初步拍摄后，摄制组将克雷特龙连同几处拍摄场地遗弃在沙漠里。如今，该地区已经成为一个重要旅游地，每年有成千上万名游客造访，当地人通过充当导游或出售从废墟中找到的遗弃物而获益。

科学研究也从中获益：美国国家航空航天局使用这些拍摄场地跟踪大型流动性新月形沙丘的变化，发现由于风的推动，沙丘每年迁移50英尺（15米）。

> 很久很久以前，在一个非常非常遥远的星系中……
>
> ——1977年《星球大战》第四集《新希望》（A New Hope）片头滚动字幕

事 实 经 纬

目前已知的最大流动性新月形沙丘是在火星上。这些巨大的新月沙丘高度超过500米，长度超过6.4千米。或许有一天，电影摄制组也会在火星上留下一些道具！

迷你博物馆 261

人类

查尔斯和戴安娜的
婚庆蛋糕

种　　类	人工制品
材　　料	蛋糕、水果、酥皮
高　　度	1.5米
来　　宾	3500人

威尔士亲王查尔斯殿下（HRH Charles, Prince of Wales）与戴安娜·斯潘塞女士（Lady Diana Spencer）的婚礼，曾是一件国际上引起轰动的大事，全世界估计有7.5亿人都曾观看过。这桩婚姻将一个童话故事推向了高潮，一夜之间，一位幼儿园教师助理成了王妃。

左图所示标本是一片皇家婚礼蛋糕，它原本是一个具有奢华造型的传统水果蛋糕，外带奶油干酪霜。为方便分发，蛋糕被切成小块，分别装入有两人首字母花押字的盒子里，然后再放入更大一些的手绘盒子，并以糖酥封边，形成装饰层。

平民王妃

1981年威尔士亲王查尔斯与戴安娜·斯潘塞女士的婚礼被广泛地誉为"童话般的婚礼""世纪婚礼"，全世界有7.5亿人曾经观看了这个婚礼，有很多人是在凌晨时分聚集在电视机前观赏婚礼的壮观情景的。

显然，在人们的想象中，作为英国王位的继承人，查尔斯应该选择门当户对的女子结婚，对方要年轻、漂亮、有贵族血统、不能有任何丑闻。戴安娜是斯潘塞伯爵八世最宠爱的小女儿，在桑德里奇（Sandringen）贵族家庭氛围中长大，似乎就是为此而生。戴安娜与作为未来丈夫的查尔斯王子正式见面是在1977年，在她位于奥尔索普（Althorp）的祖上庄园。

"我一直记得，她那时16岁，是一个非常

> 只做你自己想做的。
> ——戴安娜王妃

事 实 经 纬

婚礼蛋糕大约花费了14周的时间来精心制作，包括要制作一个一模一样的备份保存起来，以防第一个蛋糕会有任何不测（当然这没有发生，但仍然需要这么做）。

快乐、开心和有吸引力的女孩。我的意思是说，她有趣、有活力、充满了生机和对任何事物的热情。"查尔斯在1981年他们订婚时接受采访时说。

他们之间将近13岁的年龄差别在王室历史上是很平常的事。但是，这件事在蒂娜·布朗（Tina Brown）2007年的传记《戴安娜年谱》中被大肆渲染。书中提道：戴安娜记得年长13岁的查尔斯曾突然出现，当时5岁的戴安娜正在桑德灵厄姆庄园（Sandringham House）的一个茶会上。戴安娜最大的担心，是查尔斯与他的前女友卡米拉·帕克鲍尔斯（Camilla Parker-Bowles）藕断丝连的关系。卡米拉离过婚且是两个孩子的母亲，在当时被认为不适合这桩婚姻。

童话故事的终结

这个豪华的婚礼对整个世界来说，似乎像开始了一个美好的"幸福从此开始（happily ever after）"的故事，但在岁月荏苒中，它却变得越来越扑朔迷离。尽管他们生下两个儿子，威廉（William）和亨利（Henry）王子，但在巨大的媒体压力和不忠贞行为的谴责中，这对夫妻被迫分离了。查尔斯和戴安娜在1996年8月28日离婚，仅仅一年以后，1997年8月31日，戴安娜女士在巴黎躲避狗仔队时死于车祸，时年36岁。

1997年9月6日，全球超过25亿人目睹了在威斯敏斯特教堂举行的葬礼。戴安娜的兄弟，九世斯潘塞伯爵查尔斯发表了一段情人之至的讲话，核心内容体现在如下段落中：

"戴安娜呈现给大家的，是给人留下深刻印象的同情心、负责任的本性、时尚的风格和美丽的化身。她是人类无私品德的象征、是捍卫真正受压迫人民权利的旗手；她是一个实实在在跨越国界的英国姑娘，一个超越了阶级、用事实证明自己不需要任何王室头衔，就能继续发挥她特有感召力的，具有高尚情感的人。"

物是人非

戴安娜去世后的若干年里，出版了很多描写这对夫妇或一起或单独生活的书籍。鉴于公众对王室的关注以及街头小报的猎奇特点，很难辨别其中哪些是事实，哪些是臆断。但无论如何，有一点很清楚，就是查尔斯和戴安娜承受着巨大压力，为家庭付出了艰苦努力，其中的酸甜苦辣，冷暖自知。在"世纪婚礼"后的40多年里，世事变迁，王室也概莫能外。查尔斯和戴安娜的长子威廉，与凯特·米德尔顿（Kate Middleton），一个与王室没有任何看得见的联系的不列颠女子结了婚。他的弟弟哈里，轰动性地迎娶了梅根·马克尔（Meghan Markle），一位混血的美国女演员。戴安娜死亡一年后，查尔斯与离过婚的卡米拉·帕克鲍尔斯结婚，举行了一个平民婚礼，这或许在英国王室历史上还是第一次。

顺时针方向（自左上起）：

在婚礼马车上的查尔斯和戴安娜；婚庆蛋糕及其印有双方名字首字母花押字并注明婚礼日期（1981年7月29日）的盒子；5英尺高的王室正式婚礼蛋糕。

地球

亚马孙
河水

种　　类	天然液体
材　　料	液态水
河流长度	6900千米
形成时间	大约5500万年以前

在它的北部，是从热带茂密丛林中一路升起，兀立于圭亚那高原，被称为"蒂普伊台地"的一系列桌形山峦；在它的南面，是巴西高原上的延绵群山。这就是亚马孙平原。亚马孙平原，它看上去是那么亘古不变，然而，就像地球上的其他地方一样，它也曾历经沧桑。

左图所示标本是一个装有亚马孙河水的小瓶，由个人在靠近被称为"亚马孙的秘鲁首都"的伊基托斯（Iquitos）市的河水中采集。亚马孙河的主河道既宽又深，远洋船只可以航行3200多千米上溯至伊基托斯市，这是地球上只能由水路或空运到达的最大城市。

气势宏伟的大河

亚马孙河的源头位于秘鲁安第斯山脉高地，距太平洋仅160千米。在它流经南美大陆超过6900千米的过程中，汇集了1000多条支流的水量，汇入大西洋时每秒倾泻的水量达到20万立方米，超过了它最接近的竞争者——刚果河的5倍。这条河广袤的流域面积，有700万平方千米，孕育了亚马孙热带雨林，是地球上数量最多的生物物种的家园。一些独一无二的物种在这里形成，一些新来者被这里的风景所滋养。

> 我忘了亚马孙，这条地球上最大的河了吗？不，绝对不。半个世纪以来，它给我留下了难以磨灭的印象，永远不会消失。
>
> ——美国自然主义艺术家 约翰·缪尔（John Muir）

在进入大海之前，亚马孙河分成许多支流，形成一个将近320千米宽的巨大河口横断面，环绕着巨大的马拉若岛（Marajó）。强劲的大西洋潮水和湍急的洋流阻碍了亚马孙入海口三角洲的形成，但是，它排入大西洋的淡水水流，使得远至离海岸320千米的地方都降低了含盐量。

命运与共

多数研究表明，人类在10000年以前第一次进入亚马孙河流域。直到前不久，研究人员仍然认为，只有很少的人曾在这里过着游牧生活，对自然环境的影响很小。但是，新近的植物学研究显示，曾在亚马孙河地区生活的人口比预期多得多，很可能在数千年以前就对植物多样性造成了惊人的影响。在2018年3月发表的一篇论文中，考古学家使用激光雷达（LiDAR）对81个地点的探测揭示出，在亚马孙河南部地区存在着一个土木建筑方面的复杂文化体系，仅这一个地区，人口就超过了100万。

关于历史，还有许多有着巨大差异的资料等待我们去研究，但是留给我们的时间恐怕不多了。由于20世纪末的森林砍伐和经济开发，有75万平方千米的雨林已经消失，亚马孙河流域差不多有20%已不复存在。当地大量原住民向城市快速迁移，使得更多自然景观陷于易于毁坏的境地。

由于政府新政的实施，森林砍伐已在逐年下降。为促使当地原住民留在故土，并在不进行重新安置的情况下改善他们的生活质量，有关部门实施了多项计划，例如"亚马孙蜂蜜（Amazomel）"，即"亚马孙蜜蜂养殖工程（Amazon Bee Project）"。但是扭转这些造成的破坏将需要几十年的时间。用人类的观念来看，这是一个很长的时间，但对亚马孙河来说，这仅仅是弹指一挥间。

亚马孙河的诞生

在白垩纪时代，南美大陆和非洲大陆开始分离，南美东部高地隆起，水因此流向太平洋。在第三纪中新世时代，水从普鲁斯隆起（Purus Arch）流出，这里位于南美大陆的中心区且地势较低。随着安第斯山脉的上升，该大陆西部大片地区曾经是一个巨大而封闭的湿地，覆盖面积100万平方千米。在遭受连续数百万年水的重压之下，在1100万年以前，一条河流从普鲁斯隆起冲出。

直到21世纪，确定亚马孙河在安第斯山脉的终极源头仍然引起极大的探索热情，并引发了激烈的争论。数十年来，地理学家认定，沿着密斯米雪山（Nevado Mismi）的山坡顺流而下的阿普里马克河（Apurímac River）流域中的两条溪流——卡鲁哈桑塔（Carruhasanta）和阿帕切塔（Apacheta）溪流，为河的源头。但2014年的一项研究却表明，真正的源头应是曼塔罗河（Mantaro，阿普里马克河的一条支流）的上游，位于鲁米科鲁兹（Cordillera Rumi Cruz）山脉。

顺时针方向（自左上起）：

亚马孙河不同支流汇合时，清、浊分明的界限；河水水样的泥沙沉淀特写；河水在蜿蜒前行中所留下的牛轭湖。

人类

柏林墙

种　　类------------------------人工制品
材　　料------------------------混凝土
总 长 度------------------------ 107千米
存在年代-------------------- 1961~1989年

柏林墙修建于冷战期间的1961年，它不仅把德国分成民主德国和联邦德国，而且也在那个时代充当了划分地缘政治的角色。它是人们在身体和心理上的一道屏障，是铁幕政治的一部分。它的倒塌象征着冷战的结束。

左图所示标本是在前往民主德国旅行期间收集的。它代表了人类敢于忍受千辛万苦的精神力量。

关于柏林墙

在1961年8月13日的夜晚，民主德国开始修建一堵高墙。虽然这堵墙的真正目的是阻止民主德国公民叛逃西方，但是表面上，它是在用民主德国的其他领土将西柏林封锁起来。

柏林墙的存在一直持续到1989年11月9日。当时，东欧已处于政治剧变之中，民主德国发生的市民骚乱在几周内对政府造成了严重冲击。数千人绕道捷克斯洛伐克进入奥地利来到了西方。许多城市以和平方式举行了反抗游行活动。

政府决定放松旅行限制。消息传出，民众开始在西部检查站聚集，军队最终撤离。

事 实 经 纬

1987年，美国总统罗纳德·里根（Ronald Reagan）以勃兰登堡门为背景，发表了"柏林讲话"，呼吁苏联领导人米哈伊尔·戈尔巴乔夫（Mikhail Gorbachev）"拆掉这堵墙"。

迷你博物馆 271

人类

乔布斯的
高圆领套衫

种　　类	人工制品
材　　料	棉花、超细纤维
生产件数	100
衬衫尺寸	XL

斯蒂芬·保罗·乔布斯（Steven Paul Jobs）是一对打工阶层夫妇的养子。他的公司引发了多个行业的变革，他反正统文化的观念重塑了大部分现代技术领域。他最著名的创举是与商业合伙人、工程奇才斯蒂夫·沃兹尼亚克（Steve Wozniak）创建了苹果公司。

左图所示标本是斯蒂芬·乔布斯一件黑色高圆领套衫上的一片纺织物。这件套衫是乔布斯标志性穿着风格中最早的几件衣服之一，他在参加1991年个人电脑论坛时穿的就是这件套衫。这件衣服是在一次公开拍卖会上购得的，由乔布斯的私人助理出售。

苹果天才

1976年4月，沃兹尼亚克和乔布斯以及学徒工罗纳德·韦恩（Ronald Wayne）一起，发布了他们的第一个产品——苹果I，但它仅仅是一块裸主板。从一开始，他们就把兴趣点放在了为用户制造一台人人都能买得起的个人电脑上，而不仅仅是制造和销售元器件。的确，他们的下一代产品——苹果II型个人电脑，就几乎在新兴的个人电脑行业中攀上了顶峰。

如同任何历史久远的公司一样，苹果公司也在一个快速发展的行业中走过了不平凡的历程。抚今追昔，乔布斯曾经不无感慨地说道，自己是幸运的。在计算机行业还处于非常年轻的时代，早期的一些竞争者，如Tandy、Atari、Commodore等，纷纷采用了行业巨头IBM的技术路线，而苹果公司则另辟蹊径，成立了施乐

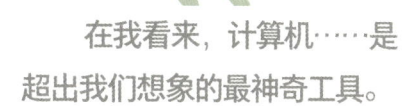

> 在我看来，计算机……是超出我们想象的最神奇工具。
>
> ——斯蒂芬·乔布斯

事实经纬

1972年，乔布斯进入里德文理学院（Reed College）就读，同年退学。1974年，他曾在印度旅行，寻找灵感并修习禅宗。

帕克研究中心（Xerox PARC），研发了计算机图形界面的移植版本，用到了自己的丽萨（Lisa）电脑以及后来的Macintosh电脑上。

1985年，乔布斯被苹果公司董事会免去了Macintosh工作组负责人的职务，实际上也是把他从公司解雇了。他曾说道，"这让我失去了职业生涯的核心，是一次毁灭性打击，我感到心灰意冷。"

再次创业

经过一个夏天的深刻反省，乔布斯决定开创一家新的计算机公司，称作NeXT。在接下来的10年里，他对此倾注了其大部分精力，但也拿出了部分时间去追求一些与众不同的新目标，最引人注目的是他参与了Pixar（皮克斯动画工作室，见侧栏）的创立工作。

1996年，苹果公司宣布支付4.27亿美元收购NeXT公司，并将乔布斯请回公司担任首席执行官，为公司掌舵。

当时，苹果公司的运营已大不如前。乔布斯彻底调整了经营战略，成功将苹果公司从一个小众的计算机公司改造成了消费电子产品的领导者。当然，这样一个过程不可能是轻而易举的，更不可能一蹴而就。但苹果公司在2001年发布iPod音乐播放器后，公司的业务确实是一飞冲天。先是音乐，然后是出版、电影、电视等领域的一系列授权许可为iPod带来丰富的内容，也为史上最盈利的产品iPhone的出世做好了准备。

然而，就在公司经营形势蒸蒸日上之际，疾病缠上了乔布斯：2004年，他被诊断患了一种罕见类型的胰腺癌。为了能够继续领导公司，实现他的发展愿景，乔布斯经常对疾病采取漠然置之的态度，或者把自己的症状归因于其他的原因。就这样，在时断时续中，他一直在与病魔战斗，直到2011年去世。

试水动画

在投入NeXT公司业务期间，乔布斯仍将部分精力倾注到计算机动画技术（制作）中。为了组建一家新公司——Pixar（皮克斯动画工作室），它收购了卢卡斯影业公司（Lucasfilm）的一个分支机构，任命想象力非凡的计算机动画先驱埃德·卡特摩尔（Ed Catmull）进行管理。在公司早期业务中，首先是专注于发展高性能计算机绘图设备和软件，但也制作一些新颖的短动画节目，其中的《锡铁小兵》（Tin Toy）赢得了1989年奥斯卡金像奖。这给他们制作第一部电脑动画故事片《玩具总动员》（Toy Story）带来了契机，这部影片不仅是1995年票房最高的影片，而且成了电脑动画制作的一个里程碑。在此基础上，乔布斯再接再厉，推动了Pixar公司股票公开上市，引起了轰动，他也因此一跃成了亿万富翁。

顺时针方向（自左上起）：

2013年在计算机历史博物馆展出的苹果I；苹果I主板特写；斯蒂芬·乔布斯与最初的Macintosh计算机。

人类

奥林匹克
火炬

种　　类	人工制品
材　　料	铝、橄榄木
长　　度	68厘米
传递时间	142天

现代奥林匹克运动会由皮埃尔·德·顾拜旦（Pierre de Coubertin）发起。1894年，为了进一步推动当时的和平运动，他使这一具有3000年历史的古希腊奥林匹克运动会焕发了新的生机。他希望通过体育竞赛来弘扬人类的独特价值，从而给国际带来和平。

左图所示标本来自2004年夏季奥林匹克火炬传递中使用的一个不锈钢火炬，火炬外形的设计让人联想起一片橄榄叶。

非凡的象征

在20世纪，现代奥林匹克运动命运多舛，大起大落，折射出了人类关系中所固有的复杂一面。而一个多世纪以后，顾拜旦"更快，更高，更强"的奥林匹克格言所体现的精神更加深入人心。

2004年，奥林匹克火炬传递行程超过了7.8万千米，而且该活动第一次跨越非洲、南美洲和亚洲的印度。2008年，国际奥林匹克委员会继续在全球进行火炬传递活动，但活动出现了一些波折，这提示人们，要实现顾拜旦最初提出的那些理想，我们仍面临着诸多挑战。

> 如果当前造成种族隔离的那些歧视因素不能消除，世界将永无宁日。
>
> ——当代奥林匹克运动会奠基人
> 皮埃尔·德·顾拜旦

事 实 经 纬

火炬传递代表着奥林匹克圣火的永存以及人类社会由古及今的变迁，现代火炬传递活动是从1936年柏林夏季奥运会开始的。

迷你博物馆

人类

第一代苹果手机

种　　类	人工制品
材　　料	金属、塑料、硅
总 销 量	610万
制造商建议零售价	499美元

苹果的iPhone并不是世界上第一部智能手机，但它是出色的。在2007年1月的麦克金森世界（Macworld）旧金山会议上，全世界惊奇地看到了一部手持便携式设备，集触屏技术、网页浏览、音乐、视频以及电话于一体。

左图展示的是最初iPhone手机的一个"home"（开始/返回）键。当时，尽管移动电话已有了几十年的历史，但iPhone手机因能将智能手机技术放进了公众口袋中而一举成功。

一件大胆的新产品

iPhone手机的研发始于一项秘密的"紫色项目"（Project Purple）。苹果公司的工程师们被告知，要开展一项绝密项目，但没人知道最终结果会是什么。目标有两个：设计一部具有崭新创意的新型移动电话；赶在竞争者之前完成这件事。设计团队夜以继日、不知疲倦地工作，他们形容自己"痛并快乐着"。

2007年，最终产品出炉，iPhone第一次呈现在世人面前。它是这样一件装置：既是电话，又是掌上电脑，还可以当作音乐播放器。顷刻间，iPhone风靡全球，成为生活中的不可或缺，标志着世界迈入了下一个时代——数字时代。

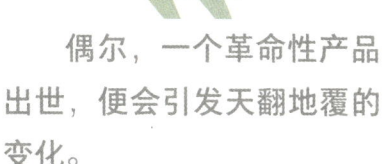

> 偶尔，一个革命性产品出世，便会引发天翻地覆的变化。
>
> ——选自斯蒂芬·乔布斯在2007年关于iPhone手机的主旨演讲

事实经纬

自1998年起，苹果公司的竞争者思科（Cisco）一直在生产他们自己的无绳互联网电话，名叫Linksys iPhone。但最终与苹果公司达成协议，将iPhone的名字让给了后者。

人类

人体奥秘机
（头盖骨、大脑与心脏）

种　　类------------------------人体组织
材　　料------------------------塑化器官
每日心跳------------------------ 11.5万次
大脑水分含量--------------------75%

经过了数百万年的进化，现代智人——"能思考的人"产生了。在头盖骨保护下的大脑需要大量的能量，这些能量将全部依靠心脏不停跳动而输送的血液来提供。

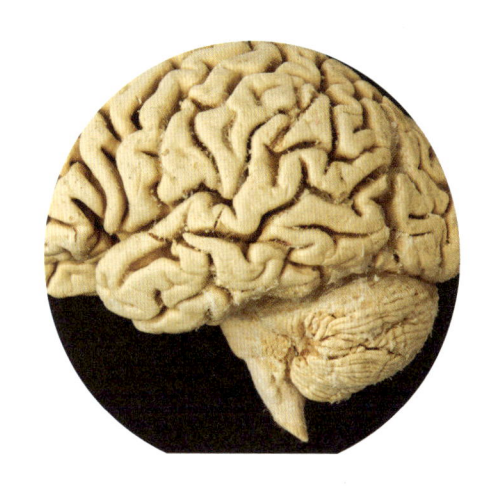

左图有3件标本。第1件是人类头盖骨的一个碎片；第2件是来自俄罗斯某实验室经塑化处理的人脑，各种组织已被替换为塑料；第3件是一颗74岁妇女的心脏，也在上述同一实验室经过塑化处理。

人类的头盖骨

成年人的头盖骨由包括腭骨在内的22块单独的骨头组成，这种结构支撑了4块咀嚼肌和17块控制面部表情的肌肉。在很多文化中存在着一个习俗——在头盖骨发育阶段通过捆扎或使用衬板、金属环来改变头盖骨外形。这样的证据最早可追溯至公元前4.5万年。人类学家相信，到20世纪中叶，这样的习俗已经绝迹，但目前每年有成千上万例整形外科手术在进行。

如果说古时任何对头盖骨的使用方式在现代仍有遗存的话，那就是它作为死亡的一种象征了。无论是葬礼还是莎士比亚的戏剧，头盖骨总是与死亡、祭祀和缅怀先人相联系。

> 人体是奇特并具有缺陷的，不可预知。人体有很多奥秘，除非你学会了等待，否则它是不会泄漏给你的。
>
> ——选自美国作家保罗·奥斯特（Paul Auster）的《日落公园》（Sunset Park，2010）

迷你博物馆　281

意识的中心

人脑只占人体质量的2%，但消耗的能量高于人体用于行走、呼吸、交谈、思考和情感表达等全部活动所消耗总能量的20%。

最近几十年发展起来的许多卓有成效的方法，帮助人们增进了对大脑的理解。使用磁共振成像技术，科学家确定了大脑中许多思考模式的核心区；科学家不仅将计算机仿真技术用于模拟人类的神经网络，而且开发出了令人信服的人工智能技术。这样的知识积累，不仅常常给疾病治疗带来激动人心的突破，而且也让我们对人之所以为人，有了更深入的了解。

人类的心脏

心脏分成4个部分：两个心房负责接收血液，两个心室负责排出血液。血液从右心房进入，经右心室压缩后送到肺部；结合了氧气后的血液再返回到左心房，然后在左心室被压缩，开始全身循环。

在许多文化中，人们希望通过医学研究来理解心脏。记载在莎草纸上的埃及古文稿显示，埃及人早在公元前1550年就在非常认真地讨论心脏问题了。而在中国和印度，采用把脉这一传统医学手段来诊断疾病的时间则更早。

今天，内科医生对心脏及其在人体循环系统中所起的作用有了更深刻的理解。心脏是在体外培育的第一个类器官，心脏肌肉组织的工作强度是支撑运动和保持体态的肌肉组织的两倍，而且它是在死亡前停止工作的最后器官之一。

塑化防腐

1977年，德国医生甘特·冯·哈根斯（Gunther von Hagens）发明了一种技术，通过用液态高分子聚合物替代动物和植物组织中的水和脂肪来防腐。这个过程就是塑化防腐（plastination），它在细胞层面发挥作用。浸泡在丙酮溶剂中的机体组织通过负压使丙酮沸腾并蒸发。这一过程中高分子聚合物渗进细胞，对机体组织起到防腐作用以供长期研究之用。冯·哈根斯已经建立了不少塑化的个体以供研究和展示之用，包括鱼、长颈鹿、猿，甚至人类。

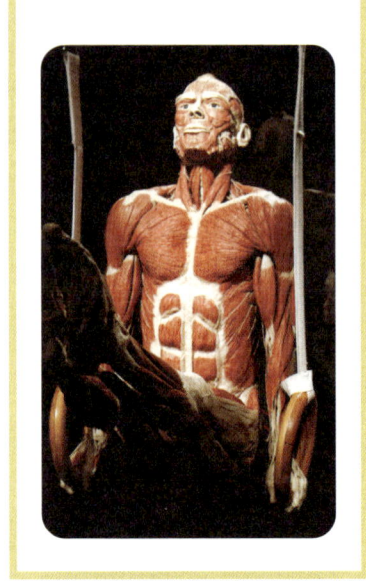

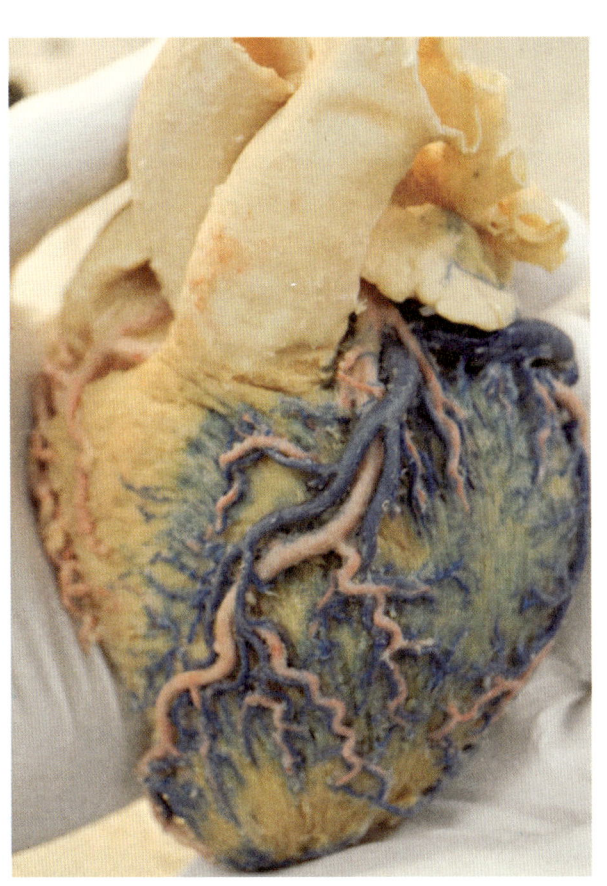

顺时针方向（自左上起）：

经塑化和染色的人体心脏，冠状动脉和静脉清晰可见；经防腐处理的不同人类的头盖骨；莱昂纳多·达·芬奇（Leonardo da Vinci）绘制的解剖草图。

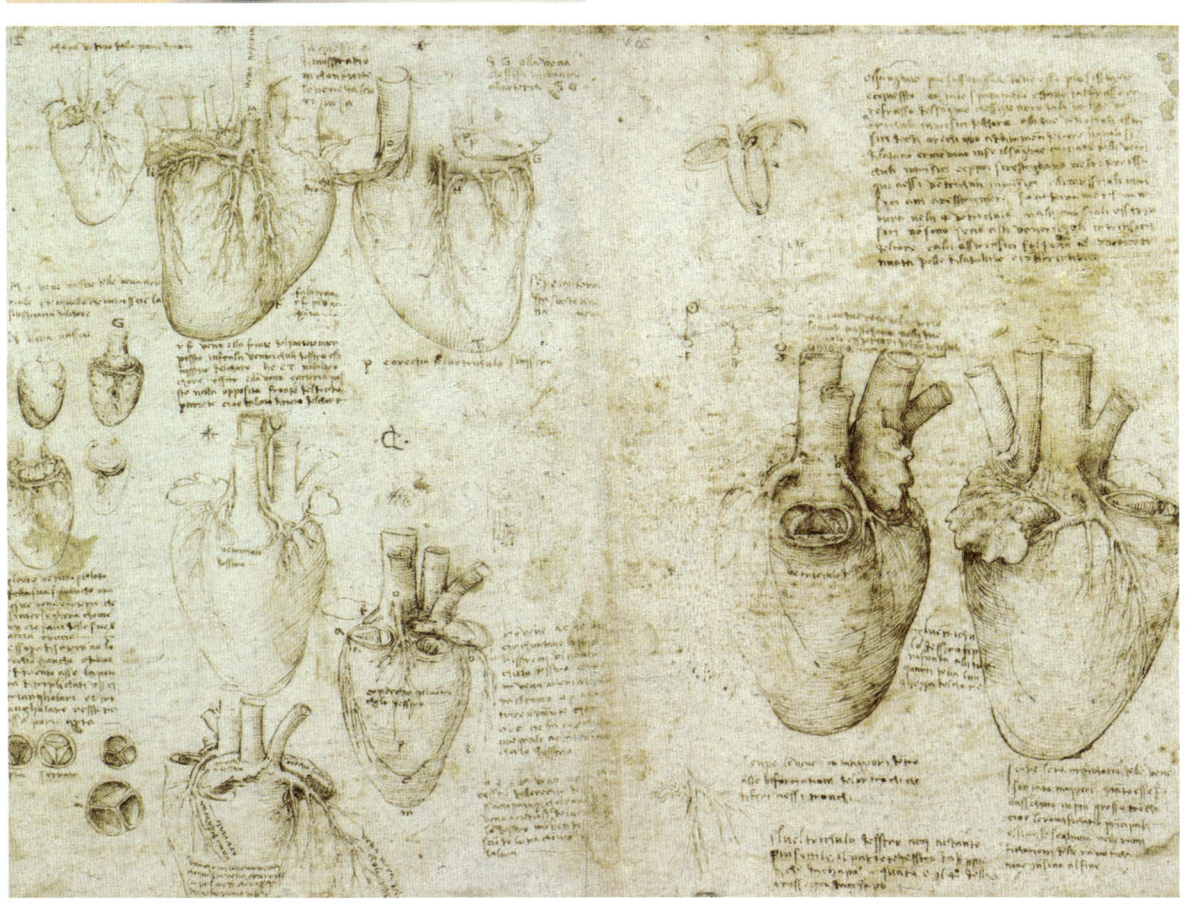

创建自己的博物馆

我们创建"迷你博物馆"的初心,是要与世界分享我们对科学和历史的热爱。我们希望每一位读者都能从这本书中读出一条信息,这就是收集藏品并没有一定之规。有时,我们的团队要花费几周、几个月,甚至几年去寻找珍稀的标本,但有时,我们要找的东西触手可及。在收藏过程中,那种"做馆长"的快乐丝毫不亚于因喜欢这些藏品而得到的快乐。我们总是鼓励那些志趣相投的人将他们的藏品与我们分享,说明它们的独特之处。我们的团队有幸参与了他人的收藏过程,没有什么能比这更快乐了。无论你是收藏领域的一只"菜鸟",还是一位经验丰富的"老手",我们都愿意与您分享这些年来我们在建立"迷你博物馆"上的所有经验。

为博物馆选择藏品

在建立"迷你博物馆"时，经常会碰到一个问题，那就是我们如何着手确定个人所要收藏的东西。

我们要从确定基本框架开始。这个框架涉及的领域十分宽泛，可能囊括几十亿年的历史。在某些情况下，你或许心中已经有自己钟情的项目，但更多的情况并非如此。这需要一个将不同标本和想法进行反复组合的过程，想一想它们应该如何摆放，彼此放在一起会产生什么样的感觉，等等。

不同藏品会通过多种方式相互影响，而情感因素非常重要，就像你要在墙上重新布置照片一样。在这个过程中要实现一种平衡，这是一个对颜色、质地、外形、尺寸以及深度进行精细调试的过程。

收藏不仅仅是将对象进行视觉分类，它们带有活生生的情感和明确的意图。在收藏过程中，每个项目都要占用空间和时间。它们是历史。历史蕴含着故事，而且这些故事都具有独特的意义。

在休假期间，你从海滩捡起的一块卵石，对你来说，可以同几百万年前某个时刻的一块岩石碎片具有同样的意义，这取决于你的意念。而且，当你布置好你的藏品供人观赏时，你的观念会通过这些收藏标本全部显露出来。

花些时间想一想这些比一个人自身的存在还要重要的东西。当你与它们那些故事联系起来，真正理解了它们，就会改变你对世界的看法。当然，选择一些仅仅因为漂亮而

> **"**
> 成功不是撞大运。成功来自艰苦工作、持续学习与研究、持之以恒的努力和敢于牺牲的精神；最重要的是你热爱正在做或正在学着做的事情。
>
> ——贝利

让你喜欢的东西也是可以的。关键问题在于，要想收藏一定要有缘由。不管缘由是什么，都要有一个目标。只要对你有意义，一块鹅卵石与一件古老的银器、一块古化石，甚至一颗珍贵的宝石，都同样奇妙。

准备展示的藏品

我们常常说，每件藏品都有它的秘密。在为世界各地的人们准备藏品的过程中，我们发现，在100多万件样本中，没有任何两件是一样的。从表面看似乎很容易将它们搞混，但是几年下来，我们认识到这种事情不会发生。

每个物件，不管是整合在一起的组件，还是组合在一起的几件，都有独一无二的获取过程。有时，这个过程可能仅仅持续了片刻或者数分钟，有时可能是数天，甚至数周。每当我们看到它们时，就仿佛再次回到获得它们的那一刻。书架上的一个杯子，口袋中的一块石头，都是一个活生生的个体。当我们以后再次碰到它们时，就会联想起过往那些有趣的经历。

当你拥有了一个属于自己的"迷你博物馆"时，我们想知道你是如何找到这些物件的。对于这些藏品，我们也想知道你是怎么想的。你喜欢某件藏品吗？如果对其做一点小的编排，会不会更有趣？如果把它和你收藏的其他珍宝放在一起，又会怎么样？

这些思考会让我们更加注重细节，也会让我们在头脑中闪现出一些思想火花。想一想这些物件的历史吧，它们当中，有些已历经千百万年的时间，游历了数十亿千米的路程；有些则被深深赋予了人性的光辉，其影响已远远超出其平凡的外表。

THE CAVERN CLUB
THE BEATLES
THE BEATLES AT THE CAVERN
SATURDAY 3rd AUGUST
TICKET PRICE
THE SENSATIONAL BEATLES
THE REMO FOUR
Rory Storm
GERRY THE PACEMAKERS

TRICERATOPS
APOLLO 11
COMMAND MODULE FOIL

INSECT IN AMBER

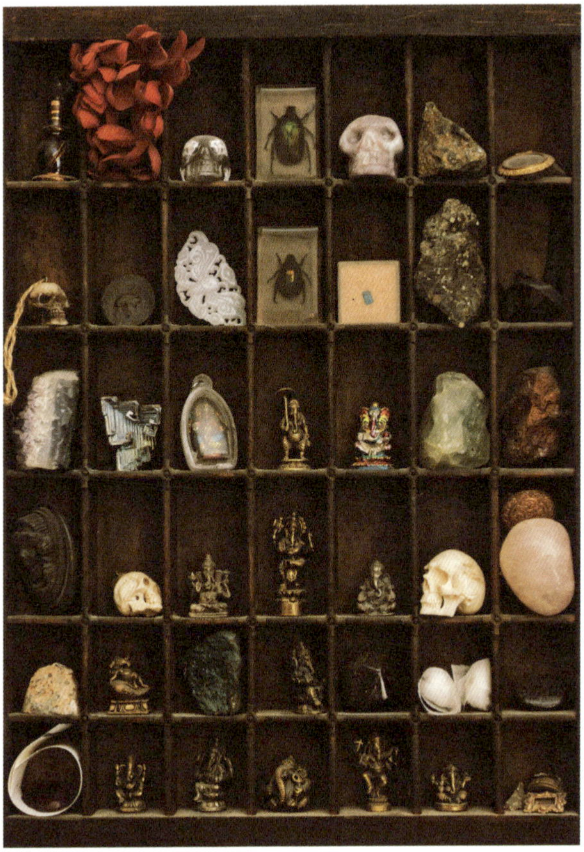

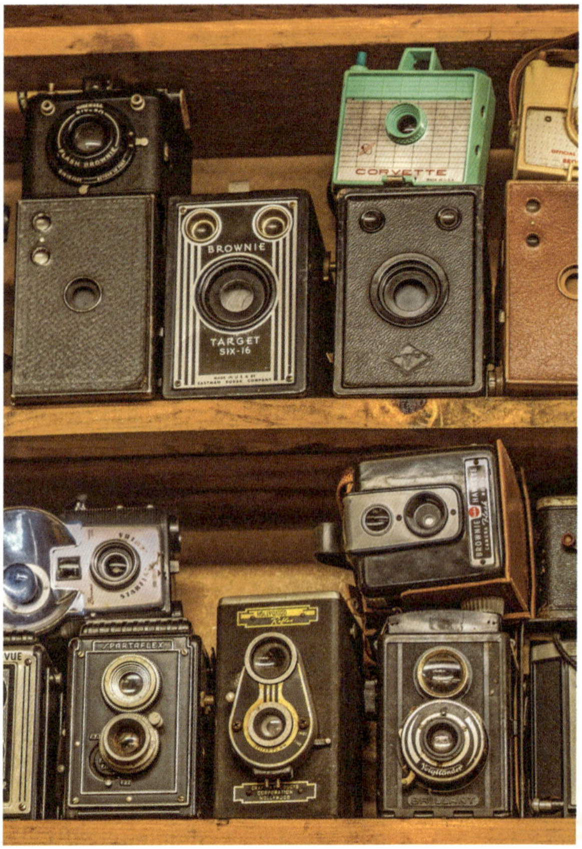
CORVETTE
BROWNIE
TARGET
SIX-16
PARTAFLEX

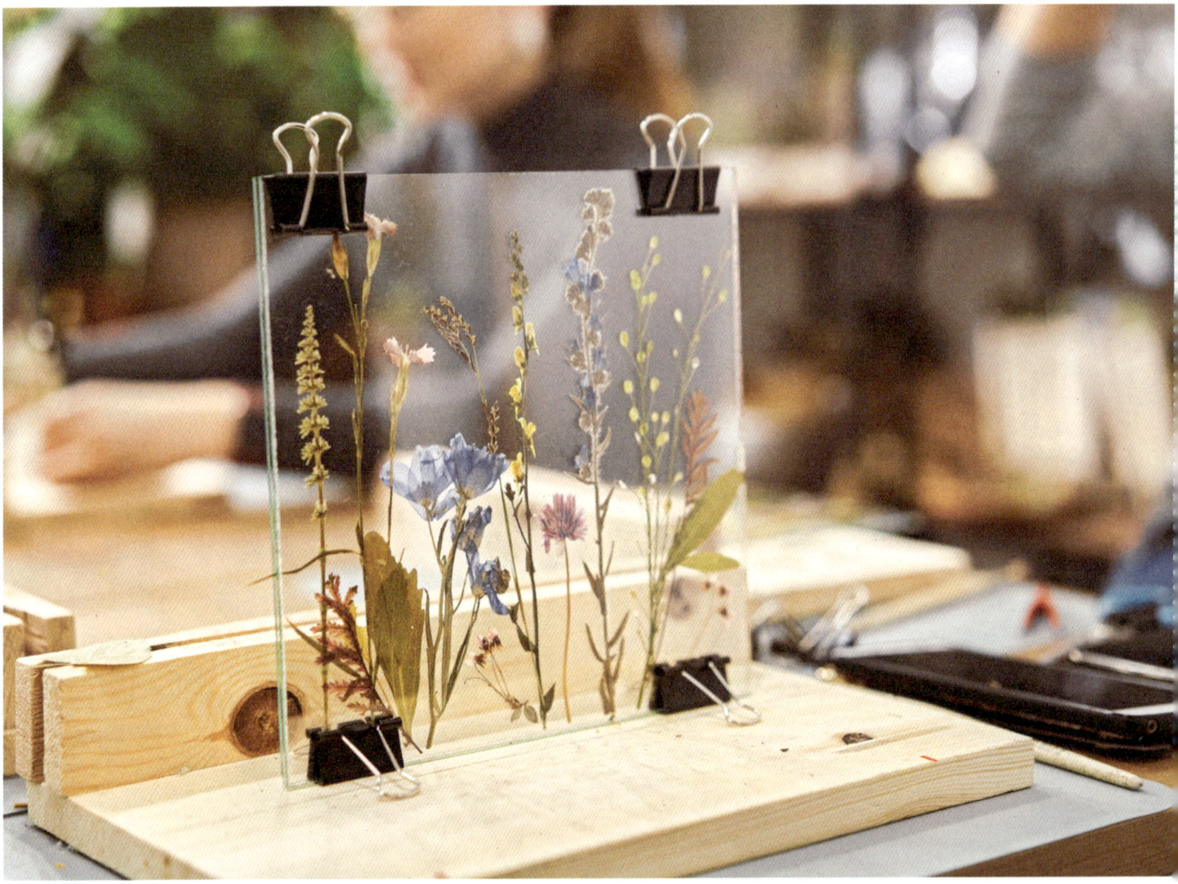

Schell's
Premium Beer
JR
J.R. Ewing's Private Stock
Red White & Blue
Lager Beer
Country Club
Malt Liquor
Tuborg Gold
Kingsbury
Light Beer
Pabst Blue Ribbon
Busch
Budweiser
Falstaff
Olympia Beer
It's the Water
Ballantine
Premium Lager Beer
Lucky Lager Beer
Union Special
Rainier
Stroh's
Bohemian Style Beer
Henninger Export
Falstaff Beer
Halloween
Pfeiffer
Famous Beer
Tuborg Beer
G.I. Joe
Beer
Draft
Schmidt Beer
that Grew with the Great Northwest

关于我们的迷你博物馆

这个迷你博物馆始于儿时的一个梦想，那就是把这个世界所呈现出的一些神奇的事与物收集起来，与大家分享。通过手中的迷你博物馆，可以见微知著，让人了解我们这个已知的世界。几十年的不懈努力已渐成气候，我们终于建立起了一个覆盖所有时间和空间的藏品组合。

2014年，当迷你博物馆被推介给公众时，来自世界各地的数千人聚集在一起，表达了对我们的支持。儿时梦想已经实现，但前面的路还很长，远没有到骄傲的时候。

近年来，我们组织了数次展示，分享了数百件藏品的故事。今天，在位于120多个国家的收藏者手中，珍藏着100多万件独一无二的藏品，每一件都连接着那个最初的梦想。对于这个梦想而言，不仅是简单地分享藏品及其背后的故事，还有更为重要的东西，即那些跨越历史长河而展现出来的人与物之间不可分割的联系。

就像宇宙本身一样，每次收藏的每一件物品，彼此都存在着联系。它们的故事盘根错节，有时甚至难以想象。通过与别人分享这些物品，在分享这些故事的同时，我们也创造了人和人相互接触的机会。

我们希望你在阅读这本书的过程中，也能发现自己已经同世界上的其他人连在一起。他们与你共享着对历史和科学探险的热爱。我们也希望你将这本书作为自己的一个新起点，不断去探索这个世界的美好与神奇。

迷你博物馆

来自地球及以外的珍稀标本

来自地球之外的氨基酸（约45.7亿年前）	月球高地（约32亿年前）	铜晶体（约30亿年前）	大毁灭（约2.5亿年前）	极大陆（约2亿年前）
恐龙食物（苏铁类植物）	蛇颈龙（尾鳍）	迅猛龙（兽脚亚目恐龙骨）	巨型鳄鱼（帝鳄盔甲）	亚马孙河水
剑齿虎（剑齿虎骨）	大河狸（大河狸牙）	猛犸象（牙）	象鸟（象鸟蛋壳）	
巨石阵（青石采石场）	木乃伊珠串（公元前1000年）	罗马浴池（火坑式供暖系统烟道）	骑士剑（14世纪）	阿兹特克帝国（黑曜石工具）
卢西塔尼亚号（甲板躺椅）	温斯顿·丘吉尔（毛皮暖手筒）	好莱坞标志	曼哈顿工程（防护窗）	白宫（砖）
穆罕默德·阿里（拳击沙袋）	协和超音速客机（喷气旋翼）	天然蓝宝石	第一架航天飞机（外层隔热瓦）	人类心脏

2018年 迷你博物馆责任有限公司　　迷你博物馆4号原型尺寸：大　　限量版#_____的_____

参考资料

OLDEST MATTER
Bouvier, Audrey, and Meenakshi Wadhwa. "The age of the Solar System redefined by the oldest Pb–Pb age of a meteoritic inclusion." Nature Geoscience 3.9 (2010): 637-641.

SPACE GEMS
Davis, Andrew M., ed. Meteorites, Comets, and Planets: Treatise on Geochemistry. Vol. 1. Elsevier, 2005.
Garnero, Edward J., Allen K. McNamara, and Sang-Heon Shim. "Continent-sized anomalous zones with low seismic velocity at the base of Earth's mantle." Nature Geoscience (2016).
Klosterman, Michael J., and Peter R. Buseck. "Structural analysis of olivine in pallasitic meteorites: deformation in planetary interiors." Journal of Geophysical Research 78.32 (1973): 7581-7588.
McSween Jr, Harry Y., et al. "HED meteorites and McKibbin, S. J., et al. "Rapid cooling of planetesimal core-mantle reaction zones from Mn-Cr isotopes in pallasites." Geochem. Perspect 2 (2016): 68-77.
Stevens, Michael R., David R. Bell, and Peter R. Buseck. "Tubular symplectic inclusions in olivine from the Fukang pallasite." Meteoritics & Planetary Science 45.5 (2010): 899-910.
Tarduno, John A., et al. "Evidence for a dynamo in the main group pallasite parent body." Science 338.6109 (2012): 939-942.
Weiss, Benjamin P. "A Vitrage of Asteroid Magnetism." Science 338.6109 (2012): 897-898.

ASTEROID BELT FRAGMENT
McSween Jr, Harry Y., et al. "HED meteorites and their relationship to the geology of Vesta and the Dawn mission." The Dawn Mission to Minor Planets 4 Vesta and 1 Ceres. Springer New York, 2012. 141-174.
Morbidelli, Alessandro, et al. "The Dynamical Evolution of the Asteroid Belt." arXiv preprint arXiv: 1501.06204 (2015).

LUNAR HIGHLANDS
Grange, M. L., M. D. Norman, and V. Assis Fernandes. "Clues to the Origin of Gabbroic Lunar Meteorite Northwest Africa 5000." Lunar and Planetary Science Conference. Vol. 47. 2016.
Hidaka, Hiroshi, et al. "Isotopic Evidence for Multi-stage Cosmic-ray Exposure Histories of Lunar Meteorites: Long Residence on the Moon and Short Transition to the Earth." The Astronomical Journal 153.6 (2017): 274.
Riccioli, Giovanni Battista. "Almagestum novum", Bologna, 1651.
Wood, Charles Arthur, and Maurice JS Collins. 21st century atlas of the Moon. West Virginia University Press, 2013.

OLDEST EARTH
Bell, Elizabeth A., et al. "Potentially Biogenic Carbon Preserved in a 4.1 Billion-year-old Zircon." Proceedings of the National Academy of Sciences 112.47 (2015): 14518-14521.
Valley, John W., et al. "Hadean Age for a Post-magma-ocean Zircon Confirmed by Atom-probe Tomography." Nature Geoscience 7.3 (2014): 219-223.
Wilde, Simon A., et al. "Evidence for Detrital Zircons for the Existence of Continental Crust and Oceans on the Earth 4.4 Gyr Ago." Nature 409.6817 (2001): 175-178.

MARTIAN ROCK + ATMOSPHERE
Mahaffy, Paul R., et al. "Abundance and isotopic composition of gases in the martian atmosphere from the Curiosity rover." Science 341.6143 (2013): 263-266.
Marti, K., et al. "Signatures of the Martian atmosphere in glass of the Zagami meteorite." Science 267.5206 (1995): 1981-1984.
Werner, Stephanie C., Anouck Ody, and François Poulet. "The Source Crater of Martian Shergottite Meteorites." Science 343.6177 (2014): 1343-1346.

EARLIEST LIFE
Kalkowsky, Ernst. "Oolith und Stromatolith im norddeutschen Buntsandstein." Zeitschrift der deutschen geologischen Gesellschaft (1908): 68-125.
Sugitani, Kenichiro, et al. "Microfossil assemblage from the 3400Ma Strelley Pool Formation in the Pilbara Craton, Western Australia: Results form a new locality." Precambrian Research 226 (2013): 59-74.

GREAT OXYGENATION EVENT
Barley, Mark E., Andrey Bekker, and Bryan Krapež. "Late Archean to Early Paleoproterozoic global tectonics, environmental change and the rise of atmospheric oxygen." Earth and Planetary Science Letters 238.1 (2005): 156-171.
Holland, Heinrich D. "The oxygenation of the atmosphere and oceans." Philosophical Transactions of the Royal Society B: Biological Sciences 361.1470 (2006): 903-915.
Kappler, Andreas, et al. "Deposition of banded iron formations by anoxygenic phototrophic Fe (II)- oxidizing bacteria." Geology 33.11 (2005): 865-868.
Luo, Genming, et al. "Rapid oxygenation of Earth's atmosphere 2.33 billion years ago." Science Advances 2.5 (2016): e1600134.

CRINOID
Chambers, Robert. The book of days, a miscellany of popular antiquities. 1862.
Kelley, Patricia, Michal Kowalewski, and Thor A. Hansen, eds. Predator-prey interactions in the fossil record. Vol. 20. Springer Science & Business Media, 2003.
Hess, Hans, et al. Fossil crinoids. Cambridge University Press, 2003.

WORLD'S OLDEST RIVER
Baker, Victor R. "Sinuous rivers." Proceedings of the National Academy of Sciences 110.21 (2013): 8321-8322.
Chewings, Charles. The sources of the Finke River. WK Thomas, 1886.
Fujita, Eisuke, et al. "Stress field change around the Mount Fuji volcano magma system caused by the Tohoku megathrust earthquake, Japan." Bulletin of volcanology 75.1 (2013): 1-14.
Pickup, G., G. Allan, and Victor Baker. "History, palaeochannels and palaeofloods of the Finke River, central Australia." Academic Press. 1988.
Roberts, Emily A., and Gregory A. Houseman. "Geodynamics of central Australia during the intraplate Alice Springs Orogeny: thin viscous sheet models." Geological Society, London, Special Publications 184.1 (2001): 139-164.

COPPER CRYSTALS
Box, Stephen E., et al. "Dzhezkazgan and associated sandstone copper deposits of the Chu-Sarysu basin, Central Kazakhstan." Society of Economic Geologists (2012): 303-328.
Grass, Gregor, Christopher Rensing, and Marc Solioz. "Metallic copper as an antimicrobial surface." Applied and environmental microbiology 77.5 (2011): 1541-1547.
Leemans, Wilhelmus François. Foreign Trade in the Old Babylonian Period as revealed by texts from southern Mesopotamia. Vol. 6. Brill Archive, 1960.
Sauvage, Jean-Pierre, and Christiane Dietrich- Buchecker, eds. Molecular catenanes, rotaxanes and knots: a journey through the world of molecular topology. John Wiley & Sons, 2008.

DIMETRODON
Brink, Kirstin S., and Robert R. Reisz. "Hidden dental diversity in the oldest terrestrial apex predator Dimetrodon." Nature communications 5 (2014).
Cope, Edward Drinker. "Second contribution to the history of the Vertebrata of the Permian formation of Texas." Proceedings of the American Philosophical Society (1880): 38-58.
Rega, Elizabeth A., et al. "Healed fractures in the neural spines of an associated skeleton of Dimetrodon: implications for dorsal sail morphology and function." Fieldiana Life and Earth Sciences (2012): 104-111.

JURASSIC TREE
Chapman, Frank M. "Darwin's Chile." Geographical Journal (1926): 369-381.
Farjon, Aljos. A natural history of conifers. Timber Press, 2008.
Gerhard, Lee C. & William E. Harrison. "Distribution of Oceans & Continents: A Geological Constraint on Global Climate Variability." In Geological Perspectives of Global Climate Change, edited by Lee C. Gerhard, et al., AAPG Studies in Geology, 2001, pp. 35-49.
Gernandt, David S., et al. "The conifers (Pinophyta)." Genetics, genomics and breeding of conifers (2011): 1-39.
Hummel, Jürgen, et al. "In vitro digestibility of fern and gymnosperm foliage: implications for sauropod feeding ecology and diet selection." Proceedings of the Royal Society of London B: Biological Sciences 275.1638 (2008): 1015-1021.
Klein, Nicole, et al., eds. Biology of the sauropod dinosaurs: understanding the life of giants. Indiana University Press, 2011.
Suess, Eduard. The face of the earth: (Das antlitz der erde). Vol. 4. Clarendon press, 1909.
Weaver, Jan C. "The improbable endotherm: the energetics of the sauropod dinosaur Brachiosaurus." Paleobiology 9.02 (1983): 173-182.

JAPANESE STAR SAND
Bandy, Orville L. "Planktonic foraminiferal criteria for paleoclimatic zonation." (1960).
Doo, Steve S., et al. "Fate of Calcifying Tropical Symbiont-Bearing Large Benthic Foraminifera: Living Sands in a Changing Ocean." The Biological Bulletin 226.3 (2014): 169-186.
Endo, Shoji. Folktales of Okinawa. Bank Of The Ryukyus International Foundation. 1996.
d'Orbigny, Alcide. Foraminiferes de l'ile de Cuba. 1839.

THE GREAT DYING
Davies, Clare, Mark B. Allen, Misha M. Buslov and Inna Safonova. "Deposition in the Kuznetsk Basin, Siberia: insights into the Permian-Triassic transition and the Mesozoic evolution of Central Asia." Palaeogeography, palaeoclimatology, palaeoecology 295.1 (2010): 307-322. dro.dur.ac.uk. Web. 13 March 2018.
Hallam, Tony. Catastrophes and Lesser Calamities: The Causes of Mass Extinctions. Oxford University Press, 2005. EBSCOhost.com. Web. 13 March 2018.
Kolbert, Elizabeth. The sixth extinction: An unnatural history. A&C Black, 2014.
Saunders, Andy and Marc Reichow. "The Siberian Traps and the End-Permian mass extinction: a critical review." Chinese Science Bulletin 54.1 (2009): 20-37. Ira.le.ac.uk. Web. 13 March 2018.

TETHYS OCEAN
Aktor, Mikael. "Grasping the Formless in Stones: The Petromorphic Gods of the Hindu." Aesthetics of Religion: A Connective Concept 58 (2017): 59.
Keppie, D. Fraser. "How the Closure of Paleo-Tethys & Tethys Oceans Controlled the Early Breakup of Pangaea." Geology, vol. 43, no. 4, 2015, pp. 335-338.
Sakai, Harutaka. "Rifting of the Gondwanaland and uplifting of the Himalayas recorded in Mesozoic and Tertiary fluvial sediments in the Nepal Himalayas." Sedimentary facies in the active plate margin (1989): 723-732.
Searle, M. P., et al. "The closing of Tethys and the tectonics of the Himalaya." Geological Society of America Bulletin 98.6 (1987): 678-701.
Stow, Dorrik. Vanished Ocean: How Tethys Reshaped the World. Oxford University Press, 2010.
Suess, Edward. "Are Great Ocean Depths Permanent." 1893.

PANGAEA
Marzoli, Andrea, Paul R. Renne, Enzo M. Piccirillo, Marcia Ernesto, Giuliano Bellieni and Angelo De Min. "Extensive 200-Million-Year-Old Continental Flood Basalts of the Central Atlantic Magmatic Province." Science 284 (1999): 616-618. Researchgate.net. Web. 12 March 2018.
Rogers, John J.W. and M. Santosh. Continents and Supercontinents. Oxford University Press, 2004. EBSCOhost.com. Web. 12 March 2018.
Solomon, S. C., and Solid Earth Science Working Group. "Living on a restless planet." Solid Earth Science Working Group Report. Available from http://solidearth.jpl.nasa.gov/PDF/SESWG_final_combined.pdf (2002).
Torsvik, Trond H. and L. Robin M. Cocks. "From Wegener until now: the development of our understanding of Earth's Phanerozoic evolution." GEOLOGICA BELGICA 15.3 (2012): 181-192. EBSCOhost.com Web. 12 March 2018.

LAURASIA
Cochran, J. Kirk, et al. "Effect of diagenesis on the Sr, O, and C isotope composition of late Cretaceous mollusks from the Western Interior Seaway of North America." American Journal of Science 310.2 (2010): 69-88.
Landman, Neil H., and Susan M. Klofak. "Anatomy of a concretion: life, death, and burial in the Western Interior Seaway." Palaios 27.10 (2012): 671-692.
Mychaluk, Keith A., Alfred A. Levinson, and Russell L. Hall. "Ammolite: iridescent fossilized ammonite from southern Alberta, Canada." Gems &

Gemology 37.1 (2001): 4-25.
Tsujita, Cameron J., and Gerd EG Westermann. "Ammonoid habitats and habits in the Western Interior Seaway: a case study from the Upper Cretaceous Bearpaw Formation of southern Alberta, Canada." Palaeogeography, Palaeoclimatology, Palaeoecology 144.1-2 (1998): 135-160.

CYCAD

Jones, David Lloyd. Cycads of the world: ancient plants in today's landscape. Washington, DC: Smithsonian Institution Press, 2002.
Mackie, Roderick I. "Mutualistic Fermentative Digestion in the Gastrointestinal Tract: Diversity and Evolution1." Integrative and Comparative Biology 42.2 (2002): 319-326.
Nagalingum, N.S., et al. "Recent Synchronous Radiation of a Living Fossil" Science (11 Nov 2011): 796-799
T. E. Marler et al, Seed Ontogeny and Nonstructural Carbohydrates of Cycas micronesica Megagametophyte Tissue, HortScience (2016). DOI: 10.21273/HORTSCI10986-16

INSECT IN AMBER

Daza, Juan D., Edward L. Stanley, Philipp Wagner, Aaron M. Bauer, and David A, Grimaldi. "Mid-Cretaceous amber fossils illuminate the past diversity of tropical lizards." Science Advances 2(3) 4 March 2016. Web. 5 April 2019.
Grimaldi, David A., Michael S. Engel, and Paul C. Nascimbene. "Fossiliferous Cretaceous amber from Myanmar (Burma): its rediscovery, biotic diversity, and paleontological significance." American Museum Novitates (2002): 1-71.
Pierson, Jessica A. Late Cretaceous (Campanian and Maastrichtian) Sequence Stratigraphy, Southeastern North Carolina, USA. Diss. University of North Carolina at Wilmington, 2003.
Shi, Guanghai, David A. Grimaldi, George E. Harlow, Jing Wang, Jun Wang, Mengchu Yang, Weiyan Lei, Qiuli Li, and Xianhua Li. "Age constraint on Burmese amber based on U-Pb dating of zircons." Cretaceous Research 37 (2012) 155-163. Web. 5 April 2019.
Swift, Donald JP, and S. Duncan Heron Jr. "Tidal deposits in the Cretaceous of the Carolina Coastal Plain." Sedimentary Geology 1 (1967): 259-282.

AGE OF DINOSAURS

Allain, Ronan, et al. "A basal sauropod dinosaur from the Early Jurassic of Morocco." Comptes Rendus Palevol 3.3 (2004): 199-208. https://doc.rero.ch/record/5034/files/1_monbaron_bsd.pdf"_monbaron_bsd.pdf
Antón, M., et al. "The Muscle-powered Bite of Allosaurus (Dinosauria; Theropoda): An Interpretation of Cranio-dental Morphology." Estudios Geológicos, 59, 2003, pp. 313-323.
Bates, Karl T., et al. "THREE-DIMENSIONAL MODELLING AND ANALYSIS OF DINOSAUR TRACKWAYS." Palaeontology 51.4 (2008): 999-1010.
Bell, Phil R., et al. "Tyrannosauroid integument reveals conflicting patterns of gigantism and feather evolution." Biology letters 13.6 (2017): 20170092.
Benson, Roger B.J., et al. "Competition & Constraint Drove Cope's Rule in the Evolution of Giant Flying Reptiles." Nature Communications, 5: 3567, 2014.
Boyd, Clint A. "The systematic relationships and biogeographic history of ornithischian dinosaurs." PeerJ 3 (2015): e1523.
Briggs, Helen. "The story of 'Eve' the Jurassic sea monster." BBC News. British Broadcasting News, 29 May 2016. Web. 7 March 2018.
Brusatte, Stephen L. Dinosaur Paleobiology. Vol. 2. John Wiley & Sons, 2012.
Brusatte, Stephen L., et al. "Tyrannosaur Paleobiology: New Research on Ancient Exemplar Organisms." Science, 329, 2010, pp. 1481-1485.
Buffetaut, Eric, and Jean Le Loeuff. "The discovery of dinosaur eggshells in nineteenth-century France." Dinosaur eggs and babies (1994): 31-34.
Bybee, Paul J., Andrew H. Lee, and Ellen-Thérèse Lamm. "Sizing the Jurassic theropod dinosaur Allosaurus: assessing growth strategy and evolution of ontogenetic scaling of limbs." Journal of Morphology 267.3 (2006): 347-359.
Carpenter, Kenneth (ed.). The Carnivorous Dinosaurs. Indiana University Press, 2005.
Carpenter, Kenneth. "Redescription of Ankylosaurus Magniventris Brown 1908 (Ankylosauridae) from the Upper Cretaceous of the Western Interior of North America." Canadian Journal of Earth Sciences 41.8 (2004): 961-986.
Carrano, Matthew T., Christine M. Janis, and J. J. Sepkoski. "Hadrosaurs as ungulate parallels: lost life styles and deficient data." Acta Palaeontologica Polonica 44.3 (1999): 237-261.
Chin, Karen, Rodney M. Feldmann, and Jessica N. Tashman. "Consumption of crustaceans by megaherbivorous dinosaurs: dietary flexibility and dinosaur life history strategies." Scientific reports 7.1 (2017): 11163.
Chinsamy, Anusuya, et al. "Hadrosaurs were perennial polar residents." The Anatomical Record: Advances in Integrative Anatomy and Evolutionary Biology 295.4 (2012): 610-614.
Chuong, Cheng-Ming, et al. "Evo-Devo of feathers and scales: building complex epithelial appendages: Commentary." Current opinion in genetics & development 10.4 (2000): 449-456.
Claessens, Leon PAM, Patrick M. O'Connor, and David M. Unwin. "Respiratory evolution facilitated the origin of pterosaur flight and aerial gigantism." PloS one 4.2 (2009): e4497.
Cooper, Lisa Noelle, et al. "Relative growth rates of predator and prey dinosaurs reflect effects of predation." Proceedings of the Royal Society B: Biological Sciences 275.1651 (2008): 2609-2615.
Cuvier, Georges, and Robert Jameson. Essay on the Theory of the Earth. W. Blackwood, 1827.
Cope, Edward Drinker. "Lamarek Versus Weismann." Nature 41 (1889): 79.
Cope, Edward Drinker. The Primary Factors of Organic Evolution. Open Court, 1904.
Davis, Matt. "Census of dinosaur skin reveals lithology may not be the most important factor in increased preservation of hadrosaurid skin." Acta Palaeontologica Polonica 59.3 (2012): 601-605.
De Buffrénil, V., J. O. Farlow, and A. De Ricqlès. "Growth and function of Stegosaurus plates: evidence from bone histology." Paleobiology (1986): 459-473.
Deng, Tao, et al. "Implications of vertebrate fossils for paleo-elevations of the Tibetan Plateau." Global and Planetary Change (2019).
Depéret, Charles. Les animaux pliocènes du Roussillon. Vol. 3. Baudry, 1890.
Emling, Shelley. The fossil hunter: dinosaurs, evolution, and the woman whose discoveries changed the world. St. Martin's Press, 2009.
Erickson, Gregory M. "The bite of Allosaurus." Nature 409.6823 (2001): 987.
Evans, David C., et al. "Morphology and histology of new cranial specimens of Pachycephalosauridae (Dinosauria: Ornithischia) from the Nemegt Formation, Mongolia." Palaeogeography, Palaeoclimatology, Palaeoecology 494 (2018): 121-134.
Everhart, Michael J. Oceans of Kansas. Indiana University Press, 2005.
Farke, Andrew A. "Evaluating combat in ornithischian dinosaurs." Journal of Zoology 292.4 (2014): 242-249. https://zslpublications.onlinelibrary.wiley.com/doi/full/10.1111/jzo.12111
Farke, Andrew A., Ewan DS Wolff, and Darren H. Tanke. "Evidence of combat in Triceratops." PLoS One 4.1 (2009): e4252.
Farlow, James O., Carl V. Thompson, and Daniel E. Rosner. "Plates of the dinosaur Stegosaurus: forced convection heat loss fins?" Science 192.4244 (1976): 1123-1125.
Farlow, James O., Shoji Hayashi, and Glenn J. Tattersall. "Internal vascularity of the dermal plates of Stegosaurus (Ornithischia, Thyreophora)." Swiss Journal of Geosciences 103.2 (2010): 173-185.
Fastovsky, David E. & David B. Weishampel. Dinosaurs: A Concise Natural History. Cambridge University Press, 2009.
Foffa, Davide, et al. "Functional anatomy and feeding biomechanics of a giant Upper Jurassic pliosaur (Reptilia: Sauropterygia) from Weymouth Bay, Dorset, UK." Journal of Anatomy 225.2 (2014): 209-219.
Foth, Christian, et al. "New insights into the lifestyle of Allosaurus (Dinosauria: Theropoda) based on another specimen with multiple pathologies." PeerJ 3 (2015): e940.
Frederickson, J. A., M. H. Engel, and R. L. Cifelli. "Niche Partitioning in Theropod Dinosaurs: Diet and Habitat Preference in Predators from the Uppermost Cedar Mountain Formation (Utah, USA)." Scientific reports 8.1 (2018): 17872.
Fritzer, Elizabeth, and Aliza Turek-Herman. "Dinosaurs of the Connecticut Valley." The Traprock 6 (2006): 18-22.
Getty, Patrick R., Laurel Hardy, and Andrew M. Bush. "Was the Eubrontes Track Maker Gregarious? Testing the Herding Hypothesis at Powder Hill Dinosaur Park, Middlefield, Connecticut." Bulletin of the Peabody Museum of Natural History 56.1 (2015): 95-107.
Godefroit, Pascal, Johan Yans, and Pierre Bultynck. "Bernissart and the Iguanodons: historical perspective and new investigations." 2012) Bernissart dinosaurs and early Cretaceous terrestrial ecosystems. University Press, Indiana (2012).
Goodwin, Mark B., and David C. Evans. "The early expression of squamosal horns and parietal ornamentation confirmed by new end-stage juvenile Pachycephalosaurus fossils from the Upper Cretaceous Hell Creek Formation, Montana." Journal of Vertebrate Paleontology 36.2 (2016): e1078343.
Grove, Richard. The Cambridgeshire coprolite mining rush. Vol. 1. Oleander Press, 1976.
Hallett, Mark & Mathew J. Wedel. The Sauropod Dinosaurs: Life in the Age of Giants. John Hopkins University Press, 2016.
Hatcher, John Bell, Henry Fairfield Osborn, and Othniel Charles Marsh. The Ceratopsia. Vol. 49. US Government Printing Office, 1907.
Henderson, Donald M. "Burly gaits: centers of mass, stability, and the trackways of sauropod dinosaurs." Journal of Vertebrate Paleontology 26.4 (2006): 907-921.
Herrero, Lucia, and Andrew A. Farke. "Hadrosaurid dinosaur skin impressions from the Upper Cretaceous Kaiparowits Formation of southern Utah, USA." PalArch's Journal of Vertebrate Palaeontology 7.2 (2010): 1-7.
Hitchcock, Edward. Ichnology of New England: A Report on the Sandstone of the Connecticut Valley Especially Its Fossil Footmarks, Made to the Government of the Commonwealth of Massachusetts. William White, printer, 1858.
Holtz, Thomas R. "Dinosaur predation." Predator—Prey Interactions in the Fossil Record. Springer, Boston, MA, 2003. 325-340.
Home, Everard. "XXVIII. Some account of the fossil remains of an animal more nearly allied to fishes than any of the other classes of animals." Philosophical Transactions of the Royal Society of London 104 (1814): 571-577.
Hone DWE, Tischlinger H, Xu X, Zhang F (2010) The Extent of the Preserved Feathers on the Four-Winged Dinosaur Microraptor gui under Ultraviolet Light. PLoS ONE 5(2): e9223. doi: 10.1371/journal.pone.0009223
Hone, David WE, Darren H. Tanke, and Caleb M. Brown. "Bite marks on the frill of a juvenile Centrosaurus from the Late Cretaceous Dinosaur Provincial Park Formation, Alberta, Canada." PeerJ 6 (2018): e5748.
Horner, John R., and Mark B. Goodwin. "Major cranial changes during Triceratops ontogeny." Proceedings of the Royal Society B: Biological Sciences 273.1602 (2006): 2757-2761.
Huang, Jian-dong, et al. "The new ichthyosauriform Chaohusaurus brevifemoralis (Reptilia, Ichthyosauromorpha) from Majiashan, Chaohu, Anhui Province, China." PeerJ 7 (2019): e7561.
Humphries, Stuart, and Graeme D. Ruxton. "Why did some ichthyosaurs have such large eyes?" Journal of Experimental Biology 205 (2002): 439-441.
Huxley, Thomas Henry. "On A Piece Of Chalk." Macmillan's Magazine (1868).
Ibrahim, Nizar, et al. "Semiaquatic Adaptations in a Giant Predatory Dinosaur." Science 345.6204 (2014): 1613-1616.
Knutsen, E.M., P.S. Druckenmiller, and J.H. Hurum. "Two new species of long-necked plesiosaurians (Reptilia: Sauropterygia) from the Upper Jurassic (Middle Volgian) Agardhfjellet Formation of central Spitsbergen." Norwegian Journal of Geology, Vol 92, pp. 187-212. Trondheim 2012, ISSN 029-196X.
Le Loeuff, Jean. "Osteology of Ampelosaurus atacis (Titanosauria) From Southern France." In Thunder-Lizards: The Sauropodomorph Dinosaurs, edited by Virginia Tidwell & Kenneth Carpenter, Indiana University Press, 2005, pp. 115-138.
Li, Rihui, Martin G. Lockley, Peter

J. Makovicky, Masaki Matsukawa, Mark A. Norell, Jerald D. Harris and Mingwei Liu. "Behavioral and faunal implications of Early Cretaceous deinonychosaur trackways from China." Naturwissenschaften 95.3 (2007): 185-191. Web 11 March 2018.
Lindgren, Johan, et al. "Convergent Evolution in Aquatic Tetrapods: Insights from an Exceptional Fossil Mosasaur." PLoS One 5.8 (2010): e11998.
Lindgren, Johan, et al. "Skin Pigmentation Provides Evidence of Convergent Melanism in Extinct Marine Reptiles." Nature (2014).
Lindgren, Johan, et al. "Soft-tissue evidence for homeothermy and crypsis in a Jurassic ichthyosaur." Nature 564.7736 (2018): 359.
Liu, Min, et al. "Varanoid Tooth Eruption and Implantation Modes in a Late Cretaceous Mosasaur." Frontiers in Physiology 7 (2016).
Liu, Shiqiu; Adam S. Smith, Yuting Gu, Jie Tan, C. Karen Liu, and Greg Turk. "Computer Simulations Imply Forelimb-Dominated Underwater Flight in Plesiosaurs." PLoS Computational Biology 11.12 (2015): 1-18. EBSCOhost. Web. 7 March 2018.
Long, John A., and Peter Schouten. Feathered dinosaurs: the origin of birds. Oxford University Press, USA, 2008.
Longrich, Nicholas R., et al. "Cannibalism in Tyrannosaurus rex." PloS one 5.10 (2010): e13419.
Longrich, Nicholas R., David M. Martill, and Brian Andres. "Late Maastrichtian pterosaurs from North Africa and mass extinction of Pterosauria at the Cretaceous-Paleogene boundary." PLoS biology 16.3 (2018): e2001663.
Mallison, Heinrich. "Rearing Giants: Kinetic-Dynamic Modeling of Sauropod Bipedal & Tripedal Poses." Biology of the Sauropod Dinosaurs, edited by Nicole Klein, et al., Indiana University Press, 2011, pp. 237-250.
Maltese, Anthony, et al. "The real Bigfoot: a pes from Wyoming, USA is the largest sauropod pes ever reported and the northern-most occurrence of brachiosaurids in the Upper Jurassic Morrison Formation." PeerJ 6 (2018): e5250.
Mannion, Philip D., Ronan Allain, and Olivier Moine. "The earliest known titanosauriform sauropod dinosaur and the evolution of Brachiosauridae." PeerJ 5 (2017): e3217.
Mannion, P. D. "Review and analysis of African sauropodomorph dinosaur diversity." Palaeontologia africana 44 (2009): 108-111. http: //wiredspace.wits.ac.za/bitstream/handle/10539/17294/Pal-Vol-44.pdf?sequence=1#page=108"
Mantell, Gideon Algernon. "The geological age of reptiles." The Edinburgh New Philosophical Journal 11 (1831): 181-185.
Marsh, Othniel Charles. "ART. LIII.--Notice of New Dinosaurian Reptiles from the Jurassic formation." American Journal of Science and Arts (1820-1879) 14.84 (1877): 514.
Matheron, Philippe. "Notice sur les reptiles fossiles des dépôts fluvio-lacustres crétacés du bassin à lignite de Fuveau." (1869): 1-39.
Mayor, Adrienne, and William AS Sarjeant. "The folklore of footprints in stone: from classical antiquity to the present." (2001): 143-163.
McCrea, Richard T., et al. "A 'Terror of Tyrannosaurs': The First Trackways of Tyrannosaurids & Evidence of Gregariousness & Pathology in Tyrannosauridae." PLOS ONE, 9(7), 2014, pp. 1-13.
McHugh, Julia B. "Evidence for Niche Partitioning Among Ground-Height Browsing Sauropods From the Upper Jurassic Morrison Formation of North America." Geology of the Intermountain West, vol. 5, 2018, pp. 95-103.
Murdoch, Alexander, et al. "Didactyl tracks of paravian theropods (Maniraptora) from the? Middle Jurassic of Africa." PLoS One 6.2 (2011): e14642.
Myhrvold, Nathan P., and Philip J. Currie. "Supersonic sauropods? Tail dynamics in the diplodocids." Paleobiology 23.4 (1997): 393-409.
Naish, Darren & Paul Barrett. Dinosaurs: How They Lived & Evolved. The Natural History Museum of London, 2016.
Nicholls, Elizabeth L., and Jack M. Callaway. Ancient Marine Reptiles. San Diego: Academic Press. 1997. EBSCOhost. Web. 7 March 2018.
Nieuwland, Ilja. "The colossal stranger. Andrew Carnegie and Diplodocus intrude European culture, 1904–1912." Endeavour 34.2 (2010): 61-68.
Norell, Mark A. The World of Dinosaurs: The Ultimate Illustrated Reference. The University of Chicago Press, 2019.
O'Donoghue, James. "The hunt for predator X." New Scientist 204.2732 (2009): 32-35.
Padian, Kevin, and Jack R. Horner. "The evolution of 'bizarre structures' in dinosaurs: biomechanics, sexual selection, social selection or species recognition?." Journal of Zoology 283.1 (2011): 3-17.
Paul, Gregory S. The Princeton Field Guide to Dinosaurs – 2nd Edition. Princeton University Press, 2016.
Paul, Gregory S. "Restoring Maximum Vertical Browsing Reach in Sauropod Dinosaurs." The Anatomical Record, vol. 300, 2017, pp. 1802-1825.
Palmer, Colin. "Flight in slow motion: aerodynamics of the pterosaur wing." Proceedings of the Royal Society B: Biological Sciences 278.1713 (2011): 1881-1885.
Peterson, Joseph E., and Christopher P. Vittore. "Cranial pathologies in a specimen of Pachycephalosaurus." PloS one 7.4 (2012): e36227.
Peterson, Joseph E., et al. "New data towards the development of a comprehensive taphonomic framework for the Late Jurassic Cleveland-Lloyd Dinosaur Quarry, Central Utah." PeerJ 5 (2017): e3368.
Prentice, Katherine C., et al. "Evolution of Morphological Disparity in Pterosaurs." Journal of Systematic Paleontology, vol. 9, no. 3, 2011, pp. 357-353.
Rainforth, Emma C. "The footprint record of Early Jurassic dinosaurs in the Connecticut Valley: status of the taxon formerly known as Brontozoum." Geol. Soc. of America Abstracts with Programs. Vol. 36. No. 2. 2004.
Rayfield, E. J. "Aspects of comparative cranial mechanics in the theropod dinosaurs Coelophysis, Allosaurus and Tyrannosaurus." Zoological Journal of the Linnean Society 144.3 (2005): 309-316.
Reinhard, Karl J., and Vaughn M. Bryant Jr. "Coprolite analysis: A biological perspective on archaeology." Papers in Natural Resources. (1992).
Riggs, Elmer S. "Brachiosaurus altithorax, the largest known Dinosaur." American Journal of Science (1880-1910) 15.88 (1903): 299.
Saitta, Evan Thomas. "Evidence for Sexual Dimorphism in the Plated Dinosaur Stegosaurus mjosi (Ornithischia, Stegosauria) from the Morrison Formation (Upper Jurassic) of Western USA." (2015): e0123503.
Scannella, John B., and John R. Horner. "Torosaurus Marsh, 1891, is Triceratops Marsh, 1889 (Ceratopsidae: Chasmosaurinae): synonymy through ontogeny." Journal of Vertebrate Paleontology 30.4 (2010): 1157-1168.
Scheyer, Torsten M., and P. Martin Sander. "Histology of Ankylosaur Osteoderms: Implications for Systematics and Function." Journal of Vertebrate Paleontology 24.4 (2004): 874-893.
Schweitzer, Mary H., et al. "Soft-tissue vessels and cellular preservation in Tyrannosaurus rex." Science 307.5717 (2005): 1952-1955.
Smith, Joshua B., et al. "New Information Regarding the Holotype of Spinosaurus Aegyptiacus Stromer, 1915." Journal of Paleontology 80.02 (2006): 400-406.
Snelling, Roy. The Dragons of Somerset: And Their Relation to Dragons of the World. Spiritual Genesis Books, 2015.
Snively, Eric, et al. "Lower rotational inertia and larger leg muscles indicate more rapid turns in tyrannosaurids than in other large theropods." PeerJ 7 (2019): e6432.
Snively, Eric, and Andrew Cox. "Structural mechanics of pachycephalosaur crania permitted head-butting behavior." Palaeontologia Electronica 11.1 (2008): 3A.
Taquet, Philippe. "The dinosaurs of Maghreb: the history of their discovery." Historical Biology 22.1-3 (2010): 88-99.
Taylor, Michael P. "A re-evaluation of Brachiosaurus altithorax Riggs 1903 (Dinosauria, Sauropoda) and its generic separation from Giraffatitan brancai (Janensch 1914)." Journal of vertebrate Paleontology 29.3 (2009): 787-806.
Taylor, Michael P., et al. "Were the Necks of Apatosaurus & Brontosaurus Adapted for Combat?" PeerJ Preprints, 3: e1347v1, 2015.
Taylor, Michael P., and Mathew J. Wedel. "Why sauropods had long necks; and why giraffes have short necks." PeerJ 1 (2013): e36.
Tortosa, Thierry, et al. "New discovery of titanosaurs (Dinosauria, Sauropoda) from Provence (SE France): implications on local paleobiodiversity." 10th Annual Meeting of the European Association of Vertebrate Palaeontologists, Teruel (Spain). 2012.
Tschopp, Emanuel, et al. "A Specimen-Level Phylogenetic Analysis & Taxonomic Revision of Diplodocidae (Dinosaura, Sauropoda)." PeerJ, vol. 3, e857, 2015.
Turner, Alan H., et al. "A basal dromaeosaurid and size evolution preceding avian flight." Science 317.5843 (2007): 1378-1381.
Tweet, Justin. "Your Friends The Titanosaurs, part 12: Futalognkosaurus, Gondwanatitan, and Hypselosaurus." Equatorial Minnesota, 2019, equatorialminnesota.blogspot.com/2019/05/your-friends-titanosaurs-12-futalognkosaurus-gondwanatitan-hypselosaurus.html.
Unwin, David. Pterosaurs: from deep time. Dutton Adult, 2006.
Val, S., García, R., López, D., 2014. Preliminary results on the chemical preparation of dinosaur eggshells. Journal of Paleontological Techniques, 13: 29-37
Veldmeijer, Andre J., Ilja Nieuwland, and Mark Witton. Pterosaurs: Flying Contemporaries of the Dinosaurs. Sidestone Press, 2012.
Verdú, Francisco J., et al. "Perinates of a new species of Iguanodon (Ornithischia: Ornithopoda) from the lower Barremian of Galve (Teruel, Spain)." Cretaceous Research 56 (2015): 250-264.
Wang, Xiaoli, et al. "New Evidence From China for the Nature of the Pterosaur Evolutionary Transition." Scientific Reports, 7: 42763, 2017.
Wedel, Matt. "A Giant, Skeletally Immature Individual of Apatosaurus From the Morrison Formation of Oklahoma." 61st Symposium on Vertebrate Palaeontology and Comparative Anatomy - Programme and Abstracts, 2013, pp. 40–45.
Weishampel, David B., et al. (eds). The Dinosauria – Second Edition. University of California Press, 2004.
Whyte, M. A., et al. "Discovery of the largest theropod dinosaur track known from the Middle Jurassic of Yorkshire." Proceedings of the Yorkshire Geological Society 56.2 (2006): 77-80.
Wilkinson, David M., Euan G. Nisbet, and Graeme D. Ruxton. "Could methane produced by sauropod dinosaurs have helped drive Mesozoic climate warmth?." Current Biology 22.9 (2012): R292-R293.
Witmer, Lawrence M. "Nostril position in dinosaurs and other vertebrates and its significance for nasal function." Science 293.5531 (2001): 850-853.
Witton, Mark P., and Michael B. Habib. "On the size and flight diversity of giant pterosaurs, the use of birds as pterosaur analogues and comments on pterosaur flightlessness." PloS one 5.11 (2010): e13982.
Xing, Hai, Jordan C. Mallon, and Margaret L. Currie. "Supplementary cranial description of the types of Edmontosaurus regalis (Ornithischia: Hadrosauridae), with comments on the phylogenetics and biogeography of Hadrosaurinae." PloS one 12.4 (2017): e0175253.
Xing, Lida, et al. "The folklore of dinosaur trackways in China: Impact on Paleontology." Ichnos 18.4 (2011): 213-220.
Xu, Xing, Xiao-Lin Wang and Xiao-Chun Wu. "A dromaeosaurid dinosaur with a filamentous integument from the Yixian Formation of China." Nature 401 (1999): 262-266. Web 10 March 2018.
Yang, Wen, et al. "Natural Flexible Dermal Armor." Advanced Materials 25.1 (2013): 31-48.
You, Hai-lu, et al. "The earliest-known duck-billed dinosaur from deposits of late Early Cretaceous age in northwest China and hadrosaur evolution." Cretaceous Research 24.3 (2003): 347-355.
Young, M.T., et al. "Cranial Biomechanics of Diplodocus (Dinosauria, Sauropoda): Testing Hypotheses of Feeding Behaviour in an Extinct Megaherbivore." Naturwissenschaften, vol. 99, no. 8, 2012, pp. 637-643.
Yun, Chan-gyu. Tyrannosaurids didn't use their claws in combat. No. e1207. PeerJ PrePrints, 2015.
Zammit, Maria, and Benjamin P. Kear. "Healed bite marks on a Cretaceous ichthyosaur." Acta Palaeontologica Polonica 56.4 (2011): 859-864.
Zhou, Chang-Fu, et al. "Earliest Filter-feeding Pterosaur From the Jurassic of China & Ecological Evolution of Pterodactyloidea." Royal Society Open Science, 4: 160672, 2017.

K-PG BOUNDARY + DECCAN TRAPS

Alvarez, Luis W., et al. "Extraterrestrial cause for the Cretaceous-Tertiary extinction." Science 208.4448 (1980): 1095-1108.
Bakker, Robert T. The dinosaur heresies: new theories unlocking the mystery of the dinosaurs and their extinction. New York: Morrow, 1986.
Kaiho, Kunio & Naga Oshima. "Site of Asteroid Impact Changed the History of Life on Earth: The Low Probability of Mass Extinction." Scientific Reports, 7, 2017.
Keller, Gerta. "Extinction, survivorship and evolution of planktic foraminifera across the Cretaceous/Tertiary boundary at El Kef, Tunisia." Marine Micropaleontology 13.3 (1988): 239-263.
Renne, Paul R., et al. "State Shift in Deccan Volcanism at the Cretaceous-Paleogene Boundary, Possibly Induced by Impact." Science, vol. 350, no. 6256, 2015, pp. 76-78.
Schulte, Peter, et al. "The Chicxulub Asteroid Impact & Mass Extinction at the Cretaceous-Paleogene Boundary." Science, vol. 327, 2010, pp. 1214-1218.

ANTARCTIC PALM TREE

Becquey, Sabine, and Rainer Gersonde. "A 0.55-Ma paleotemperature record from the Subantarctic zone: Implications for Antarctic Circumpolar Current development." Paleoceanography 18.1 (2003).
Crame, Dr J. "Origins and Evolution of the Antarctic Biota." Lethaia, vol. 20, no. 2, 1987, pp. 106–106., doi: 10.1111/j.1502-3931.1987.tb02026.x.
Holbourn, Ann, et al. "Impacts of orbital forcing and atmospheric carbon dioxide on Miocene ice-sheet expansion." Nature 438.7067 (2005): 483-487.

PETRIFIED LIGHTNING

Carter, Elizabeth A., et al. "A Raman spectroscopic study of a fulgurite." Philosophical Transactions of the Royal Society of London A: Mathematical, Physical and Engineering Sciences 368.1922 (2010): 3087-3097.
Navarro-González, Rafael, et al. "Paleoecology reconstruction from trapped gases in a fulgurite from the late Pleistocene of the Libyan Desert." Geology 35.2 (2007): 171-174.

LIBYAN DESERT GLASS

Fröhlich, F., et al. "Libyan Desert Glass:

New field and Fourier transform infrared data." Meteoritics & Planetary Science 48.12 (2013): 2517-2530.
Kleinmann, B., Horn, P., and Langenhorst, F.. "Evidence for shock metamorphism in sandstones from the Libyan Desert Glass strewn field." Meteoritics & Planetary Science 36.9 (2001): 1277-1282.
Welland, Michael. Sand: the never-ending story. Univ of California Press, 2009.

HELL PIG
Prothero, Donald R., and Scott E. Foss. The evolution of artiodactyls. JHU Press, 2007.
Spaulding, Michelle, Maureen A. O'Leary, and John Gatesy. "Relationships of Cetacea (Artiodactyla) among mammals: increased taxon sampling alters interpretations of key fossils and character evolution." PLoS One 4.9 (2009): e7062.

MEGALODON
Cajus, G. "Evolution of White and Megatooth Sharks, and Evidence for Early Predation on Seals, Sirenians, and Whales." Natural Science 2013 (2013).
Eilperin, Juliet. Demon Fish: Travels Through the Hidden World of Sharks. Anchor, 2012.
Pimiento, Catalina, and Christopher F. Clements. "When did Carcharocles Megalodon Become Extinct? A New Analysis of the Fossil Record." PloS one 9.10 (2014): e111086.

MOLDAVITE
Arp, Gernot, et al. "Chemical and Ecological Evolution of the Miocene Ries Impact Crater Lake, Germany: A Reinterpretation Based on the Enkingen (SUBO 18) Drill Core." Geological Society of America Bulletin 125.7-8 (2013): 1125-1145.
Artemieva, N. A., et al. "Ries Crater and Suevite Revisited—Observations and Modeling Part II: Modeling." Meteoritics & Planetary Science 48.4 (2013): 590-627.
Okeefe, J. A. "Tektites and the Moon." (1961).
Osinski, G. R. "The Fate of Carbonates During the Formation of the Ries Impact Structure, Germany." Lunar and Planetary Science Conference. Vol. 45. 2014.
Pohl, Jean, et al. "The Ries Impact Crater." Impact and Explosion Cratering: Planetary and Terrestrial Implications. Vol. 1. 1977.
Shoemaker, Eugene M., and Edward CT Chao. "New Evidence for the Impact Origin of the Ries Basin, Bavaria, Germany." Journal of Geophysical Research 66.10 (1961): 3371-3378.
Stähle, Volker. "Impact Glasses from the Suevite of the Nördlinger Ries." Earth and Planetary Science Letters 17.1 (1972): 275-293.
Stöffler, Dieter, Natalia A. Artemieva, and Elisabetta Pierazzo. "Modeling the Ries-Steinheim Impact Event and the Formation of the Moldavite Strewn Field." Meteoritics & Planetary Science 37.12 (2002): 1893-1907.
Stöffler, Dieter, et al. "Ries Crater and Suevite Revisited—Observations and Modeling Part I: Observations." Meteoritics & Planetary Science 48.4 (2013): 515-589.

NEANDERTHAL HAND AXE
Drell, Julia RR. "Neanderthals: a history of interpretation." Oxford Journal of Archaeology 19.1 (2000): 1-24.
Pääbo, Svante. Neanderthal man: In search of lost genomes. 2014.

LA BREA TAR PITS
Gold, David A., et al. "Attempted DNA extraction from a Rancho La Brea Columbian mammoth (Mammuthus columbi): prospects for ancient DNA from asphalt deposits." Ecology and evolution 4.4 (2014): 329-336.
Kim, Jong-Shik, and David E. Crowley. "Microbial diversity in natural asphalts of the Rancho La Brea Tar Pits." Applied and environmental microbiology 73.14 (2007): 4579-4591.
VanValkenburgh, Blaire, and Fritz Hertel. "Tough times at La Brea: tooth breakage in large carnivores of the late Pleistocene." Science 261.5120 (1993): 456-459.

EXTINCT MEGAFAUNA
Antón, Mauricio. Sabertooth. Indiana University Press, 2013.
Blanco, R. Ernesto, and A. Czerwonogora. "The gait of Megatherium Cuvier 1796." Senckenb biol 83 (2003): 61-68.
Bocherens, Hervé, et al. "Isotopic evidence for diet and subsistence pattern of the Saint-Césaire I Neanderthal: review and use of a multi-source mixing model." Journal of human evolution 49.1 (2005): 71-87.
Cartelle, Cástor, and Gerardo De Iuliis. "Eremotherium laurillardi: the Panamerican late Pleistocene megatheriid sloth." Journal of Vertebrate Paleontology 15.4 (1995): 830-841.
Cooper, Alan, et al. "Abrupt warming events drove Late Pleistocene Holarctic megafaunal turnover." Science (2015): aac4315.
Cope, E. D. "The Extinct Rodentia of North America (Continued)." The American Naturalist 17.4 (1883): 370-381.
Cuvier, Georges. "Fossil Bones and Geological Catastrophes." New Translations and Interpretations of the Primary Texts 301 (1997).
Enk, Jacob et al. "Mammuthus Population Dynamics in Late Pleistocene North America: Divergence, Phylogeography, & Introgression." Frontiers in Ecology & Evolution, 4: 42, 2016.
Fuller, Errol. Mammoths: Giants of the Ice Age. Bunker Hill Publishing Inc., 2004.
Gaffney, Vincent et al. (editors). Mapping Doggerland: The Mesolithic Landscapes of the Southern North Sea. Archaeopress, 2007.
Gaffney, V. L., Simon Fitch, and David Smith. "Europe's lost world, the rediscovery of Doggerland (Cba Research Reports)." York: Council for British Archaeology (2009).
Harington, C. Richard. "Giant beaver, Castoroides ohioensis, remains in Canada and an overlooked report from Ontario." The Canadian Field-Naturalist 121.3 (2007): 330-333.
Haynes, Gary. "Estimates of Clovis-era megafaunal populations and their extinction risks." American megafaunal extinctions at the end of the pleistocene. Springer, Dordrecht, 2009. 39-53.
Haynes, Gary. Mammoths, Mastodonts, and Elephants: Biology, Behavior, and the Fossil Record. Cambridge University Press, 1991.
Hulbert, R. C., Andreas Kerner, and Gary S. Morgan. "Taxonomy of the Pleistocene giant beaver Castoroides (Rodentia: Castoridae) from the southeastern United States." Bull. Florida Mus. Nat. Hist. 53 (2014): 26-43.
Jefferson, Thomas. "A memoir on the discovery of certain bones of a quadruped of the clawed kind in the western parts of Virginia." Transactions of the American Philosophical Society 4 (1799): 246-260. ellous or "spongy" bone
Kurtén, Björn. How to deep-freeze a mammoth. Columbia University Press, 1986.
Leidy, Joseph. "Notice of some fossil bones discovered by Mr. Francis A. Lincke, in the banks of the Ohio River, Indiana." Proceedings: Academy of Natural Sciences of Philadelphia 7 (1854): 199-201.
Leonard, Jennifer A., et al. "Megafaunal extinctions and the disappearance of a specialized wolf ecomorph." Current Biology 17.13 (2007): 1146-1150.
Meachen, Julie A., Alexandria L. Brannick, and Trent J. Fry. "Extinct Beringian wolf morphotype found in the continental US has implications for wolf migration and evolution." Ecology and evolution 6.10 (2016): 3430-3438.
Müller-Schwarze, Dietland. The Beaver: Its Life & Impact. Comstock Publishing Associates, 2011.
Naples, Virginia L. et al. (editors). The Other Saber-Tooths: Scimitar-Tooth Cats of the Western Hemisphere. The John Hopkins University Press, 2011.
Pettitt, Paul & Mark White. The British Paleolithic: Human Societies at the Edge of the Pleistocene World. Routledge, 2012.
Poliquin, Rachel. Beaver. Reaktion Books Ltd, 2015.
Sherkow, Jacob S., and Henry T. Greely. "What if extinction is not forever?." Science 340.6128 (2013): 32-33.
Sukumar, Raman. The Living Elephants: Evolutionary Ecology, Behaviour, and Conservation. Oxford University Press, 2003.
Swinehart, Anthony L. and Ronald L. Richards. "Paleoecology of a Northast Indiana Wetland Harboring Remains of the Pleistocene Giant Beaver (Castoroides ohioensis)." Proceedings of the Indiana Academy of Sciences, vol. 110, 2001, pp. 151-166.
Turner, Alan. The Big Cats & Their Fossil Relatives: An Illustrated Guide to Their Evolution & Natural History. Columbia University Press, 1997.
VanValkenburgh, Blaire, and Fritz Hertel. "Tough times at La Brea: tooth breakage in large carnivores of the late Pleistocene." Science 261.5120 (1993): 456-459.
Weninger, Bernhard, et al. "The catastrophic final flooding of Doggerland by the Storegga Slide tsunami." Documenta Praehistorica 35 (2008): 1-24.
Williamson, C. W. History of Western Ohio and Auglaize County. Theclassics Us, 2013. (p. 339 lodge found in new knoxville, oh)
Wroe, Stephen, Colin McHenry, and Jeffrey Thomason. "Bite club: comparative bite force in big biting mammals and the prediction of predatory behaviour in fossil taxa." Proceedings of the Royal Society of London B: Biological Sciences 272.1563 (2005): 619-625.

OCHRE
Hovers, Erella, et al. "An Early Case of Color Symbolism: Ochre Use by Modern Humans in Qafzeh Cave." Current Anthropology, vol. 44, no. 4, 2003, pp. 491–522.
Wadley, Lyn. "Compound-Adhesive Manufacture as a Behavioral Proxy for Complex Cognition in the Middle Stone Age." Current Anthropology, vol. 51, no. S1, 2010, pp. S111–S119.
Wreschner, Ernst E. "The Red Hunters: Further Thoughts on the Evolution of Speech." Current Anthropology, vol. 17, no. 4, 1976, pp. 717–719.
Henshilwood, Christopher S., et al. "A 100,000-Year-Old Ochre-Processing Workshop at Blombos Cave, South Africa." Science, vol. 334, no. 6053, 2011, pp. 219–222.

TEFF
"The Natural and the Social: The Agricultural Revolution." Food, Politics, and Society: Social Theory and the Modern Food System, by Alejandro Colás et al., 1st ed., University of California Press, Oakland, California, 2018, pp. 21–39.
Price, T. Douglas, and Ofer Bar-Yosef. "The Origins of Agriculture: New Data, New Ideas: An Introduction to Supplement 4." Current Anthropology, vol. 52, no. S4, 2011, pp. S163–S174.
Ketema, Seyfu. Tef Eragrostis Tef (Zucc.) Trotter. IPK, 1997.

EARLY WRITING (PAPYRUS, CUNEIFORM)
Gaudet, J. "Papyrus, the Plant that Changed the World–From Ancient Egypt to Today's Water Wars." (2014).
Scora, Peter E., and Scora, Rainer W., "Some Observations on the Nature of Papyrus Bonding." Journal of Ethnobiology 11 (1991): 193-202.

STONEHENGE (BLUESTONE QUARRY)
Bevins, Richard E., Nick JG Pearce, and Rob A. Ixer. "Stonehenge rhyolitic bluestone sources and the application of zircon chemistry as a new tool for provenancing rhyolitic lithics." Journal of Archaeological Science 38.3 (2011): 605-622.
Cleal, Rosamund M.J., Walker, K.E. and Montague, R. Stonehenge in Its Landscape: Twentieth Century Excavations. English Heritage, 1995
Pearson, Mike Parker, et al. "Craig Rhos-y-felin: a Welsh bluestone megalith quarry for Stonehenge." Antiquity 89.348 (2015): 1331-1352.
Pearson, Michael Parker. Stonehenge: Exploring the Greatest Stone Age Mystery. Simon & Schuster, 2012
Lawson, Andrew J. Chalkland, an archaeology of Stonehenge and its region. Hobnob Press, 2007
Olalde, Iñigo, et al. "The Beaker phenomenon and the genomic transformation of northwest Europe." Nature 555.7695 (2018): 190.
Snoeck, Christophe, et al. "Strontium isotope analysis on cremated human remains from Stonehenge support links with west Wales." Scientific Reports 8.1 (2018): 10790.

BRONZE AGE DAGGERS
Allen, Susan Heuck. Finding the Walls of Troy: Frank Calvert and Heinrich Schliemann at Hisarlik. Univ of California Press, 1999.
Cline, Eric H. 1177 BC: The Year Civilization Collapsed. Princeton University Press, 2014.
Welland, Michael. Sand: the never-ending story. Univ of California Press, 2009.
Drake, Brandon L. "The influence of climatic change on the Late Bronze Age Collapse and the Greek Dark Ages." Journal of Archaeological Science 39.6 (2012): 1862-1870.

MUMMY BEADS + WRAP
Aufderheide, Arthur C. The scientific study of mummies. Cambridge University Press, 2003.
Kemp, Barry. Ancient Egypt: Anatomy of a Civilization. 1989. Routledge, 1991.
Nicholson, Paul and Edgar Peltenburg, "Egyptian Faisance." Ancient Egyptian Materials and Technology, edited by Paul Nicholson and Ian Shaw, Cambridge University Press, 2000, pp. 177-194.
Peck, William H. "Mummies of ancient Egypt." Mummies, Disease and Ancient Cultures, 2nd edition, Cambridge University Press: Cambridge (1998): 15-37.
Pettigrew, Thomas Joseph. A History of Egyptian Mummies: And an Account of the Worship and Embalming of the Sacred Animals by the Egyptians: with Remarks on the Funeral Ceremonies of Different Nations, and Observations on the Mummies of the Canary Islands, of the Ancient Peruvians, Burman Priests, Etc. Longman, Rees, Orme, Brown, Green, and Longman, 1834.
Rullkötter, J., and A. Nissenbaum. "Dead Sea asphalt in Egyptian mummies: molecular evidence." Naturwissenschaften 75.12 (1988): 618-621.
Shaw, Ian, ed. The Oxford History of Ancient Egypt. Oxford University Press, 2000.
Wilkinson, Toby AH. Early Dynastic Egypt. Routledge, 2002.

ROMAN BATH (HYPOCAUST FLUE)
Adam, Jean-Pierre. Roman building: materials and techniques. Routledge, 2005.
Bernan, Walter. "On the History and Art of Warming and Ventilating Rooms and Buildings, 2 vols." London 11 (1845): 95.
Fagan, Garrett G. Bathing in Public in the Roman World. University of Michigan Press, 1999.
Yegül, Fikret K. Bathing in The Roman world. Cambridge University Press, 2010.

OASISAMERICA
Austin, Alfredo López, and Leonardo López Luján. Mexico's indigenous past. Vol. 240. University of Oklahoma Press, 2005.
Galván, Francisco Mendiola. "Imaginary Border, Profound Border." Jon C. Lohse and Nancy Gonlan (2008): 291.
Kirchoff, Paul. "Mesoamerica: Its geographic limits, ethnic composition and cultural characteristics." Heritage of Conquest (1952): 17-30.
Roberts, David. "The Lost World Of the Old Ones: Discoveries in the Ancient Southwest. Norton." (2015): 100-100.

ISLAMIC CARPET
Santos, Raquel. "Persian, Indian

迷你博物馆 295

or Indo-Persian?: The Study of Sixteenth-and Seventeenth-Century Knotted Pile Carpets." Persian Art: Image-Making in Eurasia, edited by Yuka Kadoi, Edinburgh University Press, Edinburgh, 2018, pp. 116–132.
Sardar, Marika. "Carpets from the Islamic World, 1600–1800." In Heilbrunn Timeline of Art History. New York: The Metropolitan Museum of Art, 2000–. http: //www.metmuseum.org/toah/hd/crpt/hd_crpt.htm (October 2003)
Department of Islamic Art. "Geometric Patterns in Islamic Art." In Heilbrunn Timeline of Art History. New York: The Metropolitan Museum of Art, 2000–. http: //www.metmuseum.org/toah/hd/geom/hd_geom.htm (October 2001)

ELEPHANT BIRD
Balanoff, Amy M., and Timothy Rowe. "Osteological description of an embryonic skeleton of the extinct elephant bird, Aepyornis (Palaeognathae: Ratitae)." Journal of Vertebrate Paleontology 27.S4 (2007): 1-53.
Day, David. The doomsday book of animals: a natural history of vanished species. Penguin Putnam, 1981.
Hume, Julian P. Extinct Birds. Bloomsbury Publishing Plc, 2017.
Mayr, Gerald. Avian Evolution: The Fossil Record of Birds & its Paleobiological Significance. John Wiley & Sons Ltd, 2017.
Mitchell, Kieren J. et al. "Ancient DNA Reveals Elephant Birds & Kiwi Are Sister Taxa & Clarifies Ratite Bird Evolution." Science, vol. 344, 2014, pp. 898-900.

VIKING AXE
Cf. Sedov, B.B. Finno-Ugri i Balti v Epokhi Srednevekovija, Moscow, 1987
Haywood, John. The Penguin Historical Atlas of the Vikings. Penguin Group USA, 1995.
Pye, Michael. The Edge of the World: How the North Sea Made Us Who We Are. Penguin UK, 2014.

KNIGHT'S SWORD
Devries, Kelly, and Robert Douglas Smith. Medieval Military Technology, 2nd edition. University of Toronto Press, 2012.
France, John. Western Warfare in the Age of the Crusades, 1000-1300. Cornell University Press, 1998.
Oakeshott, R. Ewart. The archaeology of weapons. Lutterworth, 1960.
Prestwich, Michael. Knight: The Medieval Warrior's (Unofficial) Manual. Thames & Hudson, 2010.

SAMURAI SWORD
Musashi, Miyamoto. The Book of Five Rings. Shambhala Publications, 2005.
Nagayama, Kōkan. The Connoisseur's Book of Japanese Swords. Kodansha International, 1997.
Yoshikawa, Eiji. Musashi. Kodansha International, 1995.

MT. FUJI
Fujita, Eisuke, et al. "Stress field change around the Mount Fuji volcano magma system caused by the Tohoku megathrust earthquake, Japan." Bulletin of volcanology 75.1 (2013): 1-14.
Lacey, A., J. R. Ockendon, and D. L. Turcotte. "On the geometrical form of volcanoes." Earth and Planetary Science Letters 54.1 (1981): 139-143.
Yamamoto, T., et al. "Basaltic pyroclastic flows of Fuji volcano, Japan: characteristics of the deposits and their origin." Bulletin of volcanology 67.7 (2005): 622-633.

GEMS
Chatterjee, Kaulir Kisor. Uses of Industrial Minerals, Rocks and Freshwater. New York: Nova Science Publishers, Inc. 2009.
Cheilletz, A., and G. Giuliani. "The genesis of Colombian emeralds: a restatement." Mineralium Deposita 31.5 (1996): 359-364.
Eckert, Allan W. The World of Opals. John Wiley & Sons, 1997.
Giuliani, Gaston, et al. "Oxygen isotope composition as a tracer for the origins of rubies and sapphires." Geology 33.4 (2005): 249-252.
Groat, Lee A. "Gemstones". American Scientist. 100 (2012): 128-137.
Kazmi, Ali H., and Lawrence W. Snee. "Geology of world emerald deposits: a brief review." Emeralds of Pakistan: Geology, Gemology and Genesis (1989): 165-228.
Keller, Peter C. Gemstones and Their Origins. Springer US, 1990.
Leechman, Frank. The Opal Book.
Mason, Brian and L.G. Berry. Elements of Mineralogy. San Francisco: W.H. Freeman and Company, 1968.
Themelis, Ted. Mogôk: Valley of Rubies & Sapphires. 2000.

VENICE STREET BRICK
Crowley, Roger. City of Fortune: How Venice Ruled the Seas. Random House, 2012.
Grygiel, Jakub J. Great Powers and Geopolitical Change. JHU Press, 2006.
Rapaglia, John. "Submarine Groundwater Discharge into Venice Lagoon, Italy." Estuaries 28.5 (2005): 705-713.
Strathern, Paul. The Venetians: A New History: From Marco Polo to Casanova. Random House, 2012.
Teatini, P., et al. "Anthropogenic Venice Uplift by Seawater Pumping into a Heterogeneous Aquifer System." Water Resources Research 46.11 (2010).

STICK MAP CHART
Finney, Ben, and Malcom G Lewis. "Nautical Cartography and Traditional Navigation in Oceania." The History of Cartography, edited by David Woodward, vol. 2.3, University of Chicago Press, 1998, pp. 443–492.
Cartography in the Traditional African, American, Arctic, Australian, and Pacific Societies.

MEDIEVAL CHAIN MAIL
Arthur, Harold, and Viscount Dillon. "III.—On a MS. Collection of Ordinances of Chivalry of the fifteenth century, belonging to Lord Hastings." Archaeologia (Second Series) 57.01 (1900): 29-70.
Gorsline, Douglas W. What People Wore: 1,800 Illustrations from Ancient Times to the Early Twentieth Century. Courier Corporation, 1994.
Jones, Terry. Chaucer's Knight: The Portrait of a Medieval Mercenary. Weidenfeld & Nicolson, 1980.

AZTEC EMPIRE
Austin, Alfredo López, and Leonardo López Luján. Mexico's indigenous past. Vol. 240. University of Oklahoma Press, 2005.
Pastrana, Alejandro, and David M. Carballo. "Aztec obsidian industries." The Oxford Handbook of the Aztecs (2016): 329.
Phillips, Charles. The Complete Illustrated History of the Aztec & Maya: The Definitive Chronicle of the Ancient Peoples of Central America & Mexico - Including the Aztec, Maya, Olmec, Mixtec, Toltec & Zapotec. Hermes House, 2015.
Townsend, Richard. The Aztecs: Thames & Hudson, 2009.

DRACULA SOIL
Florescu, Radu R., and Raymond T. McNally. Dracula, Prince of Many Faces: His Life and His Times. Hachette Digital, Inc., 2009.
Pettersen, L. and Baker, M.. Lonely Planet Romania. Lonely Planet Publications, 2010
Stoker, Bram. Dracula: 1897. Intervisual Books, 1897.

WOOTZ STEEL
Park, J.-S., et al. "High-Carbon Steel and Ancient Sword-Making as Observed in a Double-Edged Sword from an Iron Age Megalithic Burial in Tamil Nadu, India." Archaeometry, vol. 62, no. 1, 2019, pp. 68–80.
Sherby, Oleg D., and Jeffrey Wadsworth. "Damascus Steels." Scientific American, vol. 252, no. 2, 1985, pp. 112–121.
Srinivasan, Sharada. "Wootz Crucible Steel: A Newly Discovered Production Site in South India." Papers from the Institute of Archaeology, vol. 5, 1994.

PIECES OF EIGHT
Earle, Peter. The Treasure of the Concepción. Viking Adult, 1980.
Fine, John Christopher. Treasures of the Spanish Main: Shipwrecked Galleons in the New World. Globe Pequot, 2006.
Harpster, Matthew. "Shipwreck Identity, Methodology, and Nautical Archaeology." Journal of Archaeological Method and Theory 20.4 (2013): 588-622.

RAILROAD SPIKE
Duran, Xavier. "The First U.S. Transcontinental Railroad: Expected Profits and Government Intervention." The Journal of Economic History, vol. 73, no. 1, 2013, pp. 177–200.
Previts, Gary John, and William D. Samson. "EXPLORING THE CONTENTS OF THE BALTIMORE AND OHIO RAILROAD ANNUAL REPORTS: 1827-1856." The Accounting Historians Journal, vol. 27, no. 1, 2000, pp. 1–42.

RAW GOLD NUGGET
Cutter, Donald C., and Sacramento Club of Printing House Craftsmen. The discovery of gold in California. Sacramento Club of Printing House Craftsmen, 1949.
Garside, Larry J., et al. "The upper reaches of the Sierra Nevada auriferous gold channels, California and Nevada." Geological Society of Nevada Symposium. 2005.
Hart, Matthew. Gold: The Race for the World's Most Seductive Metal. Simon and Schuster, 2013.

WHITE HOUSE / LINCOLN'S WALKWAY
Goodwin, Doris Kearns. Team of rivals: The political genius of Abraham Lincoln. Penguin UK, 2009.

HISTORY OF FLIGHT
Smith, Richard K. "Not A Success—But a Triumph: 80 Years Since Kitty Hawk." Naval War College Review, vol. 36, no. 6, 1983, pp. 4–20.

MONET FLOWERS
JNW. "Monet's Years at Giverny: Beyond Impressionism." Bulletin (St. Louis Art Museum), vol. 14, no. 3, 1978, pp. 46–49.
Seitz, William. "Monet and Abstract Painting." College Art Journal, vol. 16, no. 1, 1956, pp. 34–46.

FIRST TRANSATLANTIC CABLE
Hearn, Chester G. Circuits in the sea: the men, the ships, and the Atlantic cable. Greenwood Publishing Group, 2004.
Nathan, Adele Gutman. The First Transtlantic Cable. 1959.
Standage, Tom. The Victorian Internet: The remarkable story of the telegraph and the nineteenth century's online pioneers. London: Weidenfeld & Nicolson, 1998.

SAN ANDREAS FAULT
Jones, Lucile M., et al. "The shakeout scenario." US Geological Survey Open-File Report 1150 (2008): 308.
Lynch, David K. Field guide to the San Andreas Fault. Thule Scientific, 2006.
Winchester, Simon. A Crack in the Edge of the World: the Great American Earthquake of 1906. Penguin UK, 2006.

METEOR STRIKES
Gasperini, L., et al. "A possible impact crater for the 1908 Tunguska Event." Terra Nova 19.4 (2007): 245-251.
Gasperini, Luca, et al. "Sediments from Lake Cheko (Siberia), a possible impact crater for the 1908 Tunguska Event." Terra Nova 21.6 (2009): 489-494.
Hutchison, Robert. Meteorites: A petrologic, chemical and isotopic synthesis. No. 2. Cambridge University Press, 2004.
McCall, Gerald Joseph Home, Alan John Bowden, and Richard John Howarth, eds. The History of Meteoritics and Key Meteorite Collections: Fireballs, Falls and Finds. Geological
Miller, Steven D., et al. "Earth-viewing satellite perspectives on the Chelyabinsk meteor event." Proceedings of the National Academy of Sciences 110.45 (2013): 18092-18097.
Napier, Bill, and David Asher. "The Tunguska impact event and beyond." Astronomy & Geophysics 50.1 (2009): 1-18.
Ozawa, Shin, et al. "Jadeite in Chelyabinsk meteorite and the nature of an impact event on its parent body." Scientific reports 4 (2014). Society of London, 2006.
Serra, R., et al. "Experimental hints on the fragmentation of the Tunguska Cosmic Body." Planetary and Space Science 42 (1994): 777-783.

EARLY WALKMAN
"'Cool' Japan as Cultural Superpower: 1980s–2010s." Japan: History and Culture from Classical to Cool, by NANCY K. STALKER, 1st ed., University of California Press, Oakland, California, 2018, pp. 362–400.
Hosokawa, Shuhei. "The Walkman Effect." Popular Music, vol. 4, 1984, pp. 165–180.

TITANIC
Butler, Daniel Allen. Unsinkable: the full story of the RMS Titanic. Da Capo Press, 2012.
Lord, Walter. The Night Lives On: The Untold Stories and Secrets Behind the Sinking of the" Unsinkable" Ship-Titanic. Open Road Media, 2012.
Timpany, Mary S. "Ownership Rights in the Titanic." Case W. Res. L. Rev. 37 (1986): 72.

ALCATRAZ
Elder, William P. "Geology of the Golden Gate headlands." Geology and Natural History of the San Francisco Bay Area: A Field-trip Guidebook. US Geological Survey Bulletin 2188 (2001).
Goodwin, Doris Kearns. Team of rivals: The political genius of Abraham Lincoln. Penguin UK, 2009.
Johnston, James A. Alcatraz Island prison and the men who live there. Read Books Ltd, 2013.
Saenz, BENJAMIN L., et al. "An urban success story: breeding seabirds on Alcatraz Island, California, 1990–2002." Marine Ornithology 34.1 (2006): 43-49.

LUSITANIA
Larson, Erik. Dead Wake: The Last Crossing of the Lusitania. Broadway Books, 2015.
Martin, Michael. "RMS Lusitania: It Wasn't & It Didn't." The History Press, Dublin (2014).
Sauder, Eric. "RMS Lusitania: The Ship and Her Record." History Press Limited, Stroud (2009).
Stavridis, James. "Sea Power: The History and Geopolitics of the World's Oceans." Penguin Press, New York (2017).

HOLLYWOOD SIGN
Mallory, Mary. "Hollywoodland." Arcadia Publishing, (2011)
Brook, Vincent. "Land of Smoke and Mirrors: A Cultural History of Los Angeles." Rutgers University Press, New Brunswick (2013).
Braudy, Leo. "The Hollywood Sign: Fantasy and Reality of an American Icon." Yale University Press, New Haven (2011).
Schatz, Thomas. The genius of the system: Hollywood filmmaking in the studio era. Macmillan, 1996.

HINDENBURG
Archbold, Rick, and Ken Marschall. Hindenburg: an illustrated history. Warner Books, 1994.
Dessler, A. J. "The Hindenburg Hydrogen Fire: Fatal Flaws in the Addison Bain Incendiary Paint Theory." Lunar and Planetary Laboratory, University of Arizona, Tucson AZ (2004).
Dick, Harold, and Douglas Robinson. The golden age of the great passenger airships: Graf Zeppelin and Hindenburg. Smithsonian Institution, 2014.

GOLDEN GATE BRIDGE
Strauss, Joseph Baermann, and Clifford E. Paine. The Golden Gate bridge: report of the chief engineer to the Board of directors of the Golden

WWII ENIGMA MACHINE
Hodges, Andrew. Alan Turing: the enigma. Random House, 2012.
McKay, Sinclair. The Secret Lives of Codebreakers: The Men and Women who Cracked the Enigma Code at Bletchley Park. Penguin, 2012.
Hamer, David H. "Enigma: Actions Involved in the 'Double Stepping'of the Middle Rotor." Cryptologia 21.1 (1997): 47-50.
Kruh, Louis, and Cipher Deavours. "The commercial enigma: beginnings of machine cryptography." Cryptologia 26.1 (2002): 1-16.

WINSTON CHURCHILL
Howells, Roy. Churchill's last years. D. McKay Company, 1965.
Jenkins, Roy. Churchill: A biography. Pan Macmillan, 2012.
Churchill, Winston. "My Early Life: 1874- 1904." T. Butterworth, London (1930).
Clarke, Peter. "Hope and Glory: Britain 1900- 2000." Penguin Books, London (1996, 2004).
Keegan, John. "Winston Churchill: A Life." Viking/Penguin, New York (2002).

MANHATTAN PROJECT
Groves, General Leslie R. Now it can be told: the story of the Manhattan Project. Harper and Row, 1962
Howes, Ruth H., and Caroline L. Herzenberg. Their day in the sun: women of the Manhattan Project. Vol. 71. Temple University Press, 2003.
Hughes, Jeff A. The Manhattan Project: big science and the atom bomb. Columbia University Press, 2002.
Selden, Kyoko Iriye, and Mark Selden. The Atomic Bomb: Voices from Hiroshima and Nagasaki: Voices from Hiroshima and Nagasaki. Routledge, 2015.
Gerber, M. S. "A Brief History of the T Plant Facility at the Hanford Site." Richland, WA: Westinghouse Hanford Company (1994).
Libby, Leona Marshall (1979). Uranium People. New York: Charles Scribner's Sons.
Nichols, Kenneth David (1987). The Road to Trinity: A Personal Account of How America's Nuclear Policies Were Made. New York: William Morrow and Company.
Bethe, Hans A. (1991). The Road from Los Alamos. New York: Simon and Schuster.

TRINITITE
Ross, Clarence S. "Optical properties of glass from Alamogordo, New Mexico." American Mineralogist 33 (1948).
Hersey, John. Hiroshima. Random House LLC, 1985.
Bellucci, Jeremy J., et al. "A detailed geochemical investigation of post-nuclear detonation trinitite glass at high spatial resolution: Delineating anthropogenic vs. natural components." Chemical Geology 365 (2014): 69-86.
Kelly, Cynthia C. The Manhattan Project: The birth of the atomic bomb in the words of its creators, eyewitnesses, and historians. Black Dog & Leventhal, 2009.

FORDITE
Ford, Henry, and Samuel Crowther. My life and work: In collaboration with Samuel Crowther. Cornstalk Publishing Company, 1922.
Geffen, Charlette A., and Sandra Rothenberg. "Suppliers and environmental innovation: the automotive paint process." International Journal of Operations & Production Management 20.2 (2000): 166-186.

MT. EVEREST
Odell, N. E. "The highest fossils in the world." Geological Magazine 104.01 (1967): 73-74.

Fujita, Koji, Thompson, Lonnie. "Thirty-year history of glacier melting in the Nepal Himalayas." Journal of Geophysical Research: Atmospheres (1984–2012) 111.D3 (2006).
Krakauer, Jon. Into thin air: A personal account of the Mount Everest disaster. Random House LLC, 2009.
Davis, Wade. Into the Silence: The Great War, Mallory, and the Conquest of Everest. Random House, 2012.

COLD WAR SPY CAM BUTTON
Macrakis, Kristie. "Technophilic Hubris and Espionage Styles during the Cold War." Isis, vol. 101, no. 2, 2010, pp. 378–385.

WAIKĪKĪ SAND
White, Kai, and Jim Kraus. Waikīkī. Arcadia Publishing, 2007.

LONDON BRIDGE
Salmon, M. A professional survey of the old and new London Bridges, and their approaches, including historical memoirs of both structures. Salmon, M. 1831
Elbrourgh, Travis. London Bridge in America: The Tall Story of a Transatlantic Crossing. Random House, 2013.

SR-71 BLACKBIRD
Graham, Richard. The Complete Book of the SR-71 Blackbird: The Illustrated Profile of Every Aircraft, Crew, and Breakthrough of the World's Fastest Stealth Jet. Zenith Press, 2015.
Maglieri, Domenic J., Vera Huckel, and Herbert R. Henderson. "Sonic-boom measurements for SR-71 aircraft operating at Mach numbers to 3.0 and altitudes to 24384 meters." (1972).
Miles, Richard B., et al. "Suppression of sonic boom by dynamic off-body energy addition and shape optimization." AIAA Paper 150.2002 (2002): 33.
Boyer, R. R., and R. D. Briggs. "The use of ß titanium alloys in the aerospace industry." Journal of Materials Engineering and Performance 14.6 (2005): 681-685.

BEATLES (CAVERN CLUB)
Thompson, Phil. The Best of Cellars: The Story of the Cavern Club. Tempus, 2007.
Kruse, Robert J. "The Beatles as place makers: Narrated landscapes in Liverpool, England." Journal of Cultural Geography 22.2 (2005): 87-114.
Braun, Michael. Love me do: the Beatles' progress. Penguin, 1964.

PELÉ (SOCCER BALL)
Winter, Brian. Pelé. Why Soccer Matters. New York: Penguin. 2014.
Fish, Robert L. My life and the beautiful game: The autobiography of Pelé. Skyhorse Publishing Inc. 2007.
Goldblatt, David. The ball is round: A global history of soccer. Penguin, 2008.

MUHAMMAD ALI (PUNCHING BAG)
Eig, Johnathan. "Ali: A Life." (2017).
Remnick, David. King of the World. Picador, 1999.
Ali, Muhammad, and Richard Durham. The Greatest: My Own Story. New York: Ballantine Books, 1976.
Ali, Muhammad, and Hana Yasmeen Ali. The Soul of a Butterfly: Reflections on Life's Journey. New York, Simon and Schuster, 1974.

CONCORDE (JET ROTOR)
"Concorde: The Rise and Fall of the Supersonic Airliner" Jonathan Glancey (no citation in Google Scholar so make your own)
Calder, P. H., and P. C. Gupta. "Future SST engines with particular reference to Olympus 593 evolution and Concorde experience." The Aeronautical Journal 80.786 (1976): 235-252.
Costello, John, and Terry Hughes. The Concorde Conspiracy. New York: Scribner, 1976. Print.
Owen, Kenneth. Concorde and the Americans: International Politics of the Supersonic Transport. Washington, D.C: Smithsonian Institution Press, 1997. Print.
Owen, Kenneth. Concorde: Story of a supersonic pioneer. London: Science Museum, 2001.

SPACEFLIGHT (APOLLO 11, APOLLO 14, SKYLAB, MIR)
Kranz, Gene. Failure is not an option: Mission control from Mercury to Apollo 13 and beyond. Simon and Schuster, 2001.
Chaikin, Andrew, and Victoria Kohl. Voices from the Moon: Apollo astronauts describe their lunar experiences. Viking Studio, 2009.
Reynolds, David West, Wally Schirra, and Von Hardesty. Apollo: The epic journey to the Moon. New York: Harcourt, 2002.
Watkins, Billy. Apollo moon missions: the unsung heroes. Greenwood Publishing Group, 2006.
Mitchell, Edgar D. Earthrise: My Adventures as an Apollo 14 Astronaut. Chicago Review Press. 2010.
Weitz, P. J. "The role of man in conducting earth resources observations from space." (1974).
Shayler, David. Skylab: America's space station. Springer Science & Business Media, 2001.
Moye, J. Todd. SKYLAB: THE HUMAN SIDE OF A SCIENTIFIC MISSION. Diss. UNIVERSITY OF NORTH TEXAS, 2007.
Lane, Helen W., and Dale A. Schoeller, eds. Nutrition in spaceflight and weightlessness models. Vol. 24. CRC Press, 1999.
Nicogossian, Arnauld E., Sam L. Pool, and John J. Uri. "Historical perspectives." Space physiology and medicine 2 (1994): 3-44.
West, John B. "Historical perspectives: Physiology in microgravity." Journal of Applied Physiology 89.1 (2000): 379-384.

CORINTHIAN LEATHER
Underhill, Paco. Why we buy: The science of shopping--updated and revised for the Internet, the global consumer, and beyond. Simon and Schuster, 2009.

FIRST SUPERCOMPUTER (CRAY-1)
Cray, Seymour. Live presentation at Los Alamos National Lab (LANL), 1976. https://www.youtube.com/watch?v=vtOAIvuoDgQ
Murray, Charles J., and Arthur L. Norberg. The supermen: the story of Seymour Cray and the technical wizards behind the supercomputer. Wiley, 1997.
Igarashi, Yoshihide, et al. Computing: A historical and technical perspective. CRC Press, 201

STAR WARS (KRAYT DRAGON)
Lorenz, Ralph D., et al. "Dunes on planet Tatooine: Observation of barchan migration at the Star Wars film set in Tunisia." Geomorphology 201 (2013): 264-271.
Roesch, Stefan. The experiences of film location tourists. Vol. 42. Channel View Publications, 2009.

CHARLES + DIANA (WEDDING CAKE)
Morton, Andrew. Diana: Her true story in her own words. Simon and Schuster, 2009.
Mayer, Catherine. Born to Be King: Prince Charles on Planet Windsor. Henry Holt and Company, 2015.
McGrady, Darren. Eating Royally: Recipes and Remembrances from a Palace Kitchen. Harper Collins, 2007.
Charles, H. R. H. "Prince of Wales." Juniper and I. Skelly,"Harmony: A New Way of Looking at Our World," Harper Collins Publishers, New York (2010).
Roberts, Andrew, and Antonia Fraser. The House of Windsor. Vol. 6. Univ of California Press, 2000.

AMAZON RIVER
Contos, James and Nicholas Tripcevich. "Correct Placement of the Most Distant Source of the Amazon River in the Mantaro River Drainage." AREA, vol. 46, no. 1, 2014, pp. 27-39.
Hoorn, Carina, and Frank Wesselingh, eds. Amazonia: landscape and species evolution: a look into the past. John Wiley & Sons, 2011.
Wesselingh, Frank Pieter, et al. "Landscape evolution and depositional processes in the Miocene Amazonian Pebas lake/wetland system: evidence from exploratory boreholes in northeastern Peru". Scripta Geologica, v. 133, 2006
Hoorn, Carina, et al. "The development of the amazonian mega-wetland (Miocene; Brazil, Colombia, Peru, Bolivia)." Amazonia, landscape and species evolution: a look into the past (2010): 123-142.
Souza, Jonas Gregorio, et al. "Pre-Columbian earth-builders settled along the entire southern rim of the Amazon." Nature communications 9.1 (2018): 1125.
Davis, Wade. One river: explorations and discoveries in the Amazon rain forest. Random House, 2014.

BERLIN WALL
Funder, Anna. Stasiland: Stories from Behind the Berlin Wall. (2003).
Taylor, Fred. The Berlin Wall: a world divided, 1961-1989. HarperCollins, 2006.

STEVE JOBS (TURTLENECK)
Isaacson, Walter, and Steve Jobs. "Steve Jobs: A Biography" New York (2011)
Catmull, Ed. Creativity, Inc.: Overcoming the unseen forces that stand in the way of true inspiration. Random House, 2014.
Brennan, Chrisann. The Bite in the Apple: A Memoir of My Life with Steve Jobs. Macmillan, 2013.

OLYMPIC TORCH
De Coubertin, Pierre. Olympism. Comité International Olympique, 2000.
MacAloon, John J. This great symbol: Pierre de Coubertin and the origins of the modern Olympic Games. Routledge, 2013.

IPHONE 1
Leander Kahney. "Project Purple: the real story of how the iPhone was born" 2017. https://www.wired.co.uk/article/iphone-10-jony-ive-project-purple-cult-of-mac

HUMAN BODY (BRAIN, SKULL, HEART)
Descartes, R. Discourse on the Method. 1637.
Von Hagens, Gunther. "Animal and vegetal tissues permanently preserved by synthetic resin impregnation." U.S. Patent No. 4,205,059. 27 May 1980.
Kurzweil, Ray. How to create a mind: The secret of human thought revealed. Penguin, 2012.
Ramachandran, Vilayanur S. The telltale brain: A neuroscientist's quest for what makes us human. WW Norton & Company, 2012.
Gerszten, Peter C., and Enrique Gerszten. "Intentional cranial deformation: a disappearing form of self-mutilation." Neurosurgery 37.3 (1995): 374-382.
Gould, Stephen Jay. The mismeasure of man. WW Norton & Company, 1996.
Quigley, Christine. Skulls and skeletons: Human bone collections and accumulations. McFarland, 2001.
Amindon, Stephen. "The Sublime Engine: A Biography of the Human Heart." Rodale, 2011.
Mackay, Judith. The atlas of heart disease and stroke. Vol. 5. World Health Organization, 2004.
Morris, Thomas. The matter of the heart: a history of the heart in eleven operations. St. Martin's Press, 2018.

迷你博物馆 297

索引

A
"阿波罗"11号，182、252-253
"阿波罗"14号，252、254
阿尔弗雷德·韦格纳，55
阿尔马格斯特姆·诺夫姆，23
阿拉莫戈多玻璃，227
阿里的拳击沙袋，248
阿姆斯特朗飞行研究中心，182
阿特拉斯龙，67
阿兹特克人的黑曜石工具，156
阿兹特克历石，158
埃南·柯尔特斯，157、158
艾尔·卡蓬，201-202
艾伦·图灵，218-219
安德烈·帕特曼，251
氨基酸，12-14
奥林匹克火炬，276-277
奥陶系—志留纪大灭绝，74

B
八里亚尔，166-167
巴兹·奥尔德林，22、182、253
白垩纪末期大灭绝，74
白宫，172-177
柏林墙，270-271
拜伦勋爵，149
宝石谷，145
保罗·奥斯特，281
保罗·麦卡特尼，243-245
贝利的足球，246
匕首，70
变质带，145
波音747，182
勃兰登堡门，271
不锈钢火炬，277
布拉姆·斯托克，161-162
捕食者，43、65、71、85

C
CM2级碳质球粒陨石，13
沧龙，58、66
查尔斯与戴安娜婚礼的蛋糕，262
超级计算机，117、256-258
车里雅宾斯克，193-195
城堡，160-161、163、202
传说，47、111、133、137、162、201

串珠，118-121
纯橄无球粒陨石，27

D
大河狸，96
大河狸属动物，95
大毁灭，48、50、58、74
大马士革，165
大灭绝，32、49-50、73
大气，25-26、32、79
大型喷气式客机，182
"大岩"，201-202
大氧合事件，31
戴安娜王妃，263
戴蒙德火山，235
戴维·赫尔曼，79
丹尼·芬戈德，210
丹尼尔·柯克伍德，19
德干暗色岩区，72-75
德拉库拉土壤，160
登山台阶，231
地壳，24-25、32、39、55、57
地狱猪，82-83
地狱猪下颌，82
地震，143、173、188、191
蒂洪山口，191
蒂普伊台地，267
电动机械装置，218
电话，117、181、199、279
电路板，258
叠层石，29
"东方"1号飞船，181

E
厄内斯特·路易斯·卡尔科斯基，29
恶魔岛，200-203
二叠纪—三叠纪灭绝事件，50、74
二叠纪原始哺乳动物，43

F
发射平台，183
法拉隆板块，191
泛大陆，53-55、57
泛古洋，53
纺织品，129
飞行的历史，178

飞行器，179、240
飞行员，180、239-240
飞艇外裹层，212
芬克河，37
粪化石，69
弗拉德三世德，160-162
弗兰克·鲍姆，31
弗兰克·马利纳，181
弗朗西斯科·格里马尔迪环形山，23
福特汽车漆，228-229
富士山熔岩，142

G
甘特·冯·哈根斯，282
冈瓦纳南洋杉，76
高桥龙，65
锆石，25
戈达德火箭，179
"哥伦比亚"号航天飞机，182
格奥尔格·西梅尔，101
格里菲斯城市公园，210
葛饰北斋，143
宫本武藏，143
古代谷物，101
古地中海，45、52-53
国际废除核武器运动，224

H
哈丽雅特·比彻·斯托，145
海百合，35
海百合纲动物，34-35
海百合茎干，35
海底电缆，188
海洋爬行动物，65-66
航天飞机，183、252-255
好莱坞标志，208、210-211
"和平"号空间站，252-255
核爆炸幸存者，224
赫伯特·莫里森，213
赫尔曼·海塞，131
黑曜石工具，156-157
亨利·福特，229
洪水，103、149-150
琥珀，62-63
琥珀珍宝宫，63
画眉草，100-101

怀基基海滩，234-235
皇家沙滩，235
辉玻无球粒陨石，27
回顾，104、244
火炕式供暖，114、122-125
火流星，193-194
火山熔岩速凝体，156
火绳枪，116
火星岩，26
火药，115
货币，167
霍华德·卡特，81

I
iPhone，274、279

J
极大陆，55、56
棘龙，71
棘皮动物，35
脊椎鳍，43
加热室，124
甲龙，65、68、70
监狱，149、201-203
鲣鸟岛，202
剑齿虎，93、95
剑龙，65、68、71
交替糕菊石，57
酵母，113
杰弗里·乔叟，137
杰克·帕森斯，181
杰克山岩层，25
金门大桥，214-215
酒精，113
巨石，107-108、114
巨石阵，89、106-109、114
巨型动物，94-96

K
卡尔·萨根，13
卡米哈米哈三世，235
卡文俱乐部，242-245
卡修斯·马塞卢斯·克莱，249
"康塞普西翁"号，167
克劳德·莫奈，185
克雷格·罗西-费林，107-109

迷你博物馆 299

克雷特龙，260-261
恐狼，96
恐龙，43、49-50、58、60-61、64-65、67-71、73-74、131、261
恐龙蛋，64-65、131
恐龙粪便，69
恐龙皮肤，67
跨大西洋电缆，116、189

L
拉布里沥青坑，92-93
莱特飞机，179
蓝宝石，145-147
蓝细菌，31-33
劳亚古陆，45、55-57
老普林尼，103
雷克斯霸王龙，70-71
雷龙，65、68
历石，158
立石，107
利比亚沙漠熔岩速凝体，80-81
沥青坑，92-93
梁龙，68
猎食者，70-71、83
林肯小道，174
"卢西塔尼亚"号的甲板躺椅，204-207
露西尔·M.琼斯，191
伦敦桥，236-237
罗阿尔德·阿蒙森，77
罗比特·路易斯·史蒂文森，167
罗伯特·P.麦卡洛克，237
罗伯特·T.巴克，73
罗伯特·奥本海默，227
罗马浴池，122、124-125、291
绿宝石，144-147
绿玻陨石，86-87

M
马绍尔群岛杆状海图，154-155
曼哈顿工程，117、222-224、227
曼哈顿工程国家历史公园，224
猫眼石，145-147
美国全境的第一条铁路，171
美洲沙漠，127
美洲绿洲，126-127
猛犸象，95-96
米克糕菊石，57
灭绝事件，11、32、49-50、57-58、64、74、95
蘑菇云，227
默奇森和朱比莱特·温瑟尔万，13
默奇森陨石，13-14
木乃伊，118-121
木乃伊串珠，118-121

N
纳粹印章，219
南洋杉属植物化石，45
讷德林根，87
内华达山脉，173、201
尼安德特人，90-91
尼安德特人的手斧，90
尼尔·阿姆斯特朗，21-22、182、253
泥盆纪晚期灭绝，74
黏合剂，99、104、120
鸟脚亚目，65、69
鸟类先祖，70
鸟类爬行动物，65-66
鸟臀目，65、68

P
佩尼戴林蒸汽机车，116
喷气式飞机，182-183、239、241
喷气推进实验室，43、181
喷气旋翼，250
皮埃尔·德·顾拜旦，277
皮克斯动画工作室，274

Q
齐柏林伯爵二号，180、213
骑士剑，115、136-137
鳍，43、66、85
汽车漆，228-229
乔布斯的高圆领套衫，272
乔治·奥尔森，65
乔治·华盛顿，175
乔治·居维叶，49
禽龙，65、69
青石采石场，106
青铜，40、108、111、114
青铜时代短剑，110-111
丘吉尔的毛皮暖手筒，220

R
让-雅克·波奇，65
人工土丘，113
人体，153、280-283
人造豹皮手筒，221
人造卫星，181、253
"人造卫星"1号，181
日本潮流，197
阮康基，193

S
SR-71黑鸟，238-239
赛勒斯·韦斯特·菲尔德，187
三叠纪—侏罗纪灭绝，74
三角龙，65、70
"三位一体"核爆炸试验，224

散落区域，14
闪电管石，78-79
上龙，65-66
蛇颈龙，66
圣安德烈斯大断层，190-191
圣路易斯"精神"号，180
盛田昭夫，197
石弩，114
石器，39、81、89、91、99、101、108、113
收藏，25、47、103、111、139、157、199、209、284-286
手筒，220-221
书写板，102、104
睡莲，184-185
睡莲画作，184
斯蒂芬·霍金，253
斯蒂芬·乔布斯，273、275
死亡地带，231
苏联间谍纽扣，232
苏铁科植物，60-61
塑化防腐，282
随身听，196-197
索尼随身听，196
锁子甲，115、152-153

T

太空宝石，11、16
太空竞争，253
太阳石，158
泰坦尼克号的煤块，198
碳质球粒陨石，13-15
淘金热，173
特洛伊战争，111
天空实验室，252-254
天然金块，172
条带状含铁地层，31-33、77
铁路道钉，170
铁幕政治，271
通古斯卡，192-193、195
通信，116-117、169、171、188
铜晶体，39、41
头盖骨，280-281、283
透辉橄无球粒陨石，27
图坦卡蒙国王陵墓，81
托马斯·格拉德温，155

V

V-2火箭，180

W

瓦莱拉陨石，194
完齿兽，82-83
万维网，117
腕龙，68

威廉·特纳，205
威尼斯街砖，148
维恩赫尔·冯·布劳恩，180
维京钩斧，133
维京人，89、115、133-134
伟齿蛤属鲨鱼，84-85
卫星，19、21-22、181、233、240、253-254
温斯顿·丘吉尔，220-221
文明的崛起，112
沃尔夫冈·格鲁克，57
沃尔特·斯科特，165
五大灭绝事件，50
伍茨钢，164-165
武士刀，138-139、141

X

西奥多尔·冯·卡尔曼，181
西班牙古银币，167
西摩·克雷，117、257
希罗多德，47、119
蜥脚亚目，65、67-71
蜥臀目，65、68
下孔亚纲，50
现代爵士乐，244
象鸟，130-131
小行星带碎片，18
楔形文字，102、114
"协和"超音速飞机，183、250-251
心脏，280-283
"兴登堡"号的飞艇外裹层，212
迅猛龙，65、70

Y

新石器时期的工具，113
新月形沙丘，261
星球大战，260-261
星沙，46-47
休·赫夫纳，210
旋转密码机，217
鸭嘴龙，69
亚伯拉罕·林肯，171、175-176
亚马孙河，267-269
盐河，37
氧化铁层，32
伊恩·弗莱明，233
伊斯兰地毯，128
遗迹化石，71
异龙，68
异齿龙，42-43、50
翼龙，65、66
英格玛密码机，218
英国皇家邮轮"卢西塔尼亚"号，205
英国皇家邮轮"泰坦尼克"号，199
英仙座流星雨，15

迷你博物馆 301

鹦鹉螺化石，53
尤里·加加林，181
游猎群落，101
有孔虫，46-47
鱼龙，65-66
宇航员，21-22、181-182、253-254
雨海，23
原子弹，117、223-226
约阿希姆·高克，271
约翰·福特，209
约翰·列侬，243、245
约翰·缪尔，267
约翰·斯科特，201
月球陨石，20、22
月球树，253-254
陨石类宝石，17
陨铁贵橄榄石，16-17

Z

载人飞行，253
早期的文字，102

长毛猛犸象，97
长崎原子弹爆炸，224
哲帕拉陨石，17
赭石，98-99
征服者，158
纸莎草纸，103-104、114
指令舱金箔，253
中大西洋岩浆区沉积物，55
中美洲，127、157
中世纪锁子甲，152
肿头龙，65、68-69
肿头龙亚目，65、68-69
侏罗纪树，44
侏罗纪—下第三纪，72-75
珠穆朗玛峰，230-231
铸剑，165
桌形山，267
自杀林，143
字母花押字的盒子，263
棕榈树，76-77、235
足球，246-247

致谢

迷你博物馆每出一个版本都会耗费我们团队一年多的时间，这包括数千小时的仔细准备、研究和探访，以及对每件标本进行艺术加工和内涵挖掘。没有来自世界各地数以万计支持者的帮助，我们是不可能完成这个任务的。我们对大家的全力支持和鼓励非常感激。在工作过程中，我们时常遇到各种困难，大家的激励给我们增添了无穷的力量。

我们对迷你博物馆团队的工作高度赞赏。将这些令人惊叹的物品与世界共享，一直是我们的梦想。在追梦路上，团队的奉献是我们取得成功的秘密武器。他们深切地关心着每一件样品和迷你博物馆的每一位员工。下列人员是我们在开创这个项目过程中走到一起的朋友们，在过去的多年里，他们一直用各种方式支持这个项目，在此我们要表达深深的谢意。

克里斯蒂安·巴尔多（Christian Baldo）、安德里亚·欧文斯（Andrea Owens）、克里斯·欧文斯（Chris Owens）、詹妮弗·弗雷泽（Jennifer Frazier）、斯蒂芬妮·柯柏勒（Stephanie Kibler）、格兰特·柯柏勒（Grant Kibler）、托比·柯柏勒（Toby Kibler）、梅利莎·格罗夫（Melissa Grove）、麦克斯·格罗夫（Max Grove）、萨姆·格罗夫（Sam Grove）、比尔·皮特斯（Bill Peters）、奇普·菲利普斯（Chip Phillips）、埃利斯·诺兰（Ellis Nolan）、皮特·巴肖（Peter Bashaw）、迈克尔·柯林斯（Michael Collins）、扎克·特罗利尔（Zack Trollier）、大卫·约翰逊（David Johnson）、萨拉·马西（Sarah Massey）、米奇·迈斯纳（Mitch Meisner）、希拉里·迈斯纳（Hillary Meisner）、凯茜·阿门特劳特（Cathy Armentrout）、阿德里安·阿门特劳特（Adrian Armentrout）、帕特·墨菲（Pat Murphy）、尤利西斯·查斯勒斯（Ulysses Chaslus）、以赛亚·黑利（Isaiah Hailey）、凯瑟琳·科克（Kathleen Kurke）、罗伯特·谭普钦（Robert Tempchin）、加里·布朗（Gary Brown）、米歇尔·哈登（Michelle Harden）、凯里·贝格曼（Kellie Begeman）、泰·利奥塔（Ty Liotta）、加里·奥尔森（Gary Olson）、汤姆·卡皮塔尼（Tom Kapitany）和无与伦比的汉克·埃贝斯（the incomparable Hank Ebes）。

迷你博物馆的共同创立者：
（美）汉斯-菲利普·J.菲克斯（Hans-Filip J. Fex）、
威利·瓦德纳伊斯（Willie Vadnais）、
杰米·格罗夫（Jamie Grove）

译者后记

人类时常对宇宙、时间和生命的不同表现方式感到困惑。"我们是谁？我们从哪里来？我们将向哪里去？"这是人类一直在思考和回答的永恒话题。在好奇心的驱使下，一代又一代人接续奋斗，探寻答案，而讲述这些历史故事的方式也是多种多样的。

以人类年轻的文明来全面理解宇宙漫长的历史并不容易，但人们总能找出适当方式不断加深对历史的认知。本书是一个迷你博物馆的文字版，这个迷你博物馆的共同创立者是美国人汉斯·费克斯、威利·瓦德纳伊斯和杰米·格罗夫。他们从世界各地收集并精选了133件珍贵实物，将宇宙、地球、物种及人类历史演变的脉络贯穿了起来。

这些实物既是历史的遗存，更是历史的见证。作者通过对每件实物的简要介绍，向读者呈现了一幅历史长河变迁的生动画卷。这种创意独出心裁、别具一格，仿佛让历史有了真切的可触及感，有些虽然遥远，但仿佛就在昨天。

作者在感叹人类文明进步、科技发展变化之快的同时，也对人类未来表达了些许忧虑。自19世纪工业革命开始，科学技术一日千里，史无前例。当今世界正在快速进入数字化、智能化的时代。伴随着科技的巨大飞跃，人类社会生产生活质量空前提高，但我们自身的行为也带来了诸多问题，如环境问题、能源问题、气候问题等。正如作者所言，人类也许正走在地球第六次物种大灭绝的道路上，我们今天的所作所为，会把怎样的世界传给子孙后代呢？这确实值得深思。

在翻译本书的过程中，我们也感到有些遗憾，除了火药以外，书中对于中国5000多年灿烂文明几乎没有涉及，这确实需要我们自己不断创新文化传播的方式方法，用更加符合国际化的语言去讲好中国人自己的故事。

文明是人类共同创造的，人类命运是一个共同体。正如作者所言，当你阅读此书时，你会发现自己已经同这个世界紧密联系在了一起。让我们以阅读本书为一个新的起点，去不断探寻这个世界的美好与神奇吧！

燕子
2022年6月于燕郊